市场营销理论与实务

韩　超　茹华所　何良君　主　编
徐　佳　李艳琼　王　宁　副主编

云南大学出版社
YUNNAN UNIVERSITY PRESS

图书在版编目（CIP）数据

市场营销理论与实务 / 韩超, 茹华所, 何良君主编
. -- 昆明 : 云南大学出版社, 2023
　ISBN 978-7-5482-4742-5

Ⅰ. ①市… Ⅱ. ①韩… ②茹… ③何… Ⅲ. ①市场营
销学－高等职业教育－教材 Ⅳ. ①F713.50

中国国家版本馆CIP数据核字(2023)第100850号

市场营销理论与实务
SHICHANG YINGXIAO LILUN YU SHIWU
韩　超　茹华所　何良君　主　编
徐　佳　李艳琼　王　宁　副主编

策划编辑：段　然
责任编辑：孙小林
装帧设计：陈　骥
出版发行：云南大学出版社
印装：昆明理煋印务有限公司
开本：787mm×1092mm 1/16
印张：20.5
字数：437千
版次：2023年5月第1版
印次：2023年5月第1次印刷
书号：ISBN 978-7-5482-4742-5
定价：68.00元

地址：昆明市一二一大街182号（云南大学东陆校区英华园内）
邮编：650091
电话：（0871）65033307/65033244
网址：http://www.ynup.com
E-mail：market@ynup.com

若发现本书有印装质量问题，请与印厂联系调换，联系电话：0871-64167045。

前　言

市场营销是一门实践性很强的应用性学科，随着经济全球化和信息化的发展，市场营销学理论和实践也不断进行着补充和更新。本书科学全面严谨地阐述了市场营销的基本理论，探讨了数字、移动和社交媒体等新技术的发展对市场营销产生的影响，并通过对内容新颖而丰富的营销实践案例进行研讨等，解析市场营销。

一、立足市场营销的理论基础，构建学生专业知识体系框架

市场营销从理解消费者的需求和欲望出发，帮助企业寻找到最佳服务的目标市场，提出有说服力的价值主张来吸引、发展有价值的顾客并建立牢固的客户关系。在市场营销过程中，企业要创造、沟通与传递价值给顾客，不断强化企业品牌、形象，形成品牌对话、体验和社群，进而让营销者获得丰厚的利润回报。随着市场经济的发展，市场营销已经受到我国企业界的广泛重视，企业也由被动地适应市场向主动开拓市场、制定营销策略和战略转变。本课程内容涉及市场营销的各个方面，主要包括：市场营销的内涵及理论的发展、市场营销环境分析、消费者行为分析、市场调查与研究、目标市场策略的选择与进入、制定产品策略、制定价格策略、制定分销策略和制定促销策略等。

二、开展面向未来的专业教育，培养应对挑战的核心素养能力

本书遵循职业院校学生的认知规律，以任务为导向，通过开发遴选学生喜闻乐见的课程资源，因地制宜地实施情景式、案例式、活动式等教法，让学生在完成一个个具体而生动的教学任务中展开学习，让学生从被动学习走向主动学习，着重培养学生应对未来各种挑战的核心素养，建设学生真心喜爱、终生受益、体现职业教育特点的专业课程。

三、融入课程思政的教育元素，落实立德树人的人才培养要求

在内容编排、案例选取、知识拓展等方面，本书根据市场营销专业的特点、教育资源和学科优势，把专业课程所蕴含的思想政治教育元素，如做人做事的基本道理、社会主义核心价值观的要求、实现民族复兴的理想和责任融入教材中，融入专业课程

教学中，将习近平新时代中国特色社会主义思想润物无声地浸润到大学生思想中，将社会主义核心价值观内化于学生的内心、外化于学生的行动，初步形成具有专业特色的浸润式思政育人新模式。

本书由云南国土资源职业学院教师韩超、茹华所、何良君担任主编，徐佳、李艳琼、王宁担任副主编。我们在本书的编写过程中，得到了云南国土资源职业学院商务信息学院领导的大力支持和指导，吸收了国内外大量的市场营销理论最新研究成果，参考了国内外大量的资料和文献，在此一并表示感谢！

希望本书的出版，能为各位老师积极有效地开展教学活动，以及为市场营销专业的同学或者对市场营销感兴趣的读者或企业经营者理解市场营销，创新地迎接市场挑战和承担营销社会责任，提供理论指导和启发。尽管我们为本书的出版付出了很多的努力，但鉴于时间、水平、经验、能力有限，书中难免存在一些问题或不当之处，恳请广大读者朋友批评指正。

目　　录

第一部分
DIYI BUFEN

认识市场营销

任务一　市场营销概述

学习目标

（1）理解什么是市场，掌握市场的含义、要素和特点；

（2）解释什么是市场营销，概述市场营销的核心观点，并建立以客户需求为导向的价值主张；

（3）理解市场营销理论演进的过程及主要研究内容；

（4）关注市场营销领域新发展。

引　言

党的十九大报告指出，中国特色社会主义进入新时代，我国社会主要矛盾已经转化为人民日益增长的美好生活需要和不平衡不充分的发展之间的矛盾。这句话精辟地反映了中国社会生产和社会需求发生的新变化。

在市场经济条件下，"人民日益增长的美好生活需要"大部分是通过市场需求的满足得到的。根据需求层次理论来理解我国社会主要矛盾的变化，反映出人的需求是由低层次的需求向高层次的需求变化的。比如：人民对于食物的需求，从吃饱到吃好，从吃好到吃健康，从关注粮食产量到注重食品质量的理念嬗变，也恰恰印证了人民需求的巨大变化。

为适应社会主要矛盾的变化，满足人民日益增长的美好生活需要，我国采取从顶层设计上积聚和整合各种政治、行政、资源等措施全面回应人民对物质、文化、民主、法治、公平、正义、安全、环境的新要求。面对新矛盾，我们虽已告别了过去的物资短缺的时代，但仍要精简物质生活，丰富精神文化，减少浪费，这样可以消减发展的不平衡、不充分，使发展成果更多、更公平地惠及全体人民。

讨　论

你认为在"人民日益增长的美好生活需要"中，有哪些需要？请列举。怎样满足这些需要?

_____

_____

_____

1.1　市场营销的内涵

市场是个奇妙的存在。市场上总是充斥着各种声音、味道和色彩。每天一大早,商贩们在市场吆喝叫卖,顾客们从各色各样的房子里出来,涌向市场。大家都在市场寻寻觅觅,讨价还价,一片喧嚣热闹。当然,这基本上是国内最普通的农副产品市场的样貌。在此之外,大量批发市场、专门市场,还有近年来迅速发展的网络虚拟市场,以及更为复杂的生产要素市场,尤其是华尔街发明了包括众多产品的金融市场,更是波澜壮阔,吸引着人们的目光,增值或者吸走着人们的财富。市场传闻从不间断,市场花样层出不穷。日常生活聊天的对象、新闻报道的主题,经常与市场直接相关。我们每个人都已无法离开市场,市场深深地嵌入了我们的生活、我们的肌体、我们的生命。[①]

但是,大部分人似乎并没有想过:人们习以为常的市场,到底是怎样形成的呢?市场由哪些要素构成?市场营销又是怎样形成的呢?市场营销在当前信息技术下又呈现出什么样的发展趋势?跟我们的生活有什么关系呢?让我们带着这些问题一起进入本章的学习。

一、市　场

"市"在古代也称作"市井"。这是因为最初的交易都是在井边进行的。《易经》"日中为市,致天下之民,聚天下之货,交易而退,各得其所"中描述的市场是在一定时间、一定地点,进行的商品交换的地方。《史记正义》记载:"古者相聚汲水,有物便卖,因成市,故曰'市井'。"古时在尚未修建正式市场之前,常常"因井为市"。这样做有两点好处,一是解决商人、牲畜用水之便,二是可以洗涤商品。《风俗通》云:"于井上洗涤,令香洁。"古时的这一遗风一直延续了下来。"市井"一词也一直沿用至今。

---

① 黄国信. 市场如何形成——从清代食盐走私的经验事实出发 [M]. 北京:北京师范大学出版社,2018.

（一）市场的含义

市场有狭义和广义之分。狭义的市场是指买卖双方进行商品交换的场所。广义的市场有三层含义：

一是商品交换的场所和领域，如买菜的菜市场、买衣服的服装市场、买宠物的花鸟市场等，或者根据市场的范围进行的划分：如国际市场、国内市场、农村市场等。日常生活中，人们去逛超市、赶集，此时所谓的市场，就是一个具体的商品交换的场所。

二是商品生产者和消费者之间各种交换关系的总和，即将生产者与生产者、生产者与消费者通过商品交换关系连接起来。市场是社会分工和商品生产的产物，哪里有社会分工和商品交换，哪里就有市场，比如股票交易市场。

三是有购买力的需求，即商品的实际销路。市场是某种产品的实际购买者和潜在购买者的集合，这些购买者具有共同的需要和欲望，能够通过特定的交换得到满足。

（二）市场的要素

市场的要素包括人口、购买力和购买欲望。

人口是市场的基本要素，哪里有人，哪里就有消费者，哪里就有市场，一个国家和地区人口的多少是决定这个国家和地区市场大小的基本前提。

购买力是指支付货币购买某种产品和服务的能力。购买力的大小是由购买者收入多少决定的，购买者的收入高，购买力强，那么市场和市场需求就大，反之则小。

购买欲望是指消费者购买某种商品的动机、愿望和要求，它是一个消费者将潜在的购买愿望变为现实的购买行为的一个重要条件。

三个要素是相互依存、缺一不可的。如果只有人口、购买力，没有购买欲望，或者说只有人口、购买欲望，没有购买力，就不能构成一个现实有效的市场。比如：在校园里家用轿车有市场吗？很多同学会说我想要，我有欲望，那么在这里有欲望、有人口，但是没有购买力，所以说家用轿车在校园里只是一个潜在的市场，并不是一个现实有效的市场。

在市场中，各要素相互影响，相互作用，形成价格、竞争、供求等机制。市场促进贸易，并促成社会中的资源分配。如：当供不应求时，商品短缺，购买者竞相购买，销售者趁机提价，买方不得不接受较高的价格，以满足自身的需要，于是出现了"物以稀为贵"的现象，这就形成了卖方市场。当供过于求时，商品过剩，销售者竞相出售，购买者持币待购，卖方不得不以较低的价格处理他们过剩的存货，于是出现了"货多不值钱"的现象，这就形成了买方市场。

拓展阅读 **市场体系和发展**

市场体系是由各类专业市场，如商品服务市场、金融市场、劳务市场、技术市场、信息市场、房地产市场、文化市场、旅游市场等组成的完整体系。市场是社会分工和商品经济发展的必然产物，商品经济越发达，市场的范围和容量就越大。

人们习惯把买方的总和称为市场，把卖方的总和称为行业。人们经常会说"我是做医药行业的""我是做服装行业的"，其中的行业实指卖方市场。人们也经常会问"你这儿的市场怎么样呀？"或者说"中国的汽车市场前景很大"，其中的市场实指买方市场（市场）。买方（市场）向行业提供货币；卖方向买方（市场）提供商品或服务。卖方会做促销活动；买方（市场）会给卖方反馈信息，如是否喜欢这个产品，是否受促销活动影响进行购买等，见图1。

市场在发育和壮大过程中，推动着社会分工和商品经济的进一步发展。市场通过信息反馈，直接影响着人们生产什么、生产多少以及上市时间、产品销售状况等。市场为产、供、销各方提供交换场所、交换时间和其他交换条件，以此实现商品生产者、经营者和消费者各自的经济利益。

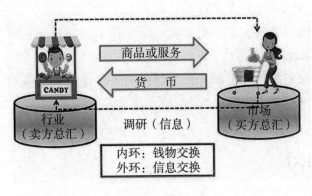

图1 市 场

（三）市场的特点

1. 市场的形成具有自发性

在市场经济中，商品生产者和经营者的经济活动都是在价值规律的自发调节下追求自身的利益，实际上就是根据价格的涨落决定自己的生产和经营活动，因此，价值规律的第一个作用，即自发调节生产资料和劳动在各部门的分配，对资源合理配置起作用。

2. 市场的形成具有盲目性

在市场经济条件下，经济活动的参加者都是分散在各自的领域从事经营，单个生产者和经营者不可能掌握社会各方面的信息，也无法控制经济变化的趋势。因此，进行经营决策时，也就是仅仅观察市场上什么价格高、有厚利可图，并据此决定生产、经营什么，这显然有一定的盲目性。这种盲目性往往会使社会处于无政府状态，必然会造成经济波动和资源浪费。

3. 市场的形成具有滞后性

在市场经济中，市场调节是一种事后调节，即经济活动的参加者是在某种商品供求不平衡导致价格上涨或下跌后才作出扩大或缩小经营决定的。这样，从供求不平衡—价格变化—作出决定—实现供求平衡，必然需要一个长短不同的过程，有一定的时间差。

 **拓展阅读** 按照市场的主体不同可进行的分类

消费者市场——指为满足个人消费而购买产品和服务的个人和家庭所构成的市场。

组织市场——指为了自身生产、转售、转租或者用于组织消费而采购的一切组织构成的市场，主要包括生产者市场、中间商市场和政府市场。

生产者市场是指工业使用者市场或工业市场。

中间商市场是指商品从生产者到消费者中间的买卖场所和领域。中间商市场由批发市场和零售市场组成。

政府市场是指政府机构为了履行行政职能和提供公共服务而购买所需商品所形成的市场。

二、市场营销理论

（一）市场营销概念

许多人认为，市场营销就是广告，我们每一天都受到电视或网络广告、销售电话、电子邮件等的轰炸，然而，销售和广告仅仅是市场营销的冰山一角而已。

也有人认为，市场营销就是劝说和销售。如果市场营销者很好地理解客户的需求，开发并提供高价值的产品，通过有效地定价、打通销售渠道和开展促销活动，那么这些产品就很容易出售，不需要劝说。正如管理学专家彼得·德鲁克这样认为："市场营销的目的在于使推销成为多余。"劝说、推销和广告都是市场营销的方式。

市场营销源自英语中的"Marketing"，它含义众多，如销售、买卖、交易、商品销售业务等，20 世纪 70 年代末 80 年代初这个概念进入中国，通常公认为它是指市场营销或市场营销学。美国市场营销学会（AMA）对市场营销理论的研究自 1960 年开始，

先后经历了开始的注重"销售"在生产经营过程中的突出地位，到1985年认为市场营销活动包括分析、计划、执行与控制的管理活动，再到2004年强调顾客价值的过程。

美国著名营销专家菲利普·科特勒认为："市场营销就是企业为从客户处获得利益回报而为客户创造价值，并与之建立稳固关系的过程。市场营销有双重目的，就是通过承诺卓越的价值吸引新客户，以及通过创造满意来留住和发展客户。"又或者说，市场营销就是为了建立有利可图的客户关系而管理市场。

其中蕴含：一是市场营销的基本目标是获得顾客。一种是吸引和发展新的顾客，如通过一些促销活动吸引新客户；另一种是挽留老顾客，提升顾客复购率，如通过企业或产品的文化宣传，让客户认同，进而维护稳定的客户关系。二是市场营销的核心是交换。市场营销的基本业务就是为了实现交换，需不断地创造、传播和交付顾客价值和管理与顾客的关系。我卖东西，你买东西。我拿我的资源给你进行交换，获得我所需要的。三是交换过程能否高效地顺利进行取决于营销者创造的产品和价值满足顾客需求的程度，即交换过程中管理的水平。交换的过程能不能顺利进行，取决于营销者创造的产品、价值等能不能满足顾客的需求。市场营销通过承诺及创造满意来留住和发展客户。市场营销方管理顾客关系的关键是满足顾客的需求。

我们认为，市场营销是以社会形态和消费行为演变为动力根源，以满足需求、实现价值、盈利变现为本质目标，以技术应用和创新创意为竞争手段，驱动市场营销方可持续增长的商业行为。

拓展阅读 **消费者推动市场营销发展**

人们通常认为市场营销是卖方主动做出一定活动的行为，其实买方也会主动开展市场营销活动。当消费者搜寻产品、与公司互动、获取信息、执行购买时，他们也在从事市场营销。实际上，今天的数字技术从网站、微博、微信，再到移动电话及其他无线设备，都赋予了消费者参与市场营销的能力。市场营销成为一种真正的互动活动，市场营销方不仅要思考怎样影响客户，而且要思考客户如何影响自己，甚至要思考自己和客户之间如何彼此影响。

（二）市场营销的核心观点

1. 市场的提供物——产品、服务、信息或体验的集合

消费者的需求和欲望通过市场的提供物——即供给市场以满足需要、欲望和需求的产品、服务、信息或体验的集合获得满足。

产品是指作为商品提供给市场，被人们使用和消费，并能满足人们某种需求的任何东西，包括有形的物品，如水杯、电脑、服装等，还包括无形的服务，如理发师提

供的理发服务、餐厅服务人员提供的服务、导游提供的服务等。产品还有可能是场所、组织、观念、信息、创意等或它们的组合等。当下很多城市、非营利组织也越来越重视形象的打造，从而进行信息的传播，如 2022 年在北京—张家口举办的中国历史上第一次冬季奥运会——第 24 届冬奥会的宣传主题为"纯洁的冰雪，激情的约会"；2019 年在网络流行并被用来作为交通安全宣传语的"道路千万条，安全第一条；行车不规范，亲人两行泪"，以此教育人们要安全驾驶。

产品一般可以分为五个层次，即核心产品、基本产品、期望产品、附加产品、潜在产品。核心产品是指整体产品提供给购买者的直接利益和效用；基本产品即是核心产品的宏观化；期望产品是指顾客在购买产品时，一般会期望得到的一组特性或条件；附加产品是指超过顾客期望的产品；潜在产品是指产品或开发物在未来可能产生的改进和变革。

 **拓展阅读** 营销近视症

营销近视症是指企业在拟定策略时，过于迷恋自己的产品，多数组织不适当地把注意力放在产品上或技术上，而不是市场。即致力于生产优质产品，并不断精益求精，却不太关心产品在市场上是否受欢迎，不关注市场需求变化，过于重视生产，忽略营销。在市场营销治理中以产品作为导向，而非以市场为导向，缺乏市场远见，会致使企业过于狭隘地定义市场，使得产品销售每况愈下，最后丢失了市场，降低了竞争力。

2. 需要、欲望、需求

（1）需要。

需要是指个人感觉某些没有得到基本满足的感受状态。它是促使人们产生购买行为的原始动机，是市场营销活动的源泉。人类的需要是丰富而复杂的，主要包括生存需要，如食品、服装、房屋、温暖、药品、安全等等；社会需要，如归属感、影响力、情感、社交等等；个人需要，如知识、自尊、自我实现等等。这些需要不是由企业营销活动创造出来的，而是客观存在于人类本身的生理组织和社会地位状况之中的。

（2）欲望。

欲望是指对满足某种需要的特定物的渴望程度。欲望是建立在不同的社会经济、文化和个性等基础之上的需要。对人类整体而言，需要具有共性，如渴思饮，寒思衣。欲望则对消费者个体而言，具有特殊性。如吃法餐和吃中餐，虽然欲望各不相同，但实际需要仍然相同。两者都能解决肚子饿的问题，但是个人的需要因其所处的社会经济文化和性格等不同而异，这种有差异的需要就是欲望。企业特别要警惕只关注消费者表现出来的对产品的欲望，而忽略了掩盖在其欲望下面的实质性需要。

（3）需求。

需求是以购买能力为基础的欲望。如小轿车作为一种便捷的交通工具，人人都需要。但对没有购买能力的人来说，小轿车的需要就只是一种欲望，只有具有足够支付能力的需要才是需求。在市场经济条件下，人类需求表现为市场需求。因此，并非人们所有的需要都能转化为需求，也并非所有的欲望都能得到实现，购买能力是问题的关键。

人们的欲望无限，而购买能力有限。消费者收入和价格是影响市场需求变化的两个最基本因素。当价格一定时，消费者选择购买具有最大满足效用的产品。一般而言，需求同收入成正相关，同价格成负相关。价格一定，当消费者收入增加，购买力增加，市场需求增加。反之，收入一定，价格上升，市场需求下降，价格下降，则市场需求增加。

市场营销主要研究的是客户需求。客户需求是指客户的目标、需要、愿望以及期望。客户需求是促成购买行为最主要的因素之一。客户需求产生的主要因素有自然因素、人的自身经验总结、人际交往活动、经营活动等。

 **拓展阅读** **马斯洛的需求层次理论**

美国心理学家亚伯拉罕·马斯洛的需求层次理论认为，人的需求从低到高分为五个层次，即生理需求、安全需求、社交需求、尊重需求和自我实现需求（见图1）。

生理需求包括食物、水分、空气、睡眠、性的需要等。它们在人的需求中最重要，最有力量。如人们要生存，就要满足吃穿住行的要求。安全需求是指人们需要稳定、安全、受到保护、有秩序、能免除恐惧和焦虑等。如人们希望得到安定的工作或者购买各种保险。社交需求是指一个人要求与其他人建立感情的联系或关系。如人们都需要结交朋友、追求爱情。尊重需求是指自尊和希望受到别人的尊重。自尊需求使人相信自己的力量和价值，使得自己

图1　马斯洛需求层次理论

更有能力，更有创造力。缺乏自尊，使人自卑，没有足够信心去处理问题。自我实现需求是指人们追求实现自己的能力或者潜能，并使之完善化，与社会需求做大结合。

通俗地讲，假如一个人同时缺乏食物、安全、爱和尊重，通常对食物的需求量是最强烈的，其他需要则显得不那么重要。此时人的意识几乎全被饥饿所占据，所有能量都被用来获取食物。在这种极端情况下，人生的全部意义就是吃，其他什么都不重要。只有当人从生理需要的控制下解放出来时，才可能出现更高级的、社会化程度更高的需求——安全需求。

五种需求像阶梯一样从低到高，按层次逐级递升，但这样次序不是完全固定的，而是可以变化的，也有种种例外情况。需求层次理论有两个基本出发点，一是人人都有需求，某层需求获得满足后，另一层需求才出现；二是在多种需求未获满足前，首先满足迫切需求，该需求满足后，后面的需求才显示出其激励作用。一般来说，某一层次的需求相对满足了，就会向高一层次发展，追求更高一层次的需求就成为驱使行为的动力。相应的，获得基本满足的需求就不再是一股激励力量。

五种需求可以分为两级，其中生理需求、安全要求和社交需求都属于低一级的需求，这些需求通过外部条件就可以满足；而尊重需求和自我实现需求是高级需求，是要通过内部要素才能满足的，而且一个人对尊重和自我实现的需求是无止境的。同一时期，一个人可能有几种需求，但每一时期总有一种需求占支配地位，对行为起决定作用。任何一种需求都不会因为更高层次需求的发展而消失。各层次的需求相互依赖和重叠，高层次的需求发展后，低层次的需求仍然存在，只是对行为影响的程度大大减小。马斯洛和其他的行为心理学家都认为，一个国家多数人的需求层次结构，是同这个国家的经济发展水平、科技发展水平、文化和人民受教育的程度直接相关的。在发展中国家，生理需求和安全需求占主导的人数比例较大，而高级需求占主导的人数比例较小；在发达国家，则刚好相反。

经济学上，"消费者愿意支付的价格与消费者获得的满意度相等"，也就是说，比如同样的洗衣粉，满足消费者需求层次越高，消费者能接受的产品定价也越高。价格竞争是将"需求层次"降到最低，因为消费者感觉不到其他层次的"满意"，所以愿意支付的价格也就越低。

根据五个需求层次，列举出相应的五个消费者市场（如表1-1）：

表1-1 不同需求层次特点及案例

需求层次	特　点	列举相应的案例
生理需求	满足最低需求层次的市场，消费者只要求产品具有一般功能即可	
安全需求	满足对"安全"有要求的市场，消费者关注产品对身体的影响	
社交需求	满足对"交际"有要求的市场，消费者关注产品是否有助提高自己的交际形象	

续 表

需求层次	特 点	列举相应的案例
尊重需求	满足对产品有与众不同要求的市场，消费者关注产品的象征意义	
自我实现	满足对产品有自己判断标准的市场，消费者拥有自己固定的品牌需求，层次越高，消费者就越不容易被满足	

 **拓展阅读** 需求的发展

根据需求理论的学习，基于经济社会的发展，探索消费者需求的变化，对需求按照时间顺序进行排列：

（1）产品经济时代。产品供不应求，人们以农产品为经济提供品，以满足生存的需要。

（2）商品经济时代。商品逐渐丰富，客户需求层次提升，商品质量和技术含量更受关注，人们以工业产品为经济提供品满足生存和安全等需要。

（3）服务经济时代。商品经济空前繁荣，客户对服务以及服务品质的需求日益增长。客户对社会地位、友情、自尊的追求，使高品质的服务成了满足需求的主要经济提供品。

（4）体验经济时代。需求层次进一步地升华，客户需要更加个性化、人性化的消费来实现自我，客户的需求也随之上升到了"自我实现"层次。

3. 效用、费用和满足

效用是指消费者通过消费或者享受闲暇等使自己的需求、欲望等得到的满足的一个度量。一种商品或服务效用的大小取决于消费者的主观心理评价，由消费者欲望的强度所决定。经济学家用它来解释有理性的消费者如何把他们有限的资源分配在能给他们带来最大满足的商品上。消费者通常根据对产品价值的主观评价和支付费用来做出购买决定。费用是支付产品所付出的金钱。满足，是指对某一事物感到已经足够。

比如消费者去购买一辆汽车的时候，费用就是其支付的汽车的价格，效用就是这辆汽车满足其出行便利、体现个性特点、彰显社会地位等需要的一个度量。如果该消费者认为，这辆汽车的效用大于费用的时候，顾客就会感觉到满足；如果效用小于费用的时候，顾客就会觉得不满足（如图1-1）。理性的消费者会选择把有限的资源分配在能给他们带来最大满足的产品上。

图 1-1 效用费用和满足示意图

 边际效用递减规律

边际效用递减规律是指消费者在特定时期内消费某种商品时，每增加一单位商品消费量所增加的效用是递减的。"新增"带来的"新增"就叫边际。

罗斯福总统是美国历史上唯一一位连任四届的总统。当他第四次当选总统以后，有记者问他第四次当选总统是什么感受。罗斯福没有当场回答他的问题，而是邀请这位记者吃三明治。这位记者吃第一块三明治的时候，觉得是总统请客，是无上的荣耀，吃得很舒服；吃第二块的时候就感觉平平了；吃第三块的时候已经难以下咽。然而，罗斯福又把第四块三明治放到这位记者面前，并说："你把这第四块三明治吃下去，你刚才问我的问题我就不用回答了，你自己会有亲身感受。"这就是边际效应递减的规律。在单位时间内，随着人们消耗的某种商品的数量不断增加，消耗这种商品带来的"新增"享受是逐渐下降的。

 课后思考

资源是有限的，如何最有效地利用有限的资源使其获得最高的效率？办法就是把资源分散到不同的用途上，并确保资源在这些不同用途上获得的边际效应都趋于相等，如果出现不平等，那就应该不断地把更多的资源挪用到边际效用较高的用途上，直到资源在这个用途上带来的边际效率下降。

4. 交换、交易和关系

市场营销的核心概念是交换。交换是指通过提供某种东西作为回报，从某人那里取得想要的东西的过程。交换构成了市场营销的基本理论基础。交换的发生必须符合五个条件：一是交换的主体至少有两个；二是双方都认为对方的东西对自己有价值；

三是彼此间能进行信息沟通和货物传递；四是每一方都可以自由地接受或拒绝对方提供的产品；五是每一方都相信与对方交易是适当的或满意的。

交易是交换的基本组成单位，是交换双方之间的价值交换。交换是一种过程，在这个过程当中，双方达成协议，互相能够接受对方所报的价格，或对方所提出来的要求，进而达成交易。交易一般有两种方式，一种是货币交易，比如我支付了5000元买了一部手机；另一种是非货币交易，如以物易物，或以服务易服务，例如我用我的产品换取另外一种产品，用我给你提供的服务换取我所需要的服务。

交易营销是指为了达成交易而开展的营销活动，是交付功能、基本产品的价值传递过程。交易营销关注一次性交易，较少强调顾客服务，交易营销与顾客保持适度有限的联系。这一传统方式今天已面临许多问题。精明的营销者为此都试图做出改变，发展关系营销。

关系营销是指营销者和有价值的顾客、分销商、零售商、供应商、一级广告代理、科研机构等建立保持并加强长期的合作关系，互利交换和共同履行诺言（见图1-2）。关系营销的核心内容是使各方实现各自目的的营销方式并与顾客建立长期合作的关系。靠长期的承诺和提供优质的产品、良好的服务和公平的价格，加强经济技术和社会各方面的联系来实现关系营销，可有效节约交易的时间和成本。关系营销的宗旨从追求每一次交易利润最大化，转向与顾客和其他关联方共同实现长期利益最大化，以实现双赢或多赢。

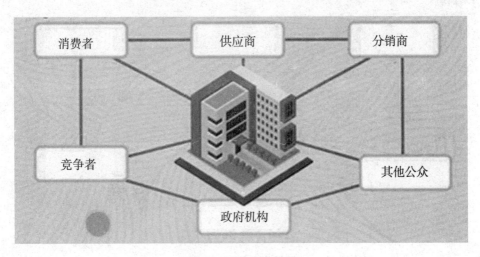

图1-2 关系营销图

三、建立以客户需求为导向的价值主张

价值主张是指企业站在客户的角度思考问题，即对客户真实需求的深入描述，采用罗列全部优点、宣传差异性、突出共鸣点等方法进行营销，并提供产品或服务，使

顾客从互动关系中获得超值利益，即找到"客户购买的理由"。价值主张包含三个层次的含义：描述产品或服务的内容；描述产品或服务解决客户的痛点；产品或服务协助客户创造的效益。一个好的价值主张会聚焦于客户"想要的结果、具体的时间和正面处理产品的疑虑"，如"网易严选——好的生活，没那么贵"。

这些价值主张使企业的产品具有明显的差异性，并且回答了客户的问题：为什么应该购买你的产品而不是竞争对手的？通过树立鲜明的价值主张创造、递送卓越的产品价值，发现、吸引、保持和增加目标客户，使自己在目标市场上具有最强的竞争优势。

当企业的产品发展到一定阶段，需要用更包容的情怀，关注到一个更广泛的客户群，更多地体现为一种"世界因我不同"的营销风格，如"阿里巴巴——让天下没有难做的生意""天猫——理想生活，上天猫""豆瓣——我们的精神角落""知乎——发现更大的世界""联邦快递——使命必达"。还有的企业的产品，当其在功能、业务、市场地位已经广受市场认可的情况下，站在普通人的视角上，以"无我"的价值主张进行产品营销，消弭了"我"和"客户"的区别，追求让每个看到它的人都能获得启发，从而达到价值观共振、情感共鸣、难分彼此的状态，如"苹果，Think Different""耐克，Just Do It""Keep，自律给我自由""红牛，你的能量超乎你想象"。

说说在你的生活中有哪些成功的营销案例。

_____

_____

_____

1.2　市场营销理论的发展

一、市场营销理论的产生和发展

企业在开展市场营销管理过程中，它在处理企业、顾客和社会三者利益关系时，所持的态度、思想和观念，指导企业经营实践思想观念的发展与变化，充分说明了市场营销是一种新的经营思想和经营观念，是企业在其经营实践的发展中对自身经营哲学的调整。企业在市场上的表现和业绩方面的差异，并不主要是出于策略和技巧上的差异，更重要的是经营观念上的差异，一些学者将企业市场营销观念的演变划分为生产观念、产品观念、推销观念、市场营销观念和社会营销观念 5 个阶段。

（一）生产观念

生产观念是指导企业营销行为最古老的观念。生产观念认为消费者喜爱那些可以随处得到的价格低廉的产品，企业的任务就是生产并向市场提供顾客买得起的产品，致力于获得高生产效率和广泛的销售覆盖面，企业的中心任务是组织所有资源扩大生产，提高生产效率和降低成本，以此吸引顾客并获得市场地位。

生产观念在企业的经营管理中具体地表现为"能生产什么，就卖什么"，很少考虑是否存在不同的具体需求。生产观念也很少关注产品的销售、推广，但这并不意味着企业可以只顾生产，不问销路，而是他们相信只要有生产必定有销路，那么这种观点认为消费者主要对产品可以买到、价格低廉感兴趣。

这样的一种假设，至少在两种情况下是合理的，第一种情况是产品供不应求，顾客最关心的是能否得到产品，而并不计较该产品的具体特色或特性，企业将产品生产出来就能销售出去。比如：西方资本主义国家在工业化的初期及二战后一段时间内、中国在 20 世纪 80 年代以前的情况基本上都是如此。当时物资短缺，需求旺盛，许多产品供不应求，企业只需要扩大生产，提高产量，而不需要过多考虑市场销售的问题。第二种情况是产品成本很高。价格竞争是市场竞争的基本形态。在这种情况下，企业竞争的主要手段是降低产品的价格，而降低价格必须通过扩大规模和控制成本来实现，随着产品的丰富及需求的多样化发展，转变观念的问题就逐渐地显现出来。比如：20世纪初美国福特汽车公司生产的 T 型小轿车非常畅销，为了扩大生产获得最高利润，他们不需要考虑顾客对小轿车颜色、款式的兴趣和偏好，只要大批量生产就能达到销售、盈利的目的，然而当其他公司生产的彩色汽车开始风靡市场的时候，福特公司因此损失惨重。可见，当时福特的生产观念是一种典型的"以产定销"的经营观念。

（二）产品观念

产品观念认为顾客喜欢高质量、多功能和有特色的产品，认为只要产品好就会顾客盈门，因而无须花大力气开展推销活动。产品导向型企业总是致力于生产高质量的产品，并不断地改进产品，使之日臻完善。这种观念，注重以产品质量的改变和提高去赢得企业的市场地位，这种观点与只注重产量和成本的生产观念相比有进步，但是它的本质还是生产什么销售什么。这种观点只是从企业的角度出发，是以企业为中心而进行的一种改进。在产品导向型企业中，营销管理者过多地将注意力集中在企业现有的产品上，过分地夸大了产品的作用，忽视了市场需求的研究和其他营销策略的配合。

产品观念认为顾客想购买的只是产品，而没有意识到顾客的购买实际上是对于某种需求的满足，经营者认为买东西的人欣赏精心制作的产品，他们能够鉴别产品的质量和功能，并且愿意出较多的钱买质量上乘的产品，许多企业过度相信自己生产的产品，以至于没有意识到它可能并不那么迎合市场，甚至正在朝着与市场相反的或者不同的方向发展。比如：通用汽车公司的一位经理认为，公众怎么会知道他们需要什么类型的汽车呢？他的看法是应该由企业的设计师和工程师创造一种款式讲究又耐用的汽车，然后由生产部门制造出来，由财务部门为其制定价格，最后要求营销部门和推销员去推销给顾客。

产品观念的出现是由于消费者的购买力有所提高，产品的供应已经比较丰富，顾客对产品的选择性也开始增强，市场竞争也在深化，但市场总体上还处于卖方市场阶段，如果企业奉行生产观念和产品观念，必然导致营销近视症，仅仅是把注意力放在产品上，而不是放在需要上，看不到市场需求的变化趋势，若盲目地按照原有的产品方向发展，最后可能会使企业陷入困境。

 **案 例** 张瑞敏砸冰箱

提到海尔，必然离不开张瑞敏，聊张瑞敏，肯定要说"砸冰箱"。1985 年的一天，张瑞敏的一位朋友要买 1 台冰箱，结果挑了很多台都有毛病，最后勉强拉走 1 台。朋友走后，张瑞敏派人把库房里的 400 多台冰箱全部检查了一遍，发现共有 76 台存在各种各样的缺陷。张瑞敏把职工们叫到车间，问大家怎么办？多数人提出，也不影响使用，便宜点儿处理给职工算了。当时一台冰箱的价格达 800 多元，相当于一名职工两年的收入。张瑞敏说："我要是允许把这 76 台冰箱卖了，就等于允许你们明天再生产 760 台这样的冰箱。"他宣布，这些冰箱要全部砸掉，谁干的谁来砸，并抢起大锤亲手砸了第一锤！很多职工砸冰箱时流下了眼泪。

在接下来的 1 个多月里，张瑞敏发动和主持了一个又一个会议，讨论的主题非常集中——"如何从我做起，提高产品质量"，3 年以后，海尔人捧回了我国冰箱行业的第一块国家质量金奖。

张瑞敏说："长久以来，我们有一个荒唐的观念，把产品分为合格品、二等品、三等品还有等外品，好东西卖给外国人，劣等品出口转内销自己用，难道我们天生就比外国人贱，只配用残次品？这种观念助长了我们的自卑、懒惰和不负责任，难怪人家看不起我们，从今往后，海尔的产品不再分等级了，有缺陷的产品就是废品，把这些废品都砸了，只有砸得心里流血，才能长点记性！"

张瑞敏砸冰箱的案例反映了什么样的营销观念？这种营销观念有哪些特点？

_____

_____

_____

 **营销近视症**

营销近视症，也被称为营销短视。西奥多·李维特（Theodore Levitt）于1960年在《哈佛商业评论》发表了一篇题为《营销近视症》的创新性文章，指出企业在拟定策略时，过于迷恋自己的产品，多数组织不适当地把注意力放在产品上或技术上，而不是市场。即致力于生产优质产品，并不断精益求精，却不太关心产品在市场是否受欢迎，不关注市场需求变化，过于重视生产，过分地以产品作为导向，而非市场导向，缺乏市场远见，进而致使企业将市场定义得过于狭隘，使得产品销售每况愈下，企业丢失了市场，降低了竞争力。总的来说，营销近视症表现为：一是认为只要生产出最好的产品，就不怕顾客不上门；二是只注重技术开发而忽略了消费者的需求变化；三是只注重内部经营者管理水平，不注重外部市场环境和竞争等。

以底特律汽车行业为例，底特律汽车行业虽然有长期做消费者需求调查，但这个对消费者需求的调查却是基于本企业已有的产品基础之上的调查，而不是针对消费者对汽车这一类别的产品的真正需求的调查，底特律仍然是以产品为导向在做营销，而不是以顾客为导向，导致了它的顾客转向了其他的小型汽车生产商，造成了顾客的流失。所以企业产品的生产如果不能结合正确的、以顾客为导向的营销战略，最后也很有可能不仅不能带来更大的利润，还会减少利润，给企业带来资金危机。

（三）推销观念

推销观念是在卖方市场向买方市场转变过程中产生的。推销观念认为如果对消费者消费行为不进行引导，仅靠优良的产品和低廉的价格，消费者通常不会主动购买某一产品。因此有企业认为必须积极地开展推销和促销等活动，促使顾客理解和接受产品。

推销观念将消费者看成被动的、有购买惰性或者抗拒心理的人，因此需要去劝说，刺激其购买行为的发生。可口可乐前营销副总裁曾说，营销就是要通过推销，去销售更多的商品，赢得更多利润。在推销观念的指导下，企业十分注意运用推销术和广告语向现实和潜在的消费者大肆地兜售产品，并且压倒竞争者。

（四）市场营销观念

市场营销观念是在上述观念发展的基础上而形成的一种企业经营哲学。市场营销观念认为企业实现各项经营目标的关键在于正确确定目标市场的需求和欲望，并且比竞争对手更有效、更有利地传送目标市场期望的、获得更大满足的产品。市场营销观念的核心是以消费者的需要为经营的出发点，具体表现为消费者需要什么产品，企业就生产什么产品。尽管这种思想由来已久，但是它的核心原则直到20世纪50年代中期才基本定型，从推销观念到营销观念的转变，是市场营销理论上的一次重大变革，企业开始从以生产为重心转向以消费者为重心。推销观念注重卖方需要，市场营销观念则注重买方需要。推销以卖方需要为出发点，考虑如何把产品变成现金；市场营销观念则考虑通过产品以及传送和最终消费产品有关的所有事情来满足顾客的需要。

拓展阅读 人民五菱，有你更牛！

2021年1月，在全球电动车型销量排行榜中，五菱汽车"五菱宏光 MINI EV"（图1）以3.7万辆的成绩排名第一，超越特斯拉 Model 3（2.2万辆）。从"五菱之光"到"五菱荣光""五菱宏光"，再到"五菱宏光 MINI EV"，五菱汽车的销量代表了它对中国市场的深刻认知，即草根性：便宜、耐造，很接地气。有人说："每辆五菱宏光的背后，都有一个男人的创业故事，都有一个普通家庭的奋斗史。"这给五菱汽车贴上了草根奋斗者的情怀。①

图1　不同型号的五菱汽车

五菱汽车和螺蛳粉是老乡，前身是柳州动力机械厂，生产过拖拉机，也生产过缝纫机、织布机，那时"人民需要什么，我们就造什么"就已经是他们的口号了。1982年，五菱从生产拖拉机转向生产微型面包车，靠模仿日本三菱汽车起家。

---

①　王不易. 五菱宏光是怎么成为神车的［EB/OL］. https://www.thepaper.cn/newsDetail_ forward_ 11697715, 2021 – 03 – 15.

《福布斯》曾两次报道五菱，一次是 2010 年，标题是《地球上最重要的一款车》："朴实无华的五菱是迄今为止中国最好卖的车，这款汽车在中国任何乡村都可以看到，他们用它来拉任何货物，从电器到甘蔗都可以。"《福布斯》对比了五菱和美国卖得最好的福特 F 系列货车的销量，五菱一骑绝尘，2009 年，五菱之光的销量是 59.7 万台，在当时的中国保有量达 200 万台。2012 年，《福布斯》评选出了 2011 年全球畅销最好的 12 款车，五菱之光就在其中。同年，《中国青年报》采访了河北保定东同村，这个村有 1.2 万人口，拥有的五菱汽车近 700 辆，被称为"五菱村"。那一年，五菱的销售和服务网点，在全国 2000 多个行政县的覆盖率达到了近 55%。

五菱汽车最初给用户的画像很精准：买"五菱宏光"的人，手头上不会有太多钱，他们希望用这一台车担负起全家的生活，或者逆风翻盘。五菱汽车以消费者需求为定位，设计了几款畅销车。譬如定位为"紧凑型商务车"的"五菱宏光"，一开始被称作四不像，但五菱汽车的管理者认为，虽然"五菱宏光"没有尖端技术、没有国际原型车，导致开发出来的品类很难界定，但有一点，它适合中国一个巨大消费群体的真实需求。

2018 年，外国博主郭杰瑞做了一期关于"五菱宏光"的视频，因为中国大街上随处可见"五菱宏光"汽车，震惊了这个外国人。他在一个批发市场门口随机采访了几个"五菱宏光"的车主，问他们为什么要选择五菱宏光，而不选择皮卡，因为在美国，一般用皮卡搬家拉货。车主回答：皮卡不能进城，而且块头大，耗油。"五菱宏光"很方便，拉货能拉半吨，拉人能拉 7 个。在问了"五菱宏光"的价格后，郭杰瑞彻底服了，在美国，最便宜的皮卡也得 20 万人民币。

"人民需要什么，五菱就造什么"，这句话语已经在汽车圈被奉为经典的广告语。从疫情期间生产口罩与口罩机、响应地摊经济的"五菱荣光售货车"，五菱汽车在洞察到年轻消费者的消费偏好后，开始布局年轻化汽车市场，从"五菱螺蛳粉"，到"五菱+喜茶"的跨界合作，从"五菱宏光 MINI"到 2021 年定位青春型的皮卡汽车"五菱征途"，都直观地反映五菱贴合老百姓需求而谋求发展的营销战略。

五菱汽车受到年轻人喜爱，被冠以"人民的代步车"之名。从小红书对"五菱宏光 MINI EV"的改造，到年轻人的聚集地"B 站"中无数关于"五菱神车"漂移、甩尾、上坡过坑、装货拉人的视频，没有什么是五万元的"五菱宏光"做不到的。

（五）社会营销观念

随着全球环境破坏、资源短缺、人口爆炸等问题日益严重，要求企业顾及消费者整体与长远利益即社会利益的呼声越来越高。市场营销学界提出了一系列的新观念，如人类观念、理智消费观念、生态准则观念等。其共同点认为，企业生产经营不仅要考虑消费者需要，而且要考虑消费者和整个社会的长远利益。这种观念被称为社会营销观念。社会营销观念认为，企业的任务在于确定目标市场的需要、欲望和利益，比竞争者更有效地使顾客满意，同时维护与增进消费者和社会的福利。

 **拓展阅读** 营销1.0至4.0理论的发展

营销1.0是以产品为中心的工业化时代的营销，主要是解决企业如何实现更好的交易的问题，功能是诉求差异化，卖点成为帮助企业从产品到利润，实现马克思所言的"惊险的一跃"的核心。

营销2.0是以消费者为导向的营销，不仅仅需要产品有功能差异，更需要企业向消费者诉求情感与形象，因此，这个阶段出现了大量以品牌为核心的公司。

营销3.0是以价值观驱动的营销，把消费者从企业"捕捉的猎物"还原成"丰富的人"，是以人为本的营销。

营销4.0，以大数据、社群、价值观营销为基础，企业将营销的重心转移到如何与消费者积极互动，尊重消费者作为主体的价值观，让消费者更多地参与到营销价值的创造中来。在数字化连接的时代，洞察与满足这些连接点所代表的需求，帮助客户实现自我价值。

市场营销经历了从产品驱动的营销1.0到客户驱动的营销2.0，再到人本营销3.0的转变，体现了客户地位，也体现了客户逐渐变成身心和精神完整的人的过程。因此科特勒认为，营销的4.0时代，未来市场一定是属于能够反映人的价值、产品服务和企业文化的企业的天下。今天应用的技术算不上最新，但他们在近些年完成了跨界融合，而这些融合也大大影响了全世界的营销活动。共享经济、即时经济、多渠道整合、内容营销、社会关系管理等新的概念层出不穷。市场营销应该适应消费者或客户的路径变化，营销人员的职责是引导客户完成从了解产品到最终实现产品用途的全过程。

未来是数字化的营销时代，是一个洗牌颠覆，也是一个弯道超车的时代，新的营销方式对原有的营销模式进行了升级，甚至是彻底的重构。不断兴起的Uber，最近市值超过了700亿美元，而三大汽车公司的市值最高也就是600亿美元。现在，我们很难定义什么是第一产业，第二产业和第三产业，所有的这些产业都可以用"数字+""互联网+"获得新的发展机遇，所以在未来可能只有"原生型互联网公司"和"再生型互联网公司"。前者如谷歌、百度、阿里巴巴、腾讯，后者如小米、澎湃。同样，在数字化浪潮下，不仅是中国企业赶超原有世界顶级企业的重大机遇，也是新一代营销战略咨询顾问向全球输出洞见、理念和方法论的风口浪尖。

二、市场营销理论研究的主要内容

（一）市场营销的 4P 理论

4P 营销理论被归结为四个基本策略的组合，即产品（Product）、价格（Price）、促销（Promotion）、渠道（Place）策略，由于这四个词的英文字头都是 P，所以简称为 4P 营销理论（见图 1-3）。

1. 产品策略

产品策略主要是指企业以向目标市场提供各种适合消费者需求的有形和无形产品的方式来实现其营销目标。其中包括对同产品有关的品种、规格、式样、质量、包装、特色、商标、品牌以及各种服务措施等可控因素的组合和运用。

2. 定价策略

定价策略主要是指企业以按照市场规律制

图 1-3 4P 营销理论组合

定价格和变动价格等方式来实现其营销目标，其中包括对同定价有关的基本价格、折扣价格、津贴、付款期限、商业信用以及各种定价方法和定价技巧等可控因素的组合和运用。

3. 分销策略

分销策略主要是指企业以合理地选择分销渠道和组织商品实体流通的方式来实现营销目标，其中包括对同分销有关的渠道覆盖面、商品流转环节、中间商、网点设置以及储存运输等可控因素的组合和运用。

4. 促销策略

促销策略主要是指企业利用各种信息传播手段刺激消费者购买欲望，促进产品销售的方式来实现其营销目标，其中包括对同促销有关的广告、人员推销、营业推广，以及公共关系等可控因素的组合和运用。

（二）市场营销的 4C 理论

随着市场竞争日趋激烈，媒介传播速度越来越快，4P 营销理论越来越受到挑战。1990 年，美国学者罗伯特·劳特朋（Robert Lauterborn）在其《4P 退休 4C 登场》专文中提出了与传统 4P 营销理论相对应的 4C 营销理论。4C 分别指代 Customer（顾客）、Cost（成本）、Convenience（便利）和 Communication（沟通），该理论以消费者需求为导向，重新设定了市场营销组合的四个基本要素即瞄准消费者的需求和期望。

1. 顾　客

顾客主要是指顾客的需求。企业必须首先了解和研究顾客，根据顾客的需求来提供产品。同时，企业提供的不仅仅是产品和服务，更重要的是由此产生的客户价值。

2. 成　本

成本不单是企业的生产成本，或者说 4P 营销理论中的 Price（价格），它还包括顾客的购买成本，同时也意味着产品定价的理想情况，应该是既低于顾客的心理价格，又能够让企业有所赢利。此外，这中间的顾客购买成本不仅包括货币支出，还包括为此耗费的时间、体力和精力消耗，以及购买风险。

3. 便　利

便利是指为顾客提供最大的购物和使用便利。4C 营销理论强调企业在制定分销策略时，要更多地考虑顾客的方便，而不是企业自己方便。要通过好的售前、售中和售后服务来让顾客在购物的同时，也享受到了便利。便利是客户价值不可或缺的一部分。

4. 沟　通

沟通被用以取代 4P 中对应的 Promotion（促销）。4C 营销理论认为，企业应通过同顾客进行积极有效的双向沟通，建立基于共同利益的新型企业和顾客关系。这不再是企业单向地促销和劝导顾客，而是在双方的沟通中找到能同时实现各自目标的通途。

4C 营销理论的优点是瞄准了消费者的需求，将其始终贯穿于产品开发的全过程，并据此进行规划设计，确保项目的最终成功。关注消费者所愿意支付的成本，关注咨询、销售人员等为消费者提供的便利性，与消费者进行沟通。但 4C 营销理论过于强调顾客的地位，而顾客需求的多变性与个性化发展，导致企业需不断调整产品结构、工艺流程，不断采购和增加设备等，导致利润空间大幅缩小。

（三）市场营销的 4R 理论

4R 营销理论是以关系营销为核心，注重企业和客户关系的长期互动，重在建立顾客忠诚的一种理论。它既从企业的利益出发又兼顾客户的需求，是一个更为实际、有效的营销制胜术。

1. 关联（Relevancy）

关联即认为企业与顾客是一个命运共同体。建立并发展与顾客之间的长期关系是企业经营的核心理念和最重要的内容。

2. 反应（Reaction）

反应是指在相互影响的市场中，对经营者来说最难实现的问题不在于如何控制、制订和实施计划，而在于如何站在顾客的角度及时地倾听和从推测性商业模式转向高度回应需求的商业模式。

3. 关系（Relationship）

在企业与客户的关系发生了本质性变化的市场环境中，抢占市场的关键已转变为与顾客建立长期而稳固的关系。与此相适应，产生了 5 个转向：从一次性交易转向强调建立长期友好合作关系；从着眼于短期利益转向重视长期利益；从顾客被动适应企业单一销售转向顾客主动参与到生产过程中来；从相互的利益冲突转向共同的和谐发展；从管理营销组合转向管理企业与顾客的互动关系。

4. 报酬（Reward）

任何交易与合作关系的巩固和发展都是经济利益问题。因此，一定的合理回报既是正确处理营销活动中各种矛盾的出发点，也是营销的落脚点。

4R 营销理论的最大特点是以竞争为导向，在新的层次上概括了市场营销的新框架，根据市场不断成熟和竞争日趋激烈的形势，着眼于企业与顾客的互动与双赢。企业不仅要积极地适应顾客的需求，而且要主动地创造需求，运用优化和系统的思想去整合营销，通过关联、关系、反应等形式与客户形成独特的关系，把企业与客户联系在一起，形成竞争优势。其反应机制为互动与双赢、建立关联提供了基础和保证，同时也延伸和提升了便利性。"回报"兼容了成本和双赢两方面的内容，追求回报，企业必然实施低成本战略，充分考虑顾客愿意付出的成本，实现成本的最小化，并在此基础上获得更多的市场份额，形成规模效益。这样，企业为顾客提供价值和追求回报相辅相成。

三、市场营销领域的新发展

2020 年 4 月 28 日 CNNIC 第 45 次调查报告显示，截至 2020 年 3 月，我国网民规模达 9.04 亿，互联网普及率达 64.5%，其中，手机网民规模达 8.97 亿，我国网民使用手机上网的比例达 99.3%。2020 全球数字报告指出，超过 45 亿人使用互联网，社交媒体用户已突破 38 亿大关。全球近 60% 的人口已经上网。

随着互联网的普及以及手机网民规模的不断扩大，使用智能手机进行购物、浏览产品信息、进行价格对比、阅读网上产品评价、寻找和兑换优惠券等的消费者越来越多。移动社交媒体的新发展，彻底变革了消费者购物和互动的方式，在这个快速变化的时代，基于真实和持久的客户价值，建立牢固的客户关系变得比任何时候都更重要。所以现代企业市场营销也在发生变化，如很多企业不仅建设了自己的企业网站，还将社交和移动媒体进行了营销组合，将营销内容植入热点话题，进行内容营销，与消费者互动。比如：红牛依托网站，借助跳伞、滑板、漂移、冲浪等又酷又潮又充满冒险性的运动话题，做热点内容输出，并以此为契机，提升业绩；星巴克的顾客通过手机线上支付预定，探索新的渠道，与传统的营销有效融合。

营销不是一项职能，而是一种以客户为导向的市场战略，是每一个企业 CEO 应该具备的第一思维。在今天的数字化浪潮下，很多企业已经意识到要把营销作为数字化战略的第一战略。过去人们会看美国有线电视新闻网（CNN）这样的电视频道了解即时新闻，而现在"脸书 Facebook 合众国"已经成为拥有 16.5 亿人口的第一"大国"，一打开推特就有无数的"公民记者"带来的新鲜报道。同样，You Tube 也迅速取代了好莱坞过去的地位，《综艺》（Variety）杂志的一项调查显示，相比好莱坞明星，13 到 18 岁的人群对 You Tube 名人更耳熟能详。这些变化深远地影响着当今世界的话语权，使水平、包容、社会的力量，战胜垂直、独享、个人的力量，从而让客户社区变得越发重要。用户不再惧怕大公司和大品牌，他们敢于发声，愿意分享与品牌有关的种种故事，如今有关品牌的闲谈，远比精准的广告宣传更为可信，社交圈子接过了外部营销交流和个人喜好的"火炬"，成为影响力的主要来源。用户在选择品牌时倾向于听取朋友的经验，好像建起了一座社交圈子筑成的堡垒，免受虚假品牌宣传和营销手段的欺骗。

1.3　创造客户价值

　　市场营销就是基于对目标客户的深入理解，创造出能被客户认可的价值的过程。企业要让用户客户感受到什么，就应该围绕着什么来建立客户关系，这个问题的背后有一个指向，那就是客户价值。营销，像水在不同阶段表现出的不同形态，有时候表现为产品，有时候表现为服务，有时候表现为洞察、传播或沟通互动，但究其本质，就是围绕着为客户创造价值流动。营销对每个产品来说，都是一条从创造价值、传递价值、传播价值到交付价值的价值流。[①]

一、市场营销创造客户价值（流程图见图 1-4）

（一）创造价值

　　"价值"是一个社会实践的概念，它产生于人们的需要之中。一个东西是否有价值，就看它能否满足人们的社会需要和社会成员对它评价如何。人们对那些能满足它们需要的东西给予肯定的评价，反之便给以否定的评价。正如马克思所说"价值这个普遍的概念是从们对待满足他们需要的外界物的关系中产生的"，这种关系包含两个方面的内容，一是外界物对人们需要的满足，二是人们对满足他们需要的外界物的评价。

图 1-4　市场营销创造客户价值流程图

----

　　① 宇见. 洞察力：让营销从此直指人心［M］. 上海：电子工业出版社，2019.

（二）传递价值

价值传递是指创设一定的条件，使人们获得和继承某一社会文化中种种价值观念的过程和方式。个体在社会化的过程中，接受家庭教育、学校教育和社会文化的影响，在获得知识、经验和规范的同时，也掌握了这一社会文化中关于政治、经济、科学、艺术、道德等方面的价值观念。

（三）传播价值

传播价值是在传播过程中的价值体现，具体指凝聚在传播事实中的社会需求，就是传播本身之所以存在的客观理由，在比较固定的认识中，它包括时效性、重要性、显著性、接近性以及趣味性等几个基本属性。

在营销的价值流中，传递价值与传播价值的区别在于：传递价值主要是指让品牌价值得以流转的相关工作，例如品牌的网络销售建设、沟通渠道优化等；而传播价值，则主要对应品牌传播相关工作，是为了让用户更好地理解品牌所创造的价值。

（四）交付价值

交付价值是指让客户获得与传播相匹配的价值体验，让产品在创造价值、传递价值到交付并持续创新用户价值的过程中，在人们心中建立起显著的认知。

曾经有一个关于亚马逊的案例，说的是该网站在日常经营中发现，那些经常购买图书或音像制品的客户，有时候会忘了自己已经买过某本书或某张CD，而一不小心重新下了订单。这时候，亚马逊就会在"订单确认"环节为客户提个醒。的确，这样做会让网站损失一些销售，但亚马逊却认为，既然这样的提醒是为客户好，那就这么做吧，因为从长远来看，如果客户开心了，自然还是会回到亚马逊来购物。正如亚马逊公司创始人杰夫·贝索斯曾说"聪明是一种天赋，而善良是一种选择"。其实，从商业的角度上来说，选择后者并不总是意味着企业会因此而"吃亏"，尤其从长远来看，情况更是如此。"仁者安仁，知者利仁"，亚马逊的例子很好地说明了"价值交付"并不仅仅是企业责任，更是一种品牌可依赖的商业策略。

菲利普·科特勒曾说："营销并不是以精明的方式兜售自己的产品或服务，而是一门真正创造顾客价值的艺术。"创造价值是营销的前提，并通过传递价值、传播价值让消费者形成认知，对产品或服务产生认可、肯定的明确观念，并借此带来关注与购买。通过交付价值促进产品营销回归本源，与客户的需求进行匹配，赢得顾客。从创造价值到创建认知的不断循环，是推动产品不断消费的双引擎。

 **拓展阅读** 大卫·奥格威:《一个广告人的自白》

　　大卫·奥格威在《一个广告人的自白》这本书中写道:"我们这些人谁都不会在半夜惊醒,为自己靠做广告养家糊口而感到不安。用丘吉尔的话说,我们继续做自己该做之事。我们给牙膏写广告的时候,并没有什么'颠覆性'的念头,但如果我们能做得更好,孩子们就不用这么频繁地跑去看牙医了。为波多黎各创作广告的时候,我没有什么'罪恶'感。广告帮助这个400年来一直挣扎在饥饿边缘的地区吸引了工业和游客。为世界野生基金会创作广告的时候,我并不认为自己'让一切变得无足轻重'。我写的广告从盗狗人手中解救了我家的狗——特迪,孩子们为此而欣喜若狂。"

　　基于企业经营角度,交付价值不仅仅只是"情怀",也不只是企业营销活动的"整体KPI",更是企业在营销中不断探究、思考和要传递的信息——"究竟对用户有什么价值?"比如通过"准确洞察用户需求",更好地匹配用户需求。从交付价值的角度来确保自己的所有工作与客户实现精致体验的需求进行对接,这就是一个完整的价值流循环。

 **讨　论**

　　在你身边有哪些经典的创造客户价值的案例?请分享。

_____

_____

_____

二、市场营销对企业发展的重要性及意义

　　在现代市场经济大环境下,市场就是企业奋斗的战场,是吸引足够的流量、占据更大的市场份额、开疆拓土、稳定已有市场占有率的有效有段。市场营销是在创造、沟通、传播和交换产品中,为顾客、客户、合作伙伴以及整个社会带来经济价值的活动、过程和体系。

　　对于企业而言,市场营销就是指在变化的市场环境中,以满足人类各种需要和欲望为目的,在适当的时间、适当的地点以适当的价格、适当的信息沟通和促销渠道,向适当的消费者提供市场的产品和服务,包括市场调研、选择目标市场、产品开发、产品促销等一系列与市场有关的企业业务经营活动。

（一）解决企业发展中的基本问题

市场营销让企业不断调整营销观念和战略决策，引导企业树立正确的市场营销决策。同时帮助指引企业创造竞争优势，为企业成长提供一整套竞争策略。在战略和决策层面，市场营销都十分重视研究企业怎样以满足需求为中心，形成自己的经营特色，保障企业的市场地位。

（二）提高企业生产效率

帮助企业树立现代经营观念，更好地优化企业资源配置和满足社会发展需要。市场营销观念强调市场的作用，注重消费者的体验感受，这有利于促进企业资源配置优化，提高生产效率，更好地满足消费者的现实与潜在需求。

（三）推进企业国际化经营

市场经济是开放性的经济体系，坚持对外开放发展战略，扩大国际贸易与国际经济技术合作，是社会经济发展的基本要求。当前国际市场情况复杂，需求多变，竞争激烈，只有完整掌握营销理论和技巧，认真开展市场调研，了解目标市场，才能制定相应的国际营销策略，更高效顺利地开拓国际市场。

市场营销不是企业发展成功的唯一因素，但一定是成功的关键因素。只有重视市场营销在企业发展当中的作用，采取积极正确的市场营销战略，才能助力企业实现持续高效稳定发展。

小 结

在任务一中，首先，我们学习了市场营销的内涵，从认识市场开始，对市场的含义、要素、特点进行分析；再到市场营销的概念和核心观点，对市场的提供物，需要、欲望、需求，效用、费用和满足等进行了辨析；树立了企业要以客户需求为导向的价值主张，对市场营销整体概念进行了全面的学习。其次，关于市场营销观念的发展，我们学习了生产观念、产品观念、推销观念、市场营销观念和社会营销观念，对市场营销中的4P、4C、4R理论进行了学习，并对市场营销领域的新发展进行了展望。最后，在创造客户价值的学习中，我们从利用市场营销创造客户价值入手，从创造价值、传递价值、传播价值再到交付价值，对市场营销创造客户价值的流程进行学习；并从市场营销对企业发展的重要作用及意义角度，认识到要用市场营销解决企业发展中的基本问题，提高企业生产效率，推进企业经营。

在市场营销中，要注重满足客户的需求，在为客户创造价值的同时实现企业的赢利，在进行营销中，要注重正能量的传递，用"美言"传播"美德"，使之成为弘扬社会主义核心价值观的载体，因为只有充满人文关怀、高尚价值追求的营销内容和货真价实的产品，才具有吸引力和感染力，才能让客户觉得可亲、可敬，才能真正赢得客户的信赖。

课后思考

1. 市场营销学是如何演进的？

2. 有人说，我们的世界由空气、水和广告构成。毫不夸张地说，广告无处不在，潜移默化地影响着我们的购买行为和消费观念。请分享一个打动你的广告或者一个让你印象深刻的广告，说说你认为的好广告的标准是什么。

3. 生活中你遇到过哪些营销问题？你是如何认识市场营销的？

4. 5G 改变了我们获取信息的方式，影响了我们关于"衣、食、住、行"的消费决策，甚至影响了我们的职业选择。只有培养市场洞察力，提高自身能力素养，勇于创新，才能让我们获得更好的发展机会。对此，请谈谈你的认识。

第二部分
DI'ER BUFEN

获取营销信息

任务二　市场营销环境分析

 **学习目标**

（1）描述影响企业市场营销的环境因素；
（2）解释人口统计和经济环境的变化如何影响营销决策；
（3）描述自然环境和技术环境中的主要趋势；
（4）解释政治和文化环境中的关键变化；
（5）讨论应该如何应对市场营销环境的变化。

 **引　言**

当今世界正在经历百年未有之大变局。这场大变局不限于一时一事、一国一域，而是深刻而宏阔的时代之变。时代之变和世纪疫情相互叠加，世界进入新的动荡变革期。2020年春节，新冠肺炎疫情突如其来，对很多行业都造成了非常大的影响。尤其是餐饮行业、旅游行业，几乎受到毁灭性的打击：西贝、海底捞暂停营业，星巴克上百家门店关闭；各大航班、车次纷纷取消；往年人头攒动的热闹景区闭门歇业，偌大的景区空空荡荡。还有地产、影视等行业，都受到严重的打击。全国各地企业（除必须营业的特殊企业外）均延迟复工。企业无法营业，没有利润，再加上房租、员工工资，让很多企业陷入泥潭。此外，企业还面临全球产业链、供应链紊乱，大宗商品价格持续上涨，能源供应紧张等风险相互交织的情况。

如何战胜疫情？如何最大限度降低疫情对企业发展的影响？怎样从细微处洞察环境对事物变化的影响，在危机中育新机、于变局中开新局，凝聚起战胜困难和挑战的强大力量？探索在逆境中顺势成长的方法是很多企业和个人关心的事情。

全国上下携手合作，不断探索经济增长新动能、社会生活新模式、人员往来新路径，以推进跨境贸易便利化，保障产业链、供应链的安全畅通，推动经济复苏进程走稳走实。

然而，这也孕育着新生，如盒马鲜生、每日优鲜、外卖平台等企业积极探索应对方式，盒马甚至通过"租员工"的方式，接收和联合部分餐饮企业的部分员工入驻门店，满足市民的日常生活必需品送货、选购的需求。

大江奔腾向海，尽管会有很多逆流、险滩，但阻力促其强大，任何逆流都阻挡不了大江东去。经济全球化方向从未改变、也不会改变。中国坚定不移地推进高质量发展、改革开放、生态文明建设，经济总体发展势头良好。2021 年，中国国内生产总值增长 8.1%，实现了较高增长和较低通胀的双重目标。虽然受到国内外经济环境变化带来的巨大压力，但中国经济韧性强、潜力足、长期向好的基本面没有改变，我们对中国经济发展前途充满信心。

讨 论

企业发展受到哪些环境因素的影响？在这些环境因素中，哪些因素是对企业发展有利的？哪些是不利的？作为企业应该怎样应对环境的变化？

2.1 市场营销环境分析

在上一章节中，我们学习了市场营销理论的发展，并讲述了"社会营销观念"，强调市场营销的发展要兼顾消费者、企业、社会三个方面的利益，要求企业在追求经济效益的同时，应兼顾社会效益，要符合社会的可持续发展要求。任何企业，都存在于一定的环境中（如人口、经济、自然、政治法律、科学技术和社会文化）。环境不一定对企业活动产生直接作用，但却能够经常对企业决策、发展等产生影响。所以，我们要对市场营销环境进行分析、利用，促进市场营销发挥更好的效果。

一、市场营销环境的概念

市场营销环境也称市场经营环境，就是影响和制约企业营销活动的各种内部条件和外部因素的总和。

菲利普·科特勒认为："营销环境由营销以外的那些能够影响与目标客户建立与维持成功关系的营销管理能力的参与者和各种力量所组成，营销环境同时还存在机会和威胁。"市场营销环境是存在于企业营销系统外部的不可控制的因素和力量，这些因素和力量是影响企业营销活动及目标实现的外部条件。

企业营销活动与其经营环境密不可分。根据企业对环境因素的可控度，市场营销环境可分为宏观环境和微观环境。微观环境因素包括企业、供应商、营销中介、顾客、竞争者和公众。宏观环境由人口环境、经济环境、自然环境、科学技术环境、政治法律环境、社会文化环境六个因素组成。

 **拓展阅读** 新冠疫情影响下旅游业的转型①

2020 年初，新型冠状病毒肺炎疫情的暴发，就像"多米诺骨牌"一样，使很多行业不得不做出改变，其中就有受到疫情巨大冲击的旅游业，这次疫情严重影响了人们外出旅行。需求锐减，是旅游业的外伤。旅游业自己本身的脆弱性，也同时在制造"内伤"。如：全球航班和乘客的数量锐减。

首先是旅行消费的再分配。人们选择旅行的地点，更多趋向于本地化、乡镇化。因不少国家关闭了国境，或者要求跨境旅游进行隔离，所以很多人就转而选择了国内出游。比如，韩国 2020 年 4 月份外出旅游的人中，四分之三都是国内旅游。相比之下，平时这个比例只有一成左右。再比如，从全球来看，国内预订占据平台上 80% 的订单。还有不少人预订离自己家不超过 80 公里的民宿。专家分析，这有可能是人们怕隔离策略临时改变，距离近的话，即便隔离政策改变，也能开个车就回家。

其次是国内游的地点，也发生了变化。概括起来就是小镇旅游获得快速发展。疫情之下，大部分人更想找个没人的地方，摘了口罩，享受一下自然风光，且展览、演出、社交场所相对恢复的缓慢。所以大城市的吸引力就下降了，越来越多的人开始选择农村乡镇或者更偏远的地区旅游。从城市到乡村的旅游转移本是一个长期过程，疫情让它大大加速了。此外，人们策划出行的方式也变了。过去出门旅游，大部分人会提前做规划，比如提前几个月、半年。但现在人们预订机票，很多是拖到不能再拖的最后一刻才预订。这背后的原因是担心疫情变化打乱出行计划。这也意味着酒店、航空公司的商业模式，也需要随之调整，因为这些行业一直依赖顾客的预付来支持现金流。

第三点转变是运营资源的重新分配。过去，人们安排旅行的交通和住宿，看重的是：价格是不是合理，住的是不是舒适，服务贴不贴心，房间干不干净。但是，疫情过后，人们最看重的东西将会是"洁净"。这也意味着，无论是酒店还是航空公司，都会在"洁净"上分配更多的资源、花更多的精力。因为旅客宁愿住得简陋一点，也要选择消毒更彻底的房间。自助餐可能会取消，入住可能会电子化、无人化，总之，尽量减少人与人之间密切接触的场合。而对于航空业来说，一些过去的"标准"服务要

---

① 资料来源：邵恒头条《旅游业会发生"再分配"吗？》，得到 APP，2020 年 6 月 3 日。

被取消或者改变。往小了说，飞机餐食有可能会被简单的袋装点心和瓶装水取代。往大了说，机舱每天需要加大消毒清洁的频率。这就意味着一架飞机每天能够周转的班次可能会减少。班次减少，受影响最大的，就是依赖高周转模式的廉价航空公司了。像春秋航空、吉祥航空，这种走低价路线的公司，竞争力可能就会下滑了。

从短期来看，疫情抑制了旅游业的消费需求，但从长期来看，疫情可能会给这个行业带来一次资源的再分配。这也可能会重新定义这个行业的"核心竞争力"。

当然旅游业是一个特别因地制宜的行业，每个国家、地区都有不同的特色。关于国内的旅游业会发生什么样的长期变化，也请大家结合各种环境因素的影响进行讨论和分析。

二、市场营销环境的特点

（一）客观性

环境作为企业外在的不以营销者意志为转移的因素，对企业营销活动的影响具有强制性和不可控性的特点。企业总是在特定的社会经济和其他外界环境条件下生存、发展的。

（二）差异性

市场营销环境的差异性不仅表现在不同的企业受不同环境的影响，而且同样一种环境因素的变化对不同企业的影响也不相同。正因营销环境的差异，企业为适应不同的环境及其变化，必须采用各有特点和针对性的营销策略。

（三）相关性

市场营销环境是一个系统，在这个系统中，各个影响因素是相互依存、相互作用和相互制约的。

（四）动态性

市场营销环境是一个动态系统。营销环境是企业营销活动的基础和条件，但这并不意味着营销环境是一成不变的、静止的。企业营销活动必须适应环境的变化，不断地调整和修正自己的营销策略，否则，将会丧失市场机会。

（五）不可抗拒性

影响市场营销环境的因素是多方面的，也是复杂的，并表现出不可控性。

（六）可影响性

企业可以通过对内部环境要素的调整与控制，来对外部环境施加一定的影响，最终促使某些环境要素向预期的方向转化。"适者生存"既是自然界演化的法则，也是企业营销活动的法则。企业应从积极主动的角度出发，能动地去适应营销环境，运用自己的经营资源去影响和改变营销环境，为企业创造一个更有利的活动空间，然后再使营销活动与营销环境相互适应。

2.2 宏观环境分析

宏观环境是指企业无法直接控制的因素，是通过影响微观环境来影响企业营销能力和效率的一系列巨大的社会力量，包括人口、经济、自然、政治法律、科学技术及社会文化等因素（见图 2-1）。由于这些环境因素对企业营销起着间接影响作用，主要以微观营销环境为媒介影响和制约企业的市场营销活动，所以又称为间接营销环境。

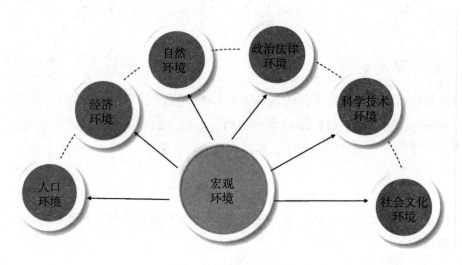

图 2-1 宏观环境因素

一、人口环境

人口环境是市场营销中的外部环境因素之一，主要指人口对市场营销的影响。市场主要是由人构成的，人口的数量与增长速度、人口结构、人口的地理迁移等直接影响市场的规模与结构、特征与变动趋势。

（一）人口数量与增长速度

一个国家或地区的总人口数量是衡量市场潜在容量的重要因素。人口数量多、增长速度快，如果收入水平不变，生活、生产用品将会增加，将会给企业带来更多的市场机会，促进市场规模扩大。但是，人口的迅速增长也可能会导致人均收入下降，限制经济发展，从而使市场吸引力降低。人口增长还会对交通运输产生压力，企业对此应予以关注。

（二）人口结构

人口结构主要包括人口年龄结构、性别结构、家庭结构和社会结构。

1. 人口年龄结构

人口年龄结构是指各个年龄组人口在总人口中所占的比重。年龄是人口的自然属性。任何一个群体都是由许多具有不同年龄的人口所组成的，从 0 岁组开始直到某个最高的年龄组为止。人口年龄结构包括：现有人口中育龄人口与非育龄人口比例；劳动年龄人口与非劳动年龄人口比例；少年儿童人口与老年人口比例等。如：青少年比例增加，反映在市场上婴幼儿和少年儿童用品及结婚用品需求的明显增长；老龄化的加剧，反映在市场上老年人的需求呈现高峰，保健品、老人服务等市场将会扩大。

 **知识拓展** **全球人口老龄化持续加速发展**

老龄化社会是指老年人口占总人口达到或超过一定的比例的人口结构模型。按照联合国的传统标准是一个地区 60 岁以上老人达到总人口的 10%，新标准是 65 岁以上老人占总人口的 7%，即该地区视为进入老龄化社会。2021 年 5 月 11 日，我国第七次全国人口普查结果公布，全国人口共 14.1178 亿人，其中，0 ~ 14 岁人口占 17.95%，15 ~ 59 岁人口占比 63.35%，60 岁及以上人口占 18.7%，65 岁及以上人口占 13.5%，人口老龄化程度进一步加深。

联合国一项研究报告指出，随着全球生育率的持续下降、医疗技术的发展和进步，整体上人类平均寿命不断延长。全球人口老龄化持续加速，目前全世界 65 岁以上的人口数超过 6 亿，预计 2050 年将高达 16 亿。因此，针对老年人日常生活的产品和服务都将得到一定发展。尤其是欧美国家的人口老龄化尤其突出，对于老年人的护理等需求也是日益上涨。亚马逊专门为年龄在 50 岁以上的顾客开办了一个网站，开发银发市场，开发了众多满足老年人需求的产品，并为企业带来可观利润。

2. 性别结构

人口性别结构是指在一定时期内（通常为一年内），一个国家或地区的人口构成中，新出生的男性或女性各在其总人口中的比例。性别结构反映在对市场的影响，即把消费人群区分为男性与女性，企业选择男性市场、女性市场或者中性市场作为目标市场，并由此展开的基于男女两性差异的视角展开的营销。

3. 家庭结构

家庭结构是指家庭中成员的构成及其相互作用、相互影响的状态，以及由这种状态形成的相对稳定的联系模式。家庭结构包括家庭人口要素和家庭模式要素。家庭人口要素是指家庭由多少人组成，家庭规模大小。家庭模式要素是指家庭成员之间怎样相互联系，以及因联系方式不同而形成的不同的家庭模式。家庭结构对家庭成员的生理、心理和行为有巨大的影响，同时受到宏观的社会、经济、文化影响。

 **知识拓展** 不同家庭模式对营销的影响

家庭有不同的分类，按家庭的代际数量和亲属关系的特征分类是常见的家庭分类的方法，主要有以下几种家庭类型：

（1）夫妻家庭。只有夫妻两人组成的家庭。包括夫妻自愿不育的丁克家庭、子女不在身边的空巢家庭以及尚未生育的夫妻家庭。

（2）核心家庭。由父母和未婚子女组成的家庭。

（3）主干家庭。由两代或者两代以上夫妻组成，每代最多不超过一对夫妻且中间无断代的家庭，如：父母和已婚子女组成的家庭。

（4）联合家庭。指家庭中有任何一代含有两对或两对以上夫妻的家庭，如父母和两对以上已婚子女组成的家庭或兄弟姐妹结婚后不分家的家庭。

（5）其他形式的家庭。包括单亲家庭、隔代家庭、同居家庭、同性恋家庭、单身家庭。

家庭对消费行为的影响占主要地位，家庭人员组成一般是指家庭人数、年龄、性别、各成员之间的关系等，家庭影响了大多数的消费决策。在我国，"四代同堂"现象已不多见，"三位/四位一体"的小家庭则很普遍，并逐步由城市向乡镇发展。家庭数量的剧增必然引起炊具、家具、家用电器和住房需求的迅速增长。当前家庭规模变小，使消费品朝着强调小包装的食品和化妆品、小型厨房用品和家具发展，现代小家庭在饭店吃饭和娱乐场所的花费将越来越大，单身和没有孩子的家庭在旅游、休闲和投资上更舍得花钱。这是家庭发展的趋势对消费的影响。在家庭消费决策的制定中，购买决策不同于一般的组织购买，购买决策隐含了感情因素，从而影响家庭成员间的关系。在家庭购买决策中，主要的产品使用者也许既不是购买决策者也不是购买者，所以营

销人员必须判断影响家庭购买决策的角色有哪些成员构成。往往妻子和孩子在购买决策中的作用是不可忽视的。家庭结是复杂多变的，家庭结构不同，购买的特点也不同。家庭结构直接影响着为谁买、买什么、买多少等决策。

4. 社会结构

社会结构是指一个国家、部落、部族或地区占有一定资源、机会的社会成员的组成方式及其关系格局，包含种群数量结构、家庭结构、社会组织结构、城乡结构、区域结构、就业或分工结构、收入分配结构、消费结构、社会阶层结构等若干重要子结构，其中社会阶层结构是核心。社会结构具有复杂性、整体性、层次性、相对稳定性等重要特点。一个理想的现代社会结构，应具有公正性、合理性、开放性。

（三）人口的地理迁移

人口的地理迁移一般指的是人口在两个地区之间的空间移动，这种移动通常涉及人口居住地由迁出地到迁入地的永久性或长期性的改变。人口迁移对人口数量、性别比例、职业构成、产业结构、交通、治安、城市化进程等都会产生影响。不同地区人们的购买习惯不同。如我国中西部的人和东南部的人相比，在冬季会购买更多的服装，而东南部的人们因为气候宜人，所以一般户外装备需求比较大，同时因为东南一般靠近沿海，所以对游泳沙滩等周边产品需求会比较多。人口的迁徙，需要营销人员根据趋势变化而对市场进行调整。

讨 论

单身经济衍生的诸多机会，对企业营销有什么影响？

在中国过2亿的单身人群中，有超过7700万独居成年人，而他们催生了一个庞大的孤独经济，对营销者来说，这其中充满着诸多机会。请结合所学及生活见闻谈谈，这给哪些产品和行业带来了机会？对企业营销有什么影响？

_____

_____

_____

二、经济环境

经济环境是指企业营销活动的外部社会经济条件，包括消费者的收入水平、支出模式和消费结构、储蓄和信贷，经济发展水平，经济体制地区和行业发展状况，城市化程度等多种因素，经济运行状况及发展趋势会直接或间接地对企业营销活动产生影响。市场规模的大小，不仅取决于人口数量，而且取决于有效的购买力。而购买力的大小受到经济环境中各种因素的综合影响。

（一）消费者收入水平的变化

消费者收入，是指消费者个人从各种来源中所得的全部收入，包括消费者个人的工资、退休金、红利、租金、赠予等收入。消费者的购买力来自消费者的收入，但消费者并不是把全部收入都用来购买商品或劳务。因此，在研究消费者的收入时，要注意以下几点：

1. 国民生产总值

国民生产总值是指一个国家（或地区）所有常住单位在一定时期（通常为一年）内生产的全部最终产品和服务的总价值，等于国内生产总值加上来自国外的净要素收入。国民生产总值是衡量一个国家经济实力与购买力的重要指标。从国民生产总值的增长幅度，可以了解一个国家经济发展的状况和速度。一般来说，工业品的营销与这个指标有关，而消费品的营销则与此关系不大。国民生产总值增长越快，对工业品的需求和购买力就越大，反之，就越小。

2. 人均国民收入

人均国民收入是指一国在一定时期内（通常为一年）按人口平均计算的国民收入占有量。这个指标大体反映了一个国家人民生活水平的高低，也在一定程度上决定了商品需求的构成。一般来说，人均收入越高，对消费品的需求和购买力就大，反之就小。相关统计资料表明，一个国家人均国民收入达到 5000 美元，机动车可以普及，其中小轿车约占一半，其余为摩托车和其他类型车。

3. 个人可支配收入

个人可支配收入是指在个人收入中扣除税款和非税性负担后所得余额，它是个人收入中可以用于消费支出或储蓄的部分，构成实际的购买力。

4. 个人可任意支配收入

个人可任意支配收入是指在个人可支配收入中减去用于维持个人与家庭生存不可缺少的费用（如房租、水电、食物、燃料、服装等项开支）后剩余的部分。这部分收入是消费需求变化中最活跃的因素，也是企业开展营销活动时所要考虑的主要对象。因为这部分收入主要用于满足人们基本生活需要之外的开支，一般用于购买高档耐用消费品、旅游、储蓄等，它是影响非生活必需品和劳务销售的主要因素。

5. 家庭收入

很多产品是以家庭为基本消费单位的，如冰箱、抽油烟机、空调等。因此，家庭收入的高低会影响很多产品的市场需求。一般来讲，家庭收入越高，对消费品需求越大，购买力也越大；反之，需求变小，购买力也变小。需要注意的是，企业营销人员在分析消费者收入时，还要区分货币收入和实际收入。只有实际收入才影响实际购买力。因为，实际收入和货币收入并不完全一致，由于通货膨胀、失业、税收等因素的影响，有时货币收入增加，而实际收入却可能下降。实际收入是扣除物价变动因素后实际购买力的反映。

（二）消费者支出模式和消费结构的变化

消费结构是指消费过程中人们所消耗的各种消费资料（包括劳务）的构成，即各种消费支出所占总支出的比例关系。随着消费者收入的变化，消费者支出模式会发生相应变化，继而使一个国家或地区的消费结构也发生变化。西方一些经济学家常用恩格尔系数来反映这种变化。恩格尔系数达 59% 以上为贫困，50%～59% 为温饱，40%～50% 为小康，30%～40% 为富裕，低于 30% 为最富裕。恩格尔系数表明，在一定的条件下，当家庭个人收入增加时，收入中用于食物开支部分的增长速度要小于用于教育、医疗、享受等方面的开支增长速度。食物开支占总消费量的比重越大，恩格尔系数越高，生活水平越低；反之，食物开支所占比重越小，恩格尔系数越小，生活水平越高。

这种消费支出模式不仅与消费者收入有关，而且还受到下面两个因素的影响：一是家庭生命周期的阶段影响。相关调查表明，没有孩子的年轻人家庭，往往把更多的收入用于购买冰箱、电视机、家具、陈设品等耐用消费品上，而有孩子的家庭，则在孩子的娱乐、教育等方面支出较多，而用于购买家庭消费品的支出减少。当孩子长大独立生活后，家庭收支预算又会发生变化，用于保健、旅游、储蓄的部分就会增加。二是家庭所在地点的影响。如住在农村与住在城市的消费者相比，一般而言，前者用于衣食、交通、娱乐方面支出较少；而后者用于衣食、交通、娱乐方面的支出较多。优化的消费结构是优化的产业结构和产品结构的客观依据，也是企业开展营销活动的基本立足点。

（三）消费者储蓄和信贷情况的变化

消费者的购买力还受储蓄和信贷的直接影响。消费者不可能花掉自己全部的个人收入，总有一部分以各种形式储蓄起来，这是一种推迟了的、潜在的购买力。消费者储蓄一般有两种形式：一是银行存款，增加现有银行存款额；二是购买有价证券。当收入一定时，储蓄越多，现实消费量就越小，但潜在消费量愈大；反之，储蓄越少，现实消费量就越大，但潜在消费量愈小。企业营销人员根据自身行业情况可以适当了解消费者的储蓄情况，尤其是要了解消费者储蓄目的的差异。储蓄目的不同，往往影响到潜在需求量、消费模式、消费内容、消费发展方向的不同。这就要求企业营销人员在调查、了解储蓄动机与目的的基础上，制定不同的营销策略，为消费者提供有效的产品和劳务。

（四）间接影响营销活动的经济环境因素

除了上述因素直接影响企业的市场营销活动外，还有一些经济环境因素也对企业的营销活动产生或多或少的影响。

1. 经济发展水平

企业的市场营销活动受到一个国家或地区的整个经济发展水平的制约。经济发展阶段不同，居民的收入不同，顾客对产品的需求也不一样，从而会在一定程度上影响企业的营销。例如，以消费者市场来说，经济发展水平比较高的地区，在市场营销方面，强调产品款式、性能及特色，品质竞争多于价格竞争。而在经济发展水平低的地区，则较侧重于产品的功能及实用性，价格因素比产品品质更为重要。在生产者市场方面，经济发展水平高的地区着重投资较大而能节省劳动力的先进、精密、自动化程度高、性能好的生产设备；在经济发展水平低的地区，其机器设备大多是一些投资少而耗劳动力多、简单易操作、较为落后的设备。因此，对于不同经济发展水平的地区，企业应采取不同的市场营销策略。

2. 经济体制

世界上存在着多种经济体制，有计划经济体制，有市场经济体制，有计划—市场经济体制，也有市场—计划经济体制等等。不同的经济体制对企业营销活动的制约和影响不同。例如，在计划经济体制下，企业是行政机关的附属物，没有生产经营自主权，企业的产、供、销都由国家计划统一安排，企业生产什么，生产多少，如何销售，都不是企业自己的事情。在这种经济体制下，企业不能独立地开展生产经营活动，因而，也就谈不上开展市场营销活动。而在市场经济体制下，企业的一切活动都以市场为中心，市场是其价值实现的场所，因而企业特别重视营销活动，通过营销，实现自己的利益目标。

3. 地区与行业发展状况

我国地区经济发展很不平衡，逐步形成了东部、中部、西部三大地带和东高西低的发展格局。同时在各个地区的不同省市，还呈现出多极化发展趋势。这种地区经济发展的不平衡，对企业的投资方向、目标市场以及营销战略的制定等都会带来巨大影响。

我国行业与部门的发展也有差异。今后一段时间，我国将重点发展农业、原料和能源等基础产业。这些行业的发展必将带动商业、交通、通信、金融等行业和部门的相应发展，也会给市场营销带来一系列影响。因此，企业一方面要处理好与有关部门的关系，加强联系；另一方面，则要根据与本企业联系紧密的行业或部门的发展状况，制定切实可行的营销措施。

4. 城市化程度

城市化程度是指城市人口占全国总人口的百分比，它是一个国家或地区经济活动的重要特征之一。城市化是影响营销的环境因素之一。这是因为，城乡居民之间存在着某种程度的经济和文化上的差别，进而导致不同的消费行为。总体来看，中国的城市化水平不均衡，东部地带城市化水平较高，中部和西部地带城市化水平较低。究其根本原因，是由于经济发展不平衡所致。例如，目前我国大多数农村居民消费的自给自足程度仍然较高，而城市居民则主要通过货币交换来满足需求。此外，城市居民一般受教育较多，思想较开放，容易接受新生事物，而农村相对闭塞，农民的消费观念较为保守，故而一些新产品、新技术往往先被城市所接受。企业在开展营销活动时，要充分注意到这些消费行为方面的城乡差别，相应地调整营销策略。

三、自然环境

自然界为人类的发展需要提供各种形式的物质财富，如矿产资源、森林资源、土地资源、水力资源等。人类的生产和生活都建立在对资源的使用上，受到自然环境的影响，同时又反作用于自然环境。自然环境对营销的影响集中反映在公众对生态环境越来越关注上，这促使企业对现有的资源状况，即自然资源短缺的现状进行审视，不断加强对环境保护的认识，顺应环境保护的要求。

（一）自然环境对企业的影响

地球上的资源包括无限资源、可再生有限资源和不可再生资源。目前，这些资源不同程度上都出现了危机。现代社会和企业最关心的主要问题之一就是要解决环境污染、自然资源短缺、能源成本趋于提高与企业长期可持续发展的问题。政府对自然资源的管理和干预不断加强，社会公众对企业提供绿色、低碳的产品及提倡有益于环境的生活方式的期待不断增强，所有这些都直接或间接地给企业带来威胁或机会。因此，企业必须积极从事研究开发，尽量寻求新的资源或代用品。同时，企业在经营中要有高度的环境保护责任感，善于抓住环境保护中出现的机会，推出"绿色产品""绿色营销"，倡导"低碳生活"以适应世界环境保护要求。如控制污染的技术，并探索一些不破坏环境的方法去制造和包装产品。

（二）资源状况

相对于人类无限增长的需求而言，在一定时间与空间范围内，资源总是有限的。加之人类不合理的利用、不适当的管理、人口增长过快、较低下的技术开发水平和资源使用效率等，又进一步加剧了资源的短缺。

1. 无限资源

无限资源是指取之不尽、用之不竭的资源，如太阳能、风能、潮汐能、海水等。近几十年来，世界各国尤其是城市用水量增加很快（估计世界用水量每 20 年增加一倍），与此同时，世界各地水资源分布不均，而且每年甚至各个季节的情况也各不相同，所以目前世界上许多国家和城市面临缺水问题。我国随着城市化的发展，济南、天津和北京等 300 多个城市也开始为水资源不足的问题所困扰。

2. 可再生有限资源

可再生有限资源也可称为再生性资源，是指能够通过自然力，以某一增长率保持或增加蕴藏量的自然资源，主要指动植物、土地和水资源等。这些资源是人类生产和生活的物质基础，合理利用消耗，可以通过繁殖、施肥和循环等过程不断再生出来。如果开发利用不合理、不科学，会使这些资源数量减少，质量降低，甚至耗尽。工业革命以来，随着人口的激增和科学技术的迅速发展，人类对可再生资源的破坏日益加剧。因此，对可再生资源的合理保护、利用和管理，使之保持不断更新能力，是当前环境保护工作的主要任务之一。如我国森林覆盖率低，仅占国土面积的 12%，人均森林面积只有 0.8 亩，大大低于世界人均森林面积 3.5 亩。我国人均耕地不仅少，而且由于城市和建设事业发展快，迅速减少，近 30 年间我国耕地平均每年减少 810 万亩。

3. 不可再生资源

不可再生资源是指经人类开发利用后，在相当长的时期内不可能再生的自然资源，或者是指不可再生资源的形成、再生过程非常的缓慢，相对于人类历史而言，几乎不可再生的自然资源。如矿石、土壤、煤、石油等。由于这类资源供不应求或在一段时期内供不应求，必须寻找代用品。在这种情况下，就需要研究与开发新的资源和原料，这就给某些企业带来了新的市场机会。如在我国西北部建设太阳能发电基地、在内蒙古充分利用草原上丰富的风力资源推广风力发电；又比如新能源汽车的研究、开发与推广，这些将为我国车企带来弯道超车的机遇，进而让我国由汽车大国走向汽车强国。

（三）生态环境保护

随着经济发展和科学进步，许多国家政府从社会利益和长远利益角度出发，加强了对自然资源管理和干预。这在短期利益上往往与企业的经营战略和经济效益相矛盾。如根据相关法律和规定的污染标准严格控制污染，有些企业为了达到控制污染的标准就要关、停、转，或者购置昂贵的控制污染设备，从短时期来看，这会增加企业的生产成本，影响企业短期内的整体经济效益。因此，国家必须统筹兼顾地解决这些矛盾，争取做到既能减少环境污染，又能保证企业发展，提高经营效益，以达到经济可持续发展的目的。

**知识拓展** 碳达峰、碳中和，全球应对气候变化做出努力

课程思政

2021年10月12日，习近平主席在《生物多样性公约》第十五次缔约方大会领导人峰会视频讲话中提出："绿水青山就是金山银山。良好生态环境既是自然财富，也是经济财富，关系经济社会发展潜力和后劲。我们要加快形成绿色发展方式，促进经济发展和环境保护双赢，构建经济与环境协同共进的地球家园。"

在 2021 年全国两会上，碳达峰、碳中和被首次写入政府工作报告。碳达峰是指我国承诺 2030 年前，二氧化碳的排放不再增长，达到峰值之后逐步降低。碳中和是指企业、团体或个人测算在一定时间内直接或间接产生的温室气体排放总量，然后通过植树造林、节能减排等形式，抵消自身产生的二氧化碳排放量，实现二氧化碳"零排放"。为实现这一目标，国家电网出台了"碳达峰、碳中和"行动方案，积极实践能源供给清洁化、能源终端消费电气化、清洁能源利用高效化，并加快推进能源供给多元化、清洁化、低碳化、能源消费高效化、减量化、电气化，构建多元化清洁能源供应体系，切实用行动保护护好祖国的绿水青山。

四、政治法律环境

政治与法律是影响企业营销的重要的宏观环境因素。政治因素像一只有形之手，调节着企业营销活动的方向；法律则为企业规定商贸活动行为准则。政治与法律相互联系，共同影响企业的市场营销活动。

（一）政治环境因素

政治环境是指企业市场营销活动的外部政治形势和状况以及国家方针政策的变化对市场营销活动带来的或可能带来的影响。政治环境因素包括政治局势、方针政策和国际关系。

1. 政治局势

政治局势是指企业营销所处的国家或地区的政治稳定状况。一个国家的政局稳定与否会给企业营销活动带来重大的影响。政局稳定，生产发展，人民安居乐业，就会给企业营造良好的营销环境。相反，政局不稳，社会矛盾尖锐，秩序混乱，这不仅会影响经济发展和人民的购买力，而且对企业的生产和营销也产生重大影响。如：中东地区的一些国家，虽然有较大的市场潜力，但由于政治不稳定，国内经常发生宗教冲突、派系冲突，以及恐怖组织的恐怖活动等，这都给市场带来较大风险，不利于企业营销活动的开展，特别是在对外营销活动中，一定要考虑东道国政局变动和社会稳定情况可能造成的影响。

2. 方针政策

方针政策是指不同国家在不同时期，根据不同的需要，颁布一些经济政策，制定经济发展方针。这些方针、政策既影响本国企业的营销活动，也会影响外国企业在本国市场的营销活动。如我国在产业政策方面制定的《国务院关于当前产业政策要点的决定》，明确提出了当前生产领域、基本建设领域、技术改造领域、对外贸易领域等各主要产业的发展序列。还有诸如金融与货币政策、财政政策、人口政策、能源政策、物价政策等，为企业研究经济环境、调整自身的营销目标和产品构成提供了依据。

对本国企业来说，国家的经济与社会发展战略、各种经济政策等，通过企业对政策的执行来直接影响市场需求，改变资源的供给。如国家扶持、促进或限制某些行业、产品的发展，那么企业就必须按照国家的规定，生产和经营国家允许的行业和产品，退出、减少或放弃国家限制的行业或产品。另外，国家也可以通过方针、政策对企业营销活动施以间接影响。如国家通过征收个人收入调节税收、调节消费者收入，从而影响消费者的购买力来影响消费者需求；还可以通过增加产品税来抑制消费者对某些商品的需求，如对香烟、酒等施以较重的税收。这些政策的执行必然会影响社会购买力，影响市场需求，从而间接影响企业营销活动。

市场所在国家的方针、政策不仅对本国企业的营销活动产生影响，也对国外企业的营销也产生影响。如改革开放之初，我国对外贸的相关政策、法律制度不健全，且缺乏稳定性和连续性，使得很多外国企业来华投资呈现出投资期限短、能捞一把算一把的短期行为。随着我国改革开放的不断深入和对外开放的不断扩大，以及相关法律制度的进一步完善，让很多国外企业看到了在华投资的前景，因而扩大投资规模，延长投资期限，由最初的 1~3 年，延长到 5 年以上，甚至延长到 10 年或者更长时间，来华投资的外国企业也越来越多。这说明国家方针、政策对外来投资也有非常大的影响。

 **各国政府采取对本国企业营销有重要影响的政策**[①]

（1）进口限制。

进口限制是指政府采取的限制进口的各种措施，包括许可证制度、外汇管制、关税、配额等措施。它分为2种，一种是采取限制进口数量的各项措施，另一种是限制外国产品在本国市场上销售的措施。政府进行进口限制的主要目的是保护本国工业，确保本国企业在市场上的竞争优势。

（2）税收政策。

政府在税收方面的政策措施会对企业经营活动产生影响。如对某些产品征收特别税或高额税，就会使这些产品的竞争力减弱，给经营这些产品的企业效益带来一定影响。

（3）价格管制。

当一个国家发生了经济问题时，如经济危机、通货膨胀等，政府就会对某些重要物资，以至所有产品采取价格管制措施。政府实行价格管制通常是为了保护公众利益，保障公众的基本生活，但这种价格管理直接干预了企业的定价决策，影响企业的营销活动。

（4）外汇管制。

外汇管制是指政府对外汇买卖及一切外汇经营业务所实行管制。它往往是对外汇的供需与使用采取限制性措施。外汇管制对企业营销活动特别是国际营销活动产生重要影响。如实行外汇管制，使企业生产所需的原料、设备和零部件不能自由地从国外进口，企业的利润和资金也不能或不能随意汇回母国。

（5）国有化政策。

政府由于政治、经济等原因对企业所有权采取的集中措施。如为了保护本国工业避免外国势力阻碍等原因，将外国企业收归国有。

3. 国际关系

国际关系是国家之间的政治、经济、文化、军事等关系。发展国际经济合作和贸易关系是人类社会发展的必然趋势。因此，国家间的关系也就必然会影响企业的营销活动。这种国际关系主要包括两个方面的内容：

一是企业所在国与营销对象国之间的关系。如中国在国外经营的企业要受到市场

---

① 陶翔，张左之．竞争环境监视——竞争情报在企业中的实践［M］．北京：华夏出版社，2006.

国与中国外交关系的影响。如果该国与我国的关系良好，则对企业在该国经营有利；如果该国对我国政府持敌对态度，那么，中国的企业就会遭到不利的对待，甚至会遭到攻击或抵制。比如中美两国之间的贸易关系就经常受到两国外交关系的影响，这对中国企业在美国市场上的营销活动是极为不利的。

二是国际企业的营销对象国与其他国家之间的关系。国际企业对于市场国来说是外来者，但其营销活动要受到市场国与其他国家关系的影响。如中国与伊拉克很早就有贸易往来，后者曾是我国钟表和精密仪器的较大客户。海湾战争后，由于联合国对伊拉克的经济制裁，使我国企业对伊拉克有很多贸易不能进行。阿拉伯国家也曾联合起来，抵制与以色列有贸易往来的国际企业。当可口可乐公司试图在以色列办厂时，引起阿拉伯国家的普遍不满，因为阿拉伯国家认为，这样做有利于以色列发展经济。而当可口可乐公司在以色列销售成品饮料时，却受到阿拉伯国家的欢迎，因为他们认为这样做会消耗以色列的外汇储备。这说明国际企业的营销对象国与其他国家之间的关系，也是影响国际企业营销活动的重要因素。[①]

（二）法律环境因素

法律是体现统治阶级意志、由国家制订或认可、并以国家强制力保证实施的行为规范的总和。对企业来说，法律是评判企业营销活动的准则，只有依法进行的各种营销活动，才能受到国家法律的有效保护。因此，企业开展市场营销活动，必须了解并遵守国家或政府颁布的有关经营、贸易、投资等方面的法律、法规。如果从事国际营销活动，企业就既要遵守本国的法律制度，又要了解和遵守市场国的法律制度和有关的国际法规、国际惯例和准则。这方面因素对国际企业的营销活动有深刻影响。

知识拓展 **各国政府采取的对企业营销有影响的法律制度[②]**

日本政府曾规定，任何外国公司进入日本市场，必须要找一个日本公司同它合伙。也有一些国家利用法律对企业的某些行为作特殊限制，如美国《反托拉斯法》规定不允许几个公司共同商定产品价格，一个公司的市场占有率超过20%就不能再合并同类企业。除上述特殊限制外，各国法律对营销组合中的各种要素，往往有不同的规定。如产品由于其物理和化学特性事关消费者的安全问题，因此，各国法律对产品的纯度、安全性能有详细甚至苛刻的规定，目的在于保护本国的生产者而非消费者。美国曾因汽车安全问题，限制欧洲制造商在美国销售汽车，致使欧洲汽车制造商修改其产品，

---

① 王莹. 汽车消费心理学 ［M］. 北京：清华大学出版社，2013.
② 郭伟欣. 市场营销学 ［M］. 长春：东北师范大学出版社，2016.

以符合美国法律的要求；英国也因法国牛奶计量单位采用的是公制（而非英制），而限制法国牛奶在英国市场出售；而德国以噪声标准为由，限制英国的割草机进入德国市场。各国法律对商标、广告、标签等都有自己特别的规定。比如加拿大的产品标签要求用英、法两种文字标明；法国却只使用法文作为产品标签。广告方面，许多国家禁止电视广告，或者对广告播放时间和广告内容进行限制。如德国不允许做比较性广告和使用"较好""最好"之类的广告词。许多国家不允许做烟草和酒类广告等。这些特殊的法律规定，是企业特别是进行国际营销的企业必须了解和遵循的。

从当前企业营销活动法制环境的情况来看，有两个明显的特点。一是与企业管理相关的法律体系越来越完善。现在世界各国多通过法律手段对企业营销活动进行管理和控制。通过立法保护企业间的公平竞争，制止不公平竞争；保护消费者正当权益，制止企业非法牟利及损害消费者利益的行为；保护社会的整体利益和长远利益，防止对环境的污染和生态的破坏。近几年来，我国也不断加强社会主义市场经济方面的法制建设，陆续制订、颁布了《中华人民共和国公司法》《中华人民共和国广告法》《中华人民共和国商标法》《中华人民共和国经济合同法》《中华人民共和国反不正当竞争法》《中华人民共和国消费者权益保护法》《中华人民共和国产品质量法》《中华人民共和国外商投资法》等法律，不断规范企业的营销活动。二是通过严格执法确保法律效果。各个国家都根据自己不同的情况，建立了相应的执法机关。在美国有联邦贸易委员会、联邦药物委员会、环境保护局、消费者事务局等执法机构，日本有公正交易委员会，德国有联邦卡特尔局，瑞典有消费者行政长官处和市场法院，加拿大有市场保护委员会等。在我国，主要有工商行政管理部门、技术监督部门、物价管理部门、医药管理部门、环境保护部门、卫生防疫部门等机构。世界各国的市场管理机构分别从各个方面，通过更加积极、严格的执法对企业营销活动进行规范、监督和控制，以保护企业合法经营活动，保护正当交易和公平竞争，维护消费者利益，促进市场有序运行和经济健康发展方面。所以，企业必须知法守法，自觉用法律来规范自己的营销行为并自觉接受执法部门的管理和监督。同时，还要善于运用法律武器维护自己的合法权益。

五、科学技术环境

科学技术环境对企业营销的影响是指由于技术因素的变化而引起的生产力的变化，进而对市场营销所产生的影响。随着现代科学技术日新月异，新科技革命的蓬勃发展，形成了"科学—技术—生产体系"，科学技术在现代生产中起着领头和主导作用。我国的科技成果很多但是转化率不高，最高在30%左右，发达国家是60%～70%[①]，这说

---

① 李毅中．中国科技成果转化率仅30% 发达国家达60%—70% ［N］．南方工报，2020 - 12 - 18（06）.

明我国的科技水平还比较落后。

科学技术的发展对于社会的进步、经济的增长和人类社会生活方式的变革都起着巨大的推动作用。现代科学技术是社会生产力中最活跃的和决定性因素，它作为重要的营销环境因素，不仅直接影响企业内部的生产和经营，而且还同时与其他环境因素相互依赖、相互作用，影响企业的营销活动。目前，科学技术环境对企业市场营销的影响集中地表现在以下几个方面。

（一）产品生命周期缩短，市场供求不确定性突出

在知识经济时代，新的技术、发明层出不穷，产品从发明创新到进入市场，再到被更新的产品淘汰退出市场的周期不断缩短。一方面加速了新产品上市的竞争，使很多企业被迫增加技术开发投入；另一方面企业的产品营销周期大大缩短，这就要求企业在成本核算、价格制定和营销策略上要顺应这种短周期的特点。

（二）经济发展方式转变和产业结构调整

生产力水平的提高，加快了传统产业的技术改造和升级，促进了新生产工艺、新生产流程的出现。同时，技术开发也不断推进新的原材料和能源的出现。这些都对企业的管理和市场营销活动产生影响。科学技术为市场营销提供了科学理论和方法，同时又为市场营销提供了物质基础，企业要能够深刻认识到这些生产、生活方式的变革，积极采取与之相适应的营销策略。

（三）市场营销渠道变革，拓展和延伸了营销的空间

随着科技的发展，市场营销的渠道发生了变革，从特定时间、特定区域、特定渠道的营销活动发展到借助网络、通信和数字媒体技术等实现营销目标的商务活动，打破了时间、地域的限制，降低了营销的成本。企业通过网络为代表的新技术，让企业的商品和劳务信息及时、准确地传送到全国乃至世界各地，更好地刺激消费、促进销售。

（四）市场营销的效率提高

随着消费者需求向高档次、多样化、个性化的发展，消费者消费的内容更加纷繁复杂。企业通过技术研究消费者的消费需求及动向，提供具有针对性、差异化的营销方案，提高了市场营销的精准性。另外，依托科技的现代调研方式则呈现出科技化、便捷化及准确性、时效性的特点，降低了调研成本，提升了调研效率。如沃尔玛通过计算机检测商品条形码系统的使用，可以随时掌握商品进出的情况，清楚每种商品的库存、价格及利润、畅销程度等，为企业营销活动提供客观依据。

（五）产品的高科技化强调全过程服务

在欧美发达国家，以知识为基础的产业已经在国内生产总值中占据相当大比例。专家估计，在未来信息科学技术中的软件、生命科学技术、新能源和可再生能源科学技术、新材料科学技术、海洋科学技术和有益于环境的高新技术产业的产值将全面超过汽车、建筑、石油、运输和纺织等传统产业。产品中科技含量的增加，使得消费者对其服务的需求远不止通常的安装、维修那么简单。服务将更注重知识性和全面性，服务的领域更加广泛，且贯穿售前、售中及售后，其作为无形资本，在竞争中起到举足轻重的作用。

（六）营销管理组织有待再造，营销队伍建设需要加强

企业的竞争即市场的竞争，所以现代管理工作的核心就是市场营销。企业的营销组织能否对动态市场做出迅速、准确的反应，直接影响到整个企业的兴衰。在当前信息社会，国际经济环境的变化、市场空间的扩展、营销技术的改进和销售渠道的变革，都对企业营销组织提出了新的要求，营销队伍建设亟须加强。

总之，科学技术的进步和发展，必将给社会经济、政治、军事以及社会生活等各个方面带来深刻的变化，这些变化也必将深刻地影响企业的营销活动，给企业造成有利或不利的影响，甚至关系到企业的生存和发展。因此，企业应特别重视科学技术这一重要的环境因素对企业营销活动的影响，以使企业能够抓住机会，避免风险，求得生存和发展。

讨　论

5G 技术的发展和运用，不仅为用户提供了增强现实、虚拟现实、超高清（3D、4D）视频等更加身临其境的极致业务体验，还为用户解决了人与物、物与物的通信问题，满足了移动医疗、车联网、智能家居、工业控制、环境监测等物联网应用需求，已渗透到经济社会的各行业各领域，影响到我们关于"衣、食、住、行"的消费决策。请结合 5G 技术的发展和运用，谈谈这给市场营销带来哪些变革。

_____

_____

_____

六、社会文化环境

社会文化环境是在一种社会形态下已形成的信念、价值观念、宗教信仰、道德规范、审美观念以及世代相传的风俗习惯等的总和。任何企业都处于一定的社会文化环境中，企业营销活动必然受到所处社会文化环境的影响和制约。企业要了解和分析社会文化环境，针对不同的文化环境制定不同的营销策略，组织不同的营销活动。

（一）教育状况分析

受教育程度的高低，影响到消费者对产品的功能、款式、包装和服务要求的差异性。通常文化教育水平高的国家或地区的消费者对产品的质量、功能、包装，及附加功能要求也越高。因此企业营销中要注意，市场开发、产品定价和促销等活动都要根据消费者所受教育程度的高低，采取不同的策略。

（二）宗教信仰分析

宗教是构成社会文化的重要因素，宗教对人们消费需求和购买行为的影响很大。不同的宗教有自己独特的对节日礼仪、商品使用的要求和禁忌。企业在营销活动中要注意到客户不同的宗教信仰和禁忌，有针对性地开展营销活动。

（三）价值观念分析

价值观念是指人们对社会生活中各种事物的态度和看法。不同文化背景下，人们的价值观念往往有着很大的差异，消费者对商品的色彩、标识、式样以及促销方式都有自己的意见和态度。企业营销要根据消费者不同的价值观念设计产品，提供服务。

（四）消费习俗分析

消费习俗是指人们在长期经济与社会活动中所形成的一种消费方式与习惯。不同的消费习俗，具有不同的商品要求。研究消费习俗，不但有利于组织好消费用品的生产与销售，而且有利于正确、主动地引导健康的消费。了解目标市场消费者的禁忌、习惯、避讳等是企业进行市场营销的重要前提。

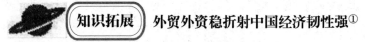 **知识拓展** 外贸外资稳折射中国经济韧性强[①]

2021 年底召开的中央经济工作会议强调，要扩大高水平开放，多措并举稳定外贸，

----

① 外贸外资稳折射中国经济韧性强 ［N］. 人民日报，2022 – 02 – 14（05）.

保障产业链供应链稳定，加大吸引外资力度。目前中国外贸外资实现稳中向好发展，折射出中国经济高质量发展底色。

当前，百年变局和疫情叠加，世界进入新的动荡变革期，世界经济复苏艰难曲折。在外贸领域，缺芯、缺柜、缺工等"三缺"问题和运费、原材料成本、能源资源价格、人民币汇率上升等"四升"问题直接加重了企业负担；在外资领域，全球产业链供应链正在深度重塑，跨国投资呈现近岸化、本土化、区域化等趋势，各国引资竞争更加激烈。虽然受到国内外经济环境变化带来的巨大压力，但中国经济韧性强、潜力足、长期向好的基本面没有改变。不论国际形势发生什么变化，中国都将高举改革开放的旗帜。

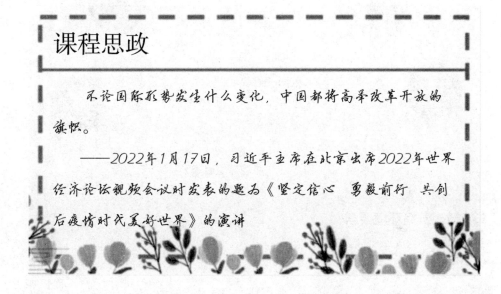

课程思政

不论国际形势发生什么变化，中国都将高举改革开放的旗帜。

——2022年1月17日，习近平主席在北京出席2022年世界经济论坛视频会议时发表的题为《坚定信心 勇毅前行 共创后疫情时代美好世界》的演讲

2017—2021年，我国货物贸易总额连续5年居全球第一，吸收外资保持全球第二，综合国力、社会生产力、人民生活水平进一步提升，高质量发展基础更牢、条件更优、动力更足，为稳住外贸外资基本盘提供了强有力的支撑。相信随着全球最大的自贸协定《区域全面经济伙伴关系协定》（RCEP）正式生效，在高水平开放带动下，国内国际双循环必将更加畅通，高质量发展之路必将越走越宽广。

2.3 微观市场营销环境

一、微观营销环境分析

微观营销环境是指与企业的营销活动直接发生关系的组织和行为者的力量和因素

的总和，主要包括企业自身、供应商、营销中介、顾客、竞争者、公众六个因素（见图2－2）。微观环境因素对企业的营销活动有着直接的影响，所以又称直接营销环境。

市场营销者是微观环境中的主要行动者。市场营销者要想取得市场营销的成功，就必须与企业内部的各个部门、供应商、营销中介、顾客、竞争者和公众建立良好的、紧密的关系，一起致力于打造让客户满意的产品，共同组成企业价值递送的网络。

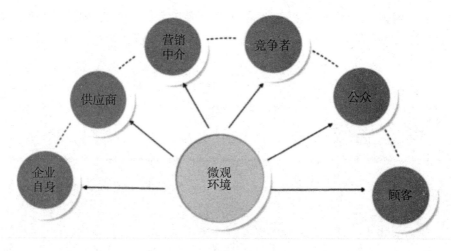

图2－2　微观环境因素

二、微观营销环境要素

（一）企业自身

企业自身主要是指企业内部环境。企业是组织生产和经营的经济单位，是一个系统组织。企业内部一般设立计划、技术、采购、生产、营销、质检、财务、后勤等部门。企业内部各职能部门的工作及其相互之间的协调关系，直接影响企业的整个营销活动。

企业开展营销活动要充分考虑到企业内部的环境力量和因素。销售部门与企业其他部门之间既有多方面的合作，也经常与生产、技术、财务等部门发生矛盾。由于各部门各自的工作重点不同，有些矛盾往往难以协调。如有些生产部门关注的是长期生产的定型产品，要求品种规格少、批量大、标准订单、较稳定的质量管理，而有些营销部门注重的是能适应市场变化、满足目标消费者需求的"短、平、快"产品，则要求多品种规格、少批量、个性化订单、特殊的质量管理。所以，企业在制订营销计划、开展营销活动时，必须协调和处理好各部门之间的矛盾和关系。

 企业自身营销环境

　　所有从内部影响公司的因素都称之为内部环境。内部环境可以归纳为"五个M"：员工（Man）、资金（Money）、设备（Machine）、原料（Material）、市场（Market）（见图1）。对于应对市场变化而言，内部环境和外部环境同样重要。作为市场营销人员，我们把应对市场变化的过程称为内部市场营销。

图1　内部环境的"五个M"

（二）供应商

　　供应商泛指组织活动所需各类资源和服务的供应商。如：供应商为企业提供生产所需特定的原材料、辅助材料、设备、能源、劳务、资金等资源。这些资源的变化直接影响到企业产品的产量、质量以及利润，从而影响企业营销计划和营销目标的完成。

　　1. 供应的及时性和稳定性

　　企业营销活动要顺利进行，需要有原材料、零部件、能源及机器设备等货源在时间上和连续性上有充足的保障和供应。如在汽车加工中，不仅需要各零部件，还需要有设备、能源作为生产手段与要素，任何一个环节在供应上出现了问题，都会导致企业的生产活动无法正常开展。企业为了保证得到货源的供应，就必须和供应商保持良好的关系，必须及时了解和掌握供应商的情况，分析其状况和变化。

　　2. 供应的货物价格变化

　　供应的货物价格变动会直接影响企业产品的成本。如果供应商提高原材料价格，必然会带来企业产品成本的上升，企业如果提高产品价格，就会影响市场销路；也可以使价格不变，但会减少企业的利润。为此，企业必须密切关注和分析供应商的货物价格变动趋势。

　　3. 供货的质量保证

　　供应商能否供应质量有保证的生产资料直接影响到企业产品的质量，进一步会影响到企业的产品销售量、利润及信誉。例如劣质葡萄难以生产质优葡萄酒，劣质建筑材料难以保证建筑物的百年大计。因此，企业必须了解供应商的产品，分析其产品的质量标准，从而来保证自己产品的质量，赢得消费者，赢得市场。

（三）营销中介

　　营销中介是指为企业营销活动提供各种服务的企业或部门的总称。包括中间商、

营销服务机构等。营销中介通过提供服务，帮助企业推广和分销产品，让产品或服务顺利地送达到目标消费者手中，进而对企业营销产生直接的、重大的影响。

1. 中间商

中间商是指在生产者与消费者之间参与商品交易业务，促使买卖行为发生和实现的、具有法人资格的经济组织或个人。它是联结生产者与消费者的中介环节或渠道。中间商主要包括批发商和零售商两大类。中间商能帮助企业寻找目标顾客，为产品打开销路，为顾客创造地点效用、时间效用和持有效用等，对企业营销具有重要影响。所以企业需要选择适合自己营销的合格的中间商，并与中间商建立良好的合作关系，了解和分析其经营活动，并采取一些激励性措施来推动其业务活动的开展，进而实现企业的营销目标。

2. 营销服务机构

营销服务机构是指企业营销中提供专业服务的机构，包括广告公司、市场调研公司、营销咨询公司、财务公司、律师事务所等等。有些企业的营销活动由自己的广告和市场调研部门来完成，有些企业也以签订合同的方式，委托营销服务机构协助企业确立市场定位，进行市场推广，提供活动方便等。企业需要关注、分析营销服务机构，以便选择最能为本企业提供有效服务的机构。

（四）顾　客

顾客是指用金钱或某种有价值的物品来换取接受财产、服务、产品或某种创意的自然人或组织，他们是商业服务或产品的采购者，是产品或服务的最终消费者、代理人或供应链内的中间人。顾客就是企业的目标，是企业服务的对象，也是营销活动的出发点和归宿。顾客包括消费者市场、组织市场（又分为生产者市场和政府市场）。顾客是市场的主体，任何企业的产品和服务，只有得到了顾客的认可，才能赢得市场，现代营销强调把满足顾客需要作为企业营销管理的核心。顾客对企业营销的影响非常大。

这要求企业以不同的方式提供产品或服务，因为顾客的需求、欲望和偏好直接影响企业营销目标的实现。因此，企业要注重对顾客进行研究，分析顾客的需求规模、需求结构、需求心理以及购买特点，这是企业营销活动的起点和前提。

（五）竞争者

竞争者是指与本企业存在利益争夺关系的其他经济主体。企业不可能独占市场，他们会面对形形色色的竞争对手。

1. 竞争者分析

竞争是商品经济的必然现象。在商品经济条件下，任何企业在目标市场进行营销活动时，不可避免地会遇到竞争对手的挑战。即使在某个市场上只有一个企业在提供产品或服务，没有"显在"的对手，也很难断定在这个市场上没有潜在的竞争企业。企业竞争对手的状况将直接影响企业营销活动。如竞争对手的营销策略及营销活动的变化就会直接影响企业营销，最为明显的是竞争对手的产品价格、广告宣传、促销手段的变化，以及产品的开发、销售服务的加强都将直接对企业造成威胁。为此，企业在制定营销策略前必须先弄清竞争对手，特别是同行业竞争对手的生产经营状况，做到知己知彼，有效地开展营销活动。

（1）愿望竞争者。

愿望竞争者即提供不同产品、满足不同消费欲望的竞争者，如：消费者要选择一种万元消费品，他所面临的选择就可能有电脑、电视机、摄像机、出国旅游等，这时电脑、电视机、摄像机以及出国旅游之间就存在着竞争关系，成为愿望竞争者。

（2）属类竞争者。

属类竞争者即满足同一消费欲望的不同产品之间的可替代性，是消费者在决定需要的类型之后出现的次一级竞争，也称平行竞争。如：燃油车与电动汽车的竞争、单门与双门冰箱的竞争等。

（3）产品品种竞争者。

产品品种竞争者是指不同性能的产品和同类产品的型号、规格、系列、款式等之间的竞争，消费者决定到底选择其中哪一种？如：华为手机 mate40 与 iphone13、华为手机 mate40 和华为手机 p50 互为产品品种竞争者。

（4）产品品牌竞争者。

产品品牌竞争者是指每一种产品又有不同厂家生产。如：轿车中的奔驰、宝马，以及别克等之间的竞争。

2. 竞争者分析的内容

一般来说，企业在营销活动中需要对竞争对手了解、分析的情况有：竞争企业的数量有多少；竞争企业的规模大小和能力强弱；竞争企业对竞争产品的依赖程度；竞争企业所采取的营销策略及其对其他企业策略的反映程度；竞争企业能否获取优势的特殊材料来源及供应渠道。

 讨　论

假如你是一家奶茶店的营销经理，请对你的竞争对手进行分析。

_____

_____

_____

（六）公　众

公众是指对企业实际营销能力具有实际或潜在兴趣和影响的群体或个人，是与企业营销活动发生关系的各种群体的总称。公众对企业的态度，会对其营销活动产生巨大的影响，它既可能有助于企业树立良好的形象，也可能妨碍企业的形象。所以企业必须采取处理好与主要公众的关系，争取公众的支持和偏爱，为自己营造和谐、宽松的社会环境。社团公众分析的对象有：金融公众、媒介公众、政府公众、社团公众、地方公众和内部公众。

1. 金融公众

金融公众主要包括银行、投资公司、证券公司、股东等，他们对企业的融资能力有重要的影响。

2. 媒介公众

媒介公众主要包括报纸、杂志、电台、电视台、互联网等传播媒介，他们掌握传媒工具，有着广泛的社会联系，能直接影响社会公众对企业的认识和评价。

3. 政府公众

政府公众主要是指与企业营销活动有关的各级政府机构部门，他们所制定的方针、政策对企业营销活动或是限制，或是机遇。

4. 社团公众

社团公众主要是指与企业营销活动有关的非政府机构，如消费者组织、环境保护组织，以及其他群众团体。企业营销活动涉及社会各方面的利益，来自这些社团公众的意见、建议，往往对企业营销决策有着十分重要的影响作用。

5. 地方公众

地方公众主要是指企业所在地附近的居民和社区团体。社区是企业的邻里，企业如果保持与社区的良好关系，为社区的发展作一定的贡献，就会受到社区居民的好评，他们的口碑能帮助企业在社会上树立良好形象。

6. 内部公众

内部公众是指企业内部的管理人员及一般员工，企业的营销活动离不开内部公众的支持。企业应该处理好与广大员工的关系，调动他们开展市场营销活动的积极性和创造性。

2.4 基于市场营销环境分析的三个经典模型

一、PEST 模型

PEST 模型由哈佛经济学教授弗朗西斯·阿吉拉尔（Francis J. Aguilar）于 1967 年提出①，是用来评判企业外部宏观经济环境的理论框架，也是不同行业和企业根据自身特点和经营需要，对宏观环境因素中的政治（Political）、经济（Economic）、社会（Social）和技术（Technological）这四大类影响企业的主要外部环境因素进行分析的模型（见表 2 – 1）。PEST 模型告诉我们现在和未来的宏观环境是否适合我们做的生意。

表 2 – 1 PEST 模型

缩　写	环境因素	组成因素
P	政治（Political）	政治制度、体制、方针政策、法律法规等
E	经济（Economic）	社会经济结构、经济发展水平、经济体制、宏观经济政策、当前经济状况、其他一般经济条件等
S	社会（Social）	人口因素社会流动性、消费心理、生活方式变化、文化传统、价值观等
T	技术（Technological）	社会总体技术水平、技术水平变化趋势、技术突破、技术与其他因素的相互作用等

 **案　例** 10 年内，一家代工厂 H 的转型之路

一家代工厂 H，想要转型发展，转型前，基于 PEST 模型对所处宏观环境进行了分析，并确定了转型之路。

从政治因素看，影响代工厂 H 发展的因素有：环保制度、税收政策、国际贸易章程与限制、合同法、劳动法、消费者权益保护法、政府组织的态度、竞争规则、政治稳定性、安全规定等等。将这些因素进行简单归纳就是：国家支持企业怎么做？有没有哪些政策红利？经过企业认真研究，发现国家现在提得最多的就是"一带一路"倡议。"一带一路"就是要把中国的优势产能向海外辐射。分析完"P"之后，这家代工

---

① 周国元. 麦肯锡结构化战略思维：如何想清楚、说明白、做到位［M］. 北京：人民邮电出版社，2021.

厂 H 初步选择了做跨境电商。

从经济因素看，影响代工厂 H 发展的因素有：利率与货币政策、政府开支、失业政策、税收、汇率、通货膨胀率、商业周期的所处阶段、消费者信心等。将这些因素进行简单归纳就是：经济的海洋中，你看到哪里在潮起，哪里在潮落。比如，最近几年 GDP 下滑，人民币贬值。所以，出口跨境电商，相对于进口，更能利用人民币贬值，贡献 GDP。分析完"P‐E"后，这家代工厂 H 已经有了做"出口跨境电商"的决心。

从社会因素看，影响代工厂 H 发展的因素有：收入分布与生活水平、社会福利与安全感、人口结构与趋势、劳动力供需关系、企业家精神、潮流与风尚、消费升级、大健康、新生代生活态度等。就代工厂 H 之前依靠的人口红利来讲，因为 20 世纪 60～70 年代的人口逐渐老去，红利消失；20 世纪 90 年代至 21 世纪初的出生人口急剧减少，必然导致劳动力短缺、人工成本上涨；人工成本，是代工行业的生命。那么，代工厂就必须在产品价格和人工成本之间，找出其他的利润支撑，比如：品牌价值。分析完"P‐E‐S"之后，这家代工厂 H 坚定了"自有品牌的出口跨境电商"之路。

从技术因素来看，影响代工厂 H 发展的因素有：新能源、互联网、移动互联网、大数据、机器人、人工智能、产业技术、技术采用生命周期、元宇宙等。什么技术会对"自有品牌的出口跨境电商"有影响？机器人？机器人很重要，它将对冲人工成本上升的问题。但是机器人发展最终归宿，是让制造业不再需要人。如果制造业真不需要人了，那些国际品牌，会把工厂建在哪里呢？原材料生产国？第三方制造国？目的地市场国？如果制造业减少对人工的依赖，越来越多品牌，可能不再需要把原材料大费周章地，从世界各地运到第三方制造国，用最低廉的人工成本生产，再运到目的地市场国。越来越多的品牌，可能会选择在目的地市场国建厂，提高响应客户需求的速度。代工厂 H 给自己的"自有品牌的出口跨境电商"之路，设定了一个时间期限——10 年。经过"P‐E‐S‐T"四步分析，这家代工厂已经有了一个总体战略：10 年内，转型为自有品牌的出口跨境电商。当然这条路不容易走，虽然不易，却是通往未来的道路。

二、波特五力模型

波特五力模型是迈克尔·波特于 20 世纪 80 年代初提出的。波特五力模型认为行业中存在着决定竞争规模和程度的五种力量，这五种力量综合起来影响着产业的吸引力以及现有企业的竞争战略决策。五种力量分别为：同行业内现有竞争者的竞争能力、潜在竞争者进入的能力、替代品的替代能力、供应商的讨价还价能力与购买者的讨价还价能力，见图 2‐3。简单说，波特五力模型让我们看清在此行业中的生存空间、机遇和风险；同时，特别重要的是判断未来的竞争对手是谁，且这个对手会让自己难以招架吗？企业间的竞争就是一个行业内企业的直接对抗，它往往是五种力量中最重要的一种。

图 2 - 3　波特五力模型

　**案　例**　**用波特五力模型分析杨铭宇黄焖鸡**①

在美国，每天有接近25%的人会在快餐店用餐。杨铭宇黄焖鸡以"快餐"的身份进军美国市场，它在美国的竞争对手不是沙县小吃，也不是冒菜，而是麦当劳、肯德基等。

1. 杨铭宇黄焖鸡的竞争力

杨铭宇黄焖鸡是以米饭为基础的中国饮食，因此它不会直接与老牌快餐店产生冲突，它的发展首先从华人聚集的地方推广入手，然后渐进式地慢慢争取一些喜爱快餐、能接受米饭与鸡这种中国口味的美国顾客。因此，初期阶段杨铭宇黄焖鸡米饭面向的顾客有限，竞争能力还不强，一开始会吸引很多猎奇的顾客，但是要长期发展，不能只依靠在美华人，全球化口味改良势在必行。

2. 潜在竞争者的竞争能力

对于快餐行业来说，由于市场巨大、利润率较高、现金流转快等因素，从来都不缺大量的潜在进入者。杨铭宇餐饮管理有限公司官网显示，在国内其门店超过6000

① 富盈瑞吉咨询. 用波特五力模型分析杨铭宇黄焖鸡 [EB/OL]. https：//www.zhihu.com/question/25920898/answer/229017901.

家，遍布100多个城市，国内潜在竞争者多，甚至有不少模仿者。因为店铺分散、数量庞大，管理存在困难。但在美国，这种模仿型竞争者比国内少，因为跨国经营餐馆需要大量的财力、物力，因此抬高了进入市场的壁垒。而杨铭宇黄焖鸡也有相应的经营策略——加盟。加盟者交纳一定加盟费，就可以得到培训，有统一的装修方案、广告牌和工作服，在美国加盟到该公司旗下比直接做其竞争对手成本低。

3. 供应商的讨价还价能力

供应商的议价能力会影响行业的竞争程度，它们可以通过改变产品的价格、质量，开拓新的服务项目来影响行业。如果供应商的集中化程度高、产品差异化程度高、转换成本比较高，那么其议价能力会增强。在快餐行业，供应商主要包括原材料、产品加工设备、包装材料、装修建筑材料、店面装饰等供应商。对于杨铭宇黄焖鸡来说，供应商的讨价还价能力是有限的，其中最重要的一点是，供应商无法影响黄焖鸡最主要的原材料——酱汁。杨铭宇黄焖鸡米饭向美国食品药品监督管理局申请了出口认证，可以从中国进口秘制酱汁，从而保证口味一致。因为整个餐馆只供应黄焖鸡米饭这一道菜，因此只有少数必备的原料，比如鸡肉这种新鲜食材需要从当地采购。而真正影响一道菜风味的核心因素——酱料，不会受到任何当地供应商的影响。

4. 购买者的讨价还价能力

购买者的议价能力取决于购买者与企业之间的侃价杠杆和购买者对价格的敏感程度。快餐行业是直接面向广大个体消费者的，对于消费者来说，这是个巨大的市场，拥有众多的选择权，转换成本也很低，然而，消费者个体的消费量通常都是极小的，因此其议价能力很弱。另外，值得提出的是，黄焖鸡米饭在美国的定价是9.9美元，相当于国内60多元钱，售价差不多是国内的三倍，但这个价钱在美国基本和一顿美式快餐的价格持平。因此，同样作为快餐，杨铭宇黄焖鸡的定价还是很有竞争力的。

5. 替代品的替代能力

替代产品是那些能够实现本行业产品同种功能的其他产品。在中国，杨铭宇黄焖鸡几乎是难以取代的，它和沙县小吃、兰州拉面这种带有地方特色的简便食物遍布大街小巷，并称为中国餐饮界"三大巨头"。一方面，黄焖鸡米饭味道独特，以重油、三档辣度为特色，迅速适应了各省的不同口味；另一方面，价格不高，方便快捷，无论是学生、蓝领还是白领都愿意为它买单。根据美国便利店协会的报告，目前食品业务（熟食、现做饮料而非包装食品）为美国便利店业贡献的销售额从2010年的13%上涨到了现在的21.7%，仅次于香烟业务的36%。所以，美国便利店正在变成麦当劳、汉堡王等连锁快餐的竞争对手，而且还更便宜。比如曾经7-11（便利店）推出的1.99美元的鸡肉汉堡和芝士汉堡、美国麦当劳推出的"1美元菜单"都大受欢迎，但却因为没能给特许经营商带来足够的利润而被淘汰了。

广义上来看，快餐的替代品非常多，只要是能吃饱肚子的食物都可以作为替代品。

黄焖鸡的对手不仅是老牌快餐企业，还有那些能替代它填饱肚子的所有替代品。

幸运的是，在美国，黄焖鸡是新奇的食物，那些在美华人是最可能为黄焖鸡米饭买单的群体。另外，不管是出于猎奇还是喜欢中国特色，黄焖鸡米饭还拥有一大批潜在的美国顾客。可以说，黄焖鸡最大的特色就是中国特色，这一点是难以被其他食品取代的。

三、SWOT 分析

SWOT 分析是基于企业内外部竞争环境和竞争条件下的态势分析，将企业的战略与研究对象密切相关的各种主要内部优势、劣势和外部的机会和威胁等，依照矩阵形式排列，然后用系统分析的思想，将公司内部资源、外部环境有机地结合起来的一种科学的分析方法。

优势（Strengths）包括有助于企业为目标客户服务并实现目标的内部能力资源以及积极的环境因素。如：企业里的专家、拥有的资金、已建立的渠道、掌握的专利等。

劣势（Weaknesses）包括损害公司业绩的内部局限性和负面环境因素。如：资金的短缺、市场占有率不高、人员流失大等。

机会（Opportunities）是公司能够利用其优势和外部环境中的有利因素或趋势。如：政府出台的利好政策、新的市场需求的出现等。

威胁（Threats）是对企业业绩构成挑战的不利的外部因素和趋势。如：某些限制性政策的出台、大的经济环境的不景气等。

 **案　例**　眉州东坡基于 SWOT 分析的创新发展

2020 年是全面建成小康社会和"十三五"规划收官之年，突如其来的新冠肺炎疫情，给实现全年经济社会发展目标任务带来了困难和挑战，因为疫情的扩散对企业的经营带来不利影响，企业面临原材价格普遍上涨，尤其是疫情的全球扩散对部分企业原材料供应带来严峻影响等。眉州东坡作为一家有 24 年历史的餐饮企业，在全民"战疫"最初的十多天里，和其他餐饮品牌一样，眉州东坡也陷入了巨大的困境，损失惨重。但面对疫情，眉州东坡快速启动了应急防疫机制，基于 SWOT 分析（见图 1），拿出了解决方案：

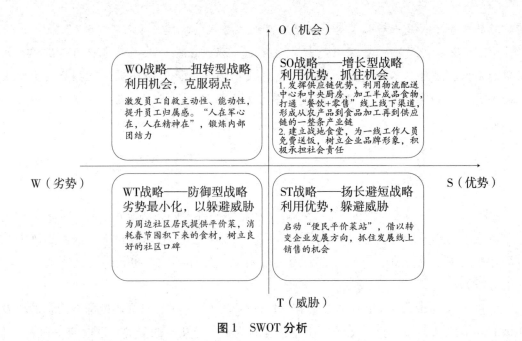

图1　SWOT 分析

1. 面对疫情，正常开业

利用困境，激发员工自救主动性、能动性，提升员工归属感。保障员工的吃住行，不把一个员工推向社会，一是不给社会添乱，二是"人在军心在，人在精神在"，锻炼内部团结力，发挥企业内部优势。

2. 发挥供应链优势，打通"餐饮 + 零售"线上线下渠道

疫情初期，眉州东坡仅剩的一两成生意中有80%都是靠外卖撑起来的。但光依赖外卖是不够的，还要发挥企业自身的优势。眉州东坡利用物流配送中心和中央厨房，加工半成品食物，形成从农产品到食品加工再到供应链的一整条产业链。

3. 启动"便民平价菜站"

抓住发展线上销售的机会；为周边社区居民提供平价菜，一来消耗为春节囤积下来的食材，二来可以借助此次危机，转变企业发展方向，创新商业模式。自启动平价菜站以来，眉州东坡门店每天都向所在社区、家庭提供优质、新鲜、安全的肉蛋瓜菜近300公斤，均受到百姓好评。

4. 建立战地食堂，为一线工作人员免费送饭

眉州东坡紧急驰援武汉抗击疫情的一线的医护人员、记者团、公安干警等，为其免费送上热菜、热饭，建立了"战地食堂"，积极承担社会责任。

眉州东坡"抗疫"自救的案例，让我们加深了对影响市场营销环境和制约企业营销活动的各种内部条件和外部因素的认识，并学会了用SWOT分析方法对企业的环境进行分析和管理，在面对市场营销机会时，及时利用自身独特的优势、条件，抓住机会，对抗、减轻、转移威胁。另外眉州东坡积极抗疫自救的案例，也是企业积极履行

社会责任的典范。自疫情发生以来，我国企业在党中央坚强领导下，贯彻落实党中央、国务院"六稳"工作要求，迎难而上，积极承担社会责任，为国民经济稳增长提供有力支撑。在困难和挑战面前，我国企业展现了强大的韧性与活力，变危机为转型升级"新契机"，并为全面抗疫解疑惑、增信心、鼓实劲。

小 结

在任务二中，我们学习了市场营销环境的概念，了解了市场营销环境就是影响和制约企业营销活动的各种内部条件和外部因素的总和，并进一步对市场营销环境具有客观性、差异性、相关性、动态性、不可抗拒性和可影响性的特点进行了学习和分析。市场营销环境可分为宏观环境和微观环境。宏观环境是指那些给企业造成市场营销机会和形成环境威胁的外部因素，这些因素主要包括人口环境、经济环境、自然环境、科技环境、政治法律环境以及社会文化环境，主要是指企业不可控制的变量。微观营销环境是指与企业的营销活动直接发生关系的组织和行为者的力量和因素的总和，主要包括企业自身、供应商、营销中介、竞争者、公众和顾客六个因素。微观环境因素对企业的营销活动有着直接的影响。我们还学习了基于市场营销环境分析的三种经典模型。PEST模型是用来评判企业外部宏观经济环境的理论框架，是不同行业和企业根据自身特点和经营需要，对宏观环境因素中的政治、经济、社会和技术这四大类影响企业的主要外部环境因素进行分析的模型。波特五力模型是基于五种力量：同行业内现有竞争者的竞争能力、潜在竞争者进入的能力、替代品的替代能力、供应商的讨价还价能力与购买者的讨价还价能力，让我们由此看清企业在行业中的生存空间、机遇和风险，并制定相应的策略。SWOT分析是基于企业内外部竞争环境和竞争条件下的态势分析，将企业的战略与研究对象密切相关的各种主要内部优势、劣势和外部的机会和威胁等，依照矩阵形式排列，然后用系统分析的思想，将公司内部资源、外部环境有机地结合起来的一种科学的分析方法。

课后思考

1. 什么是企业营销环境？
2. 影响企业外部的环境因素有哪些？
3. 影响企业内部的环境因素有哪些？
4. 在数字化时代，企业如何提高对市场营销环境感知的能力？

任务三　消费者行为分析

学习目标

（1）掌握消费者行为学的基本问题有哪些；
（2）能够回答什么是数字化消费者行为；
（3）掌握消费者市场的特点，了解消费者购买行为的类型；
（4）了解消费者购买动机和购买行为的特征；
（5）掌握消费者购买行为过程和影响购买行为的因素。

引　言　新型冠状病毒肺炎疫情对消费者行为习惯的重塑①

一场突如其来的新冠肺炎疫情改变了人们日常生活轨迹，无形中培养了诸多新型消费习惯，对消费行业影响深远。新冠疫情发生以来，旅游、餐饮、交运等行业受到较大冲击，但网络游戏、到家服务、网购等传统"宅经济"却逆势大涨，在线教育、远程办公、短视频、直播等新型"宅经济"强势爆发。虽然疫情导致人们户外活动大幅减少，很多消费场景"被迫"转移至线上，但是无形中培养了人们诸多新型消费习惯，为传统消费行业带来了新机遇。

变化一：线上消费崛起（"服务线上化" + "产品线上化"），随着宽带基础设施的完善、5G时代的到来，新型"宅经济"需求量持续增长，"云"生活模式不断获得消费者青睐，在线娱乐、教育、医疗、购物等接受度越来越高，甚至旅游、销售商品房、汽车、餐饮等都有向线上转移的趋势。

变化二：健康理念备受重视（产品健康化＋生活方式健康化）。疫情暴发使人们更加关注身体健康，国民健康消费支出持续增加。在产品方面，消费者对健康、品质、杀菌消毒等方面的重视程度大幅提升，促使健康化和品质化的产品销量大幅增长。在生活方式方面，消费者对免疫力、健身、享受、家庭等方面的产品重视程度明显增加，

---

① 朱宝.疫情重塑消费习惯，大消费产业趋势及未来消费者洞察报告[EB/OL]. https://zhuanlan.zhihu.com/p/160908882.

具备消毒免疫属性的医疗用品（口罩、消毒液、洗手液等）、可囤积食品（休闲零食、速冻食品等）、可提高人体免疫力的健康食品（乳制品、保健品等），运动热潮带动消费者体育用品相关需求上升，多种体育装备销量提升。

变化三：消费方式便捷化。越来越多的消费者选择足不出户、方便快捷、简单直接的消费方式，远程办公的习惯初步得到培养，过去很难在网上售卖的商品，因为疫情影响居民外出，消费场景"被迫"转移到线上消费，如生鲜电商：永辉超市、叮咚买菜、每日优鲜等生鲜电平台近期的业务大幅激增，线上看房、VR看房成为各大房地产企业特殊时期的选择，推动了消费者教育和接受程度提升。

变化四：非接触式消费持续走红。消费者会更加倾向人机自助式消费，而不是人际接触式消费。如智慧餐厅、非接触式外卖、无人零售、智能物流、无人机配送等，进一步促进科技创新、远程商业模式的发展。

变化五：投资理财意识增强。在"六稳"政策支持下，中国率先走出疫情给经济带来的阴影。减税、补贴、消费券等各种刺激消费的政策相继出台，中国消费市场回暖，展现出强大的韧性与活力。疫情之下，很多人的风险意识明显提高，原来很多本来是"月光族"、过着"精致穷"的生活的人们幡然醒悟，开始意识到量入为出以及投资的重要性，各种投资渠道风险都骤然上升。尤其是投资理财中的低风险产品，更受到大家的欢迎。但无论是配置资产还是消费，人们逐渐变得更为理性，量入为出，避免过度消费带来更大的财务压力，选择性价比更高的商品和服务，做更聪明的消费者。

消费表现为对一定物质文化资料的消耗，消费行为受到特定物质文化条件的制约，也受特定时间和空间社会流行观念的影响。虽然我国科学技术不断提高、社会财富不断增加、物质资料越来越丰富，面对呈现出个性化的消费产品、多元化的消费方式，消费者行为也在不断发生变化。但无论什么时候，我们都要牢记国家倡导的文明、健康、节约资源和保护环境的消费方式，反对浪费，反对不文明、不健康、不环保、铺张浪费的消费行为，增强全民节约意识、环保意识、生态意识，形成合理消费的社会风尚。

 **讨 论**

此次新冠肺炎疫情的暴发，给消费行业带来哪些影响？带来了哪些发展机会？疫情期间培养的新型消费习惯是昙花一现，还是能够长期保持？消费者这些消费行为的变化给营销带来了什么改变和挑战？

3.1 分析消费者市场

一、消费者市场

（一）消费者

消费者是指在消费的过程中，产生需要或欲望、实施购买并处置产品的个人或组织。消费者可以是个体，在许多情况下，产品的购买者和使用者可能并不是同一个人，比如父母为两岁的孩子选购奶粉；消费者也可以是组织、团体或几个人，可以为许多人使用的产品做出购买决策，如采购员订购公司的办公室用品、每位家庭成员对家庭共享的产品或服务的购买决策发表观点，产生影响等。人们在一项购买决策过程中可能充当以下角色：

（1）发起者：首先想到或提议购买某种产品或劳务的人。

（2）影响者：其看法或意见对最终决策具有直接或间接影响的人。

（3）决定者：能够对买不买、买什么、买多少、何时买、何处买等问题作出全部或部分决定的人。

（4）购买者：实际采购的人。

（5）使用者：直接消费或使用所购商品或劳务的人。

了解每一购买者在购买决策中扮演的角色，并针对其角色地位与特性，采取有针对性的营销策略，就能较好地实现营销目标。比如购买一台空调，提出这一要求的是孩子；是否购买由夫妻共同决定，而丈夫对空调的品牌做出决定，这样空调公司就可以对丈夫作更多有关品牌方面的宣传，以引起丈夫对该企业生产的空调的注意和兴趣；至于妻子在空调的造型、色调方面有较大的决定权，公司则可设计一些在造型、色调等方面受妻子喜爱的产品，只有这样了解了购买决策过程中的参与者的作用及其特点，公司才能够制定出更行之有效的生产计划和营销计划。

（二）消费者市场

消费者市场是指为满足自身需要而购买的一切个人和家庭构成的市场，也称最终消费者市场、消费品市场或生活资料市场。与消费者市场相对应的是组织市场。组织市场是指一切为了自身生产、转售或转租或者用于组织消费而采购的一切组织构成的市场，主要包括生产者市场、中间商市场和政府市场。

消费者市场是市场体系的基础，是起决定作用的市场。消费者市场是现代市场营销理论研究的主要对象。成功的市场营销者是那些能够有效地发展对消费者有价值的产品，并运用富有吸引力和说服力的方法将产品有效地呈现给消费者的企业和个人。因而，研究影响消费者购买行为的主要因素及其购买决策过程，对于开展有效的市场营销活动至关重要。

（三）消费者市场的特点

由于消费者职业、个性特点等方面存在着不同程度的差异，消费者对于产品和服务的需求也不同，消费者市场呈现出分散性、多样性、发展性、可诱导性、层次性和时代性（见图 3 – 1）。

1. 分散性

消费者市场的基本购买单位是个人和家庭，人数众多，分布广泛，一方面由于每个家庭的人数、需求量、购买能力、存放条件以及产品的有效期等因素的限制，消费者的购买一般是小批量、多批次的零星购买；而另一方面现在市场产品供应丰富，购买方便，随需购买，没必要大量存储，使得消费者购买呈现出成交次数频繁，但交易数量少的特征。另外千家万户的消费者在空间位置上也比较分散，具有分散性的特征，绝大部分商品都是通过中间商销售产品，以方便消费者购买。

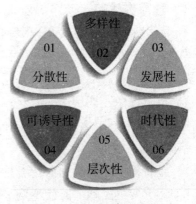

图 3 – 1　消费者市场特点

2. 多样性

消费者市场不仅范围广泛，而且规模庞大，由于他们在地理位置、民族传统、宗教信仰、生活习惯、兴趣爱好、年龄性别、职业特点等方面，存在着不同程度的差异，消费者对于产品和服务的需求也是千差万别的，他们对于不同产品和同种产品的不同规格型号、款式、颜色、价格等都会产生多种多样的需求，而且是不断变化的需求，这决定了消费需求的多样性。

3. 发展性

随着经济的发展和社会的进步，人们的生活水平不断提高，消费观念在不断更新，消费者对于产品和服务的需求也在不断发生变化，需求的内容、形式、层次在不断提升。消费者需求的发展一般是沿着由简单到复杂、由低级到高级、由数量上的满足到追求服务质量上的满足。例如我国在 20 世纪 70 年代，结婚的三大件是手表、自行车、缝纫机，到了 80 年代就变成了冰箱、彩电、电视机，而 90 年代变为电脑、房子和汽车。企业要认识到消费者需求的发展，不断开发出新的产品、开拓新的市场、认真做好市场调查和预测，使自身发展适应于消费者市场需求的发展。

4. 可诱导性

消费者购买商品容易受到个人情感以及厂家商家促销、产品广告、产品包装、降价、商店氛围及营销人员的劝告等因素的影响。消费品的花色、品种繁多，质量性能各异，大部分消费者很难掌握各种产品的购买知识，属于非专家购买，因此消费者在购买产品时，特别是复杂的耐用品和新产品时，需要卖方的宣传介绍和帮助。不少消费品替代性强，需求弹性比较大，消费者对于产品的规格、品质的要求也不如生产者那样严格，因此也更容易受到卖方促销活动或者说社会潮流的影响而改变主意，因此营销人员应当通过制定正确的营销策略，采用各种方法正确引导和影响消费者，使得消费者潜在的需求变为现实的购买。

5. 层次性

消费者的需求总是在一定的支付能力和其他客观条件的基础上形成的，消费者的需求是多层次的，既包括了生存、安全等低层次的需求，也包括了享受、发展等高投资的需求。这种层次性，一方面是指同一消费者由于支付能力和其他客观条件的影响，会有高低缓急不同层次的需求；另一方面是指同一时间同一市场区域不同的消费者群体，由于经济收入、社会地位和文化教养等方面的差异，会表现出多层次的需求差异。

6. 时代性

消费需要不仅受到消费者内在因素的影响和制约，还受到时代精神、风尚因素和环境因素等的影响。时代不同，消费者的需求也会随之不同，消费者市场中的商品具有一定的流行性。如住宅的装修风格，个人服饰的款式、颜色等表现更为明显。当然，时代精神提倡崇尚节俭和适度消费相统一、消费的方式和行为要有利于生态环境的保护等；社会风尚指导并调节人们消费活动的价值取向和伦理原则和道德规范，如受环保观念影响，汽车正在从传统燃油车向电动车、智能车转变。

二、消费者行为

（一）消费者行为的含义

消费者行为是指消费者为获取、使用、处置消费物品或服务所采取的各种行动，包括先于这些行动的决策过程。消费者行为学涵盖的范围很广，它研究的是个体或群体为满足消费与欲望而挑选、购买、使用或处置产品、服务所涉及的过程。狭义上的消费者行为仅指消费者的购买行为以及对消费资料的实际消费。而广义上的消费者行为是指索取、使用、处置消费物品所采取的各种行动以及先于且决定这些行动的决策过程，甚至包括消费收入的取得等一系列复杂的过程。消费者行为是动态的，它涉及感知、认知、行为以及环境因素的互动作用，也涉及交易的过程。影响消费者行为的环境因素主要有文化、社会阶层、社会群体、家庭等。

知识拓展 2015 年中国数字消费者调查报告：对选择和变化日益强烈的渴望①

麦肯锡通过对 6000 多名中国互联网用户，以及对中国一至四线城市以及广大农村地区共计约 6.3 亿用户的数字行为和意愿进行深入的调查发现，在移动互联网时代，中国的消费者行为出现以下五个重要的趋势：第一，社交商务呈现强劲增长趋势。中国人每天花在社交媒体上的时间是 78 分钟，美国是 67 分钟。中国人依赖亲友推荐的人数占比约 50%，美国约 40%。社交媒体的功能从单纯的沟通逐渐演变成客户关系管理和购物。社交网络在中国市场处于快速演变的过程中，社交网络大大促进了消费者使用网络购物。第二，线下实体零售店向"展示厅"的转型。调查显示，30% 的消费者会在实体店浏览商品，同时用手机进行研究，而只有 16% 最终选择在门店购买此产品，更多的消费者会通过其他渠道包括线上渠道购买。第三，线上线下融合得到消费者的接受并将持续发展。71% 的中国数字消费者已经在使用线上服务，其中 97% 的消费者表示他们在未来 6 个月内仍会使用线上服务甚至会增加使用频次。第四，互联网的普及率在一、二线城市达到 76%，在三、四线城市是 47%，在农村为 19%（19% 的人群里面有 64% 使用过网购），尽管互联网在三、四线城市和农村普及率较低，但这些地区的大部分消费者都在使用电子商务。第五，食品网购需求大幅增长。中国消费者购买得最频繁的是常温和生鲜食品（食品购买频次是 34 次/年，服饰类是 22 次/年）。40%的中国消费者网购食品，而美国网购食品的消费者只有 10%。调查指出，在网购食品中最大的问题是对食品安全的担忧，在中国有 65% 的消费者非常担忧食品安全问题，而在美国和英国只有 36% 和 26%。

讨　论

1. 从上面这个报告中可以看出，数字化消费者的行为对哪些行业产生了威胁？又给哪些行业提供了机会？

2. 分析数字化消费者为何会出现报告中的行为，背后可能的原因是什么。

_____

① 资料来源：《麦肯锡：2015 年中国数字消费者调查报告》。

（二）消费者行为的构成

1. 消费者的决策过程

购买决策是指消费者在使用和处置所购买的产品和服务之前的心理活动和行为倾向，属于消费态度的形成过程。

2. 消费者的行动过程

消费者行动更多的是购买决策的实践过程。消费行为是一个持续的过程，包括在购买前、购买中、购买后的不同阶段所关注的问题，而不仅仅是消费者掏出现金或信用卡买到商品或服务的那一刻所发生的事情（见图3-2）。

在现实的消费生活中，消费者行为的这两个部分相互渗透，相互影响，共同构成了消费者行为的完整过程。

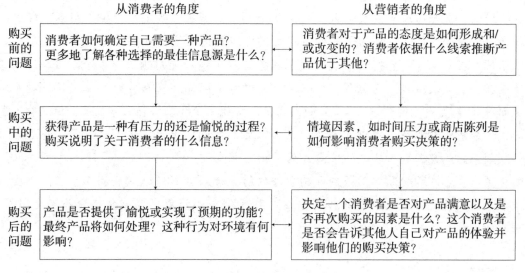

图3-2　消费过程各阶段的不同问题

（三）消费者购买行为类型

消费者购买行为类型是指对消费者为满足某种需求和欲望而购买商品的行为特征的划分。消费者的购买行为取决于他们的需求和欲望，而消费者的需求和由此产生的购买动机或欲望是许多因素综合影响的结果。消费者个人心理特征是影响消费者购买行为最直接、最决定性的因素。按消费者性格特征，其购买行为，一般可以分为这样六种类型：习惯型购买行为、价格型购买行为、理智型购买行为、冲动型购买行为、想象型购买行为、随意型购买行为。

（四）消费者行为研究内容

消费者行为研究的基本问题归纳为"3W2H"：消费者的特征辨析（Who）、消费者的心理行为（What）、如何解释消费者的行为（Why）、如何影响消费者（How）、消费者行为的变化趋势（How）。消费者行为研究构成营销学的重要基础之一，研究中非常注重消费者心理行为关联的市场商业效应。例如近年来对中国消费者行为的研究有：对中国消费者的生活方式进行全面调查，如奥美广告公司就曾对饮食、女性以及青年消费者行为专门进行大规模的调查，并且得出了许多有价值的结论；对中国消费者满意度与文化价值观之间的关系进行研究，如女性消费行为、独生子女消费行为、老年消费行为研究等；从社会学、心理学角度开展对人的内在气质的研究等。

三、基于消费者行为的营销管理

基于消费者行为的营销管理是指将消费者行为研究的目标和结果引入营销管理中，通过洞察消费者的需求、心理和行为，进而做出相应的营销决策。对消费者行为的研究是营销决策和制定营销策略的基础。在现代市场经济条件下，企业研究消费者行为，是着眼于与消费者建立和发展长期的交换关系。

（一）消费者行为与营销决策的关系

在市场中，消费者和营销者从各自的角度关心不同的问题，同时又相互影响并产生互动。营销活动的起点是消费者需求，目标是消费者的满意度和忠诚度。消费者需求从基本的层面界定了营销任务。要长期获得成功，营销者必须让消费者满意并得到他们的认可。

（二）创造消费者价值是营销管理的基础

在营销管理框架的演变过程中，从产品导向转向消费者导向，为消费者创造价值已成为营销管理的核心和主线。营销提供的产品、服务或品牌，需要满足消费者想要的利益和价值，即品牌需要满足消费者价值。所有消费者研究最终都与消费者价值的界定与衡量有关，消费者价值乃一切营销之基础，如经济节约、实用功能、社会交往、社会成就、时尚审美和精神归依等价值的提供。

（三）移动互联网时代的营销模式：共创分享价值

互联网和移动互联网使营销产生了革命性的变化，营销创新日新月异。如社交媒体和大数据催生了将消费者置于主导地位的新的商业模式。社交媒体为营销者提供了在网上接触消费者、深入了解消费者的机会。在传统营销4P的基础上，出现了第5个P——消费者参与（participation）。这使消费者购买决策模式、消费者行为以及营销传播方式等发生了变革，其中最核心的变革就是创造了价值模式：一是互联网的去中心化和无边界的本质从根本上改变了商业模式和营销；二是社交网络促成了虚拟的消费者网上社群，消费者"体验"和"分享"成为新的消费者主流行为，"价值"不再是单向的"给予"而是"分享"。在移动互联网时代，营销在创新中逐渐形成了企业与消费者共创、共享价值思想的模式。

 **拓展阅读** **数字化消费者行为的兴起**

1995 年，尼葛洛庞帝在其著作《数字化生存》中提到"计算不再只和计算机有关，它将决定我们的生存"，并预言计算机和互联网将会使人类进入数字化生存时代。随着互联网和移动互联网以出人意料的速度渗透人类社会，后来学者常引用或借用"数字化"指人类在虚拟的、数字化的活动空间里从事信息传播、交流等活动。如"数字化媒体""数字化营销""数字化传播""数字化品牌建立"等，"数字化消费者行为"作为移动互联网时代消费者行为学的新的整体性核心概念应运而生。数字化消费者行为与传统消费者行为的根本区别在于：

(1) 数字化消费者信息环境完全不同了。

由于数字化媒体对传统媒体的大范围取代，信息基础结构从垂直形、金字塔形变成去中心的立体形、枣核形，消费者从不对称的不完全信息状态进入透明的几乎完全信息状态，消费者有了更多的知情权。

(2) 虚拟消费者社群成为消费者行为的主体。

社会网络和社交媒体促成虚拟消费者社群广泛出现，互动、分享、众筹、共创的力量成为主导的社会动力。消费者行为学在很大程度上转向对消费者社群的高度关注和研究，营销的重心转向消费者社群。

(3) 新的数字化消费者购买行为和决策模式出现了。

数字化消费者决策模式与传统消费者决策模式形成鲜明的对比。消费者的网上购买行为和移动购买行为对传统商业渠道、实体零售店形成了挑战，极大地改变了传统的终端购买行为。

(4) 解释和影响消费者的理论方法和路径有了本质的不同。

由于大数据和智能终端技术的广泛应用，实现了智能化记录、识别、分析消费者，而且可以与消费者随时随地进行互动和相互影响。所以，了解和研究消费者的方法以及结果也完全不同。

数字化消费者行为是全球化消费的重要体现。移动互联网打破了区域性的文化差异和隔离，是全球共同接受的技术文化的产物。当然，数字化消费者行为也是一把双刃剑，它对人类是福是祸，依然充满了争论，如移动互联网时代带来的个人隐私问题；智能手机等智能机器的介入带来的人际关系冷漠问题等。

3.2　影响消费者购买行为的因素

一、影响消费者购买行为的因素

影响消费者购买行为的因素分为外在因素和内在因素。外在因素主要有文化因素、社会因素，内在因素主要有个人因素和心理因素。

（一）外在因素

1. 文化因素

消费者总是置身于消费文化的环境之中，消费文化综合了各种社会、经济、历史和文化的影响，并在与消费者的互动参与过程中，形成某种消费模式。营销专家菲利普·科特勒指出："文化是影响人的欲望和行为的基本决定因素"，"文化因素对消费者行为的影响最为广泛和深刻"。还有学者认为消费者行为是其所受文化影响的外在表现。

（1）文化。

文化是指影响人的欲望和行为的基本决定因素，在营销中必须要密切关注不同国家、地区不同的文化价值观，用最佳的营销方法呈现产品，并为新产品找到市场机会。

（2）亚文化。

每个文化包含着更小的亚文化，亚文化为其成员提供更为具体的认同感和社会化。亚文化包括国籍、宗教、种族和地理区域。当亚文化发展到足够强大时，企业通常会制订专门的营销计划来为其服务。

 拓展阅读　**文化差异带来的中国消费者行为的差异**

基于文化原因带来的消费行为的差异是长期的、根本的。中国地域大、亚文化圈多以及变化快，中国市场的差异程度往往超乎人们的想象。这种差异具体表现在市场的多元、多样、多层性。因此，在中国市场关键的营销战略不可忽视世代消费差异和区域消费差异。基于中国文化的消费行为包括：根文化形成的根消费，如维系家族血缘、子女教育、祖宗消费等；面子文化形成的面子消费，如攀比行为与奢侈消费等；关系文化形成的关系消费，如礼品消费等。

1. 中国人的面子消费与关系消费

美国传教士亚瑟·亨·史密斯在《中国人气质》中写道："保全面子作为中国人的

第一性格。"中国人在消费中更重视追求要脸要面，将送礼、维系体面和关系等视为基本需要，将争脸、给面子和礼尚往来列入基本行为规范，表现在消费行为中为：礼品消费、攀比消费、炫耀消费、象征消费、公关消费等。"面子"是中国传统文化、传统价值观、人格特征、社会文化的耻感取向共同作用的综合体。中国人的消费行为和心理因此具有了很强的面子情结。中国传统文化崇尚节俭，提倡量入为出，强调储蓄和积累，然而，与此形成鲜明对照的是，在一些重要的场合，如逢年过节、婚丧嫁娶、人情往来等，则一改平日的节俭，拿出平时省吃俭用积攒下来的钱，尽情消费，从吃到用，从穿到行，大肆采购。

2. 中国人的地域风俗与消费差异

"百里不同俗，千里不同风"，中国自古以来就是一个地域辽阔、人口众多的国度，同时又是一个多民族的大家庭，与此相应的则是各地互有异同、千差万别的风俗习惯。林语堂在其名作《中国人》中细腻地描写了中国人的民族和地域差异以及消费行为和习惯的不同。他认为，从地理和文化的角度来考察中国人时，"中国人这个抽象概念几乎消失，代之而来的是一幅多种族的画卷，身材大小不同，脾气与心理构成各异"。

3. 中国人的根文化与根消费

根文化深植于中国人的心理底层，影响着人们消费的方方面面，催生中国人独特的根消费，主要包括对下一代的教育消费、购房消费、祭祖消费、仪式消费、节庆消费等。

购房消费：自古以来，中国人对买房子就有天然的热情。中国人赚到钱，首先的想法是回乡买房子。《史记》中司马迁建议"尽椎埋去就，与时俯仰，获其赢利，以末致财，用本守之"，意思是建议商贾们在商海中赚钱后回头去买房子和田地，用房子和田地把赚来的钱牢牢守住。对于很多中国人来说，房产是开始家庭生活的基础。

教育消费：中国人最肯为孩子的教育花钱，自古以来都是如此，现代教育投资已列城市家庭支出的首位。父母宁可省吃俭用、节衣缩食，宁可起早贪黑、忍辱负重，也要把钱省下来培养后代，在中国人的眼中，后代是自己的化身，是自己的理想得以实现的希望。

仪式消费和节庆消费：仪式是文化的组成部分，中国是世界上仪式最盛的国家之一。婚丧嫁娶、红白喜事、添丁满月、新房搬迁、升学高就都构成中国人仪式消费的内容；中国根文化的强烈表现之一是"家"的观念。全家福和一家团圆永远是中国人生活中最重要的事情之一，以团圆为象征意义的中国人的大节日，如春节（过年）、中秋节，受到全社会的高度关注和重视，而且比外国人更舍得消费。"有钱没钱回家过年"，春节期间为了回家过年，每年交通都会出现特大高峰，据报道每年春节期间中国流动的人口高达10亿人次之多。仅此一项就可推想而知，中国人的节庆创造了多么大的节日消费市场。

祭祖消费：中国人为了表达对先人的哀思会举行各种祭祀仪式。每年清明，总产生大量的消费，各地交通运输全线吃紧；清明前后，鲜花、水果、乳猪、冥纸、冥币、鞭炮、寿衣等祭祀用品供不应求。

讨 论

1. 你有没有考虑过买房子？为何要买？为何不买？
2. 你的父母为你的教育投入了多少？他们是怎么想的，你又是怎么想的？
3. 中国消费者礼俗消费有什么文化特征？
4. 中国传统的关系消费行为是否已经悄悄地发生了变化？

_____

_____

_____

2. 社会因素

（1）社会分层。

人类社会存在社会分层，文化经常以社会阶层的形式体现。社会阶层是在一个社会中具有相对同质性和持久性的群体，他们按等级排列，各社会阶层成员显示出不同的产品和品牌偏好。同一社会阶层的人，其行为要比来自两个社会阶层的人更具有类似的价值观、兴趣爱好和行为方式；人们以自己所处的社会阶层来判断其在社会中占有的高低地位；社会阶层受到职业、财富、收入、教育和价值观等多种变量的制约；一个人在其一生中能够改变自己所处的社会阶层，但一般是尽量保持其已在的阶层并尽力提高自己的社会阶层。企业营销要关注本国的社会阶层划分情况，针对不同的社会阶层爱好要求，通过适当的信息传播方式，在适当的地点，运用适当的销售方式，为不同的社会阶层提供适当的产品和服务。

（2）相关群体。

相关群体是指那些影响人们的看法、意见、兴趣和观念的个人或集体。研究消费者行为可以把相关群体分为两类：参与群体与非所属群体。参与群体是指消费者置身于其中的群体，有两种类型：主要群体和次要群体。主要群体是指个人经常性受其影响的非正式群体，如家庭、亲密朋友、同事、邻居等；次要群体是指个人并不经常受到其影响的正式群体，如工会、职业协会等。

非所属群体是指消费者置身之外，但对购买有影响作用的群体。有两种情况，一种是期望群体，另一种是游离群体。期望群体是个人希望成为其中一员或与其交往的群体；游离群体是遭到个人拒绝或抵制，极力划清界限的群体。

企业营销应该重视相关群体对消费者购买行为的影响作用，利用相关群体的影响开展营销活动。还要注意不同的商品受相关群体影响的程度不同，商品能见度越强，受相关群体影响越大；商品越特殊、购买频率越低，受相关群体影响越大；对商品越缺乏知识，受相关群体影响越大。

（二）内在因素

1. 个人因素

影响消费行为的个人因素包括：年龄和生命周期、职业和经济状况、个性和自我概念、生活方式和价值观等。

（1）年龄和生命周期。

心理学家把人的一生按年龄划分为：婴儿期、前儿童期、后儿童期、青年期、壮年期、中年期、老年期、寿终期。在不同的人生阶段，其价值观念、追求目标及行为能力决定了其消费的差异。在每一阶段都有一些典型的消费特征，这些特征与其社会成长阶段及发展重点相对应。如有学者认为，90 世代是轻松、乐观的"社交一代"，80 世代是保守、分化的"重商一代"，70 世代是现实、进取的"中坚一代"，60 世代是优越却不安逸的"现实一代"，50 世代是怀旧、闲暇却不优越的一代。又如不同年龄和生命周期阶段的消费者对服装款式、色彩、型号、数量、质地、服务等要求不同。

讨 论

你觉得应该如何划分中国消费者的世代？

_____

_____

_____

 中国人的养老消费

随着人口老龄化进程的不断加快，养老消费和养老服务需求日益增长。全国老龄工作委员会发布的《中国老龄产业发展报告》显示，2014 年到 2050 年，我国老年人口的消费规模将从 4 万亿元增长到 106 万亿元左右，占 GDP 的比例将增长至 33%，报告还预测到 2025 年和 2034 年，中国老年人口将分别突破 3 亿和 4 亿，中国的老年群体已经成为一支重要的消费大军。但在中国，养老产业发展比较滞后。

1. 市场上销售的老年用品种类少、数量少、质量不高

市场上提供的服务内容单一、层次较低、专业化水平不高。养老专属理财产品、养老保险产品、养老金信托产品等金融产品不足。

2. 养老社区、老龄服务机构、异地养老房地产项目、城市老年公寓、现有住房的适老化改造、二手老龄房地产等不足

国家制定以"居家养老"为主的政策，全国有90%以上的老人在家里养老，目前75%的中国老年人口拥有住房，但现有住房是按照年轻型社会的需求建造的，比如很多六层高的楼房，没有配备电梯，因此养老住宅的开发与建设迫在眉睫，急需改善和建造大量的养老住宅，而养老地产所需要的金融支持、土地支持、配套政策的支持都不够完善，商业模式也是刚刚起步。2020年7月，民政部等九部门联合发布《关于加快实施老年人居家适老化改造工程的指导意见》，要求以满足广大老年人居家生活照料、起居行走、康复护理等需求为核心，改善居家生活照护条件，增强居家生活设施设备安全性、便利性和舒适性。

3. 养老服务机构供需失衡

报告显示，截至2013年底，中国共有各类养老服务机构42475个，床位数4937万张。同期中国老龄人口数量为202亿人，每千人平均床位数量仅有20张。尽管供需失衡，却有40%的民办养老机构长年处于亏损状态，仅有9%的民办养老机构盈利，其中80%左右盈利率在5%以下。一方面是不平等的竞争扭曲了市场价格，导致民营养老机构亏损；另一方面由于国家在顶层设计上还没有明确界定老龄服务事业和产业的界限，没有完全明确老龄服务市场上政府"兜底"的服务对象及相应标准，目前养老服务体制改革滞后，市场化程度低，产业链条尚未形成。

4. 老龄康复护理行业供应不足

根据全国老龄办对城乡老年人口健康情况的调查，在平均约19年的余寿中，健康余寿只有9年左右，其余10年基本上是带病或失能状态。这意味着老龄康复护理服务业将有巨大的需求。现有的民办养老机构绝大部分只能提供日常生活照料，仅有10%以护理康复为主。更让人担忧的是，目前养老机构中医护人员数量少、学历低，护理人员年龄大、技能差的现象很普遍。根据全国老龄办的调查，民办养老机构中医护人员的比例仅有12%左右。

 **讨 论**

除此之外，你还能发现哪些养老消费需求？为何养老消费市场需求巨大，供给却不足？如何更好地为老年人市场提供更好的服务？尝试提出一些老年人市场的创业想法。

_____

_____

_____

（2）职业和经济状况。

职业，即指个人所从事的服务于社会并作为主要生活来源的工作。经济状况是指消费者的收入水平、收入结构以及消费者对支出和储蓄的态度等，这是影响购买力的重要因素。消费者个人的经济状况直接影响其消费行为。

（3）个性和自我概念。

个性是指人的性格特征，是人对环境做出比较一致和持续的反应，是一个人比较固定和复杂的心理特征，也是影响消费行为的重要因素。按个性的不同可将消费者分为习惯型、理智型、冲动型、经济型、情感型和年轻型。自我概念是指个人对自己多方面知觉的综合，其内容包括两方面：一方面是个人对自己的描述（自己是什么样子的人），另一方面是个人对自己的评价（自己的优点和缺点）。消费者会购买与他们的自我概念比较一致的品牌商品，不仅是为了满足特定的物质或精神需要，同时还出于维护和增强自我概念的意愿。在这一意义上，购买商品成为加强自我概念的手段，自我概念则成为控制购买行为的中心要素。

（4）生活方式和价值观。

生活方式是指人们根据自己的价值观念等安排生活的模式，它通过个人的活动、兴趣和见解表现出来。生活方式对消费行为的影响非常明显。出身于同社会阶层、源于同种文化背景、具有相似个性的消费者，由于生活方式的差异，对消费品的形式和功能的需求会截然不同。

2. 心理因素

人的行为是受心理活动支配和控制的。在市场营销活动中，尽管消费者的需求千变万化，购买行为千差万别，但都建立在心理活动过程的基础上。消费者心理活动过程，是指消费者在消费决策中支配购买行为的心理活动的整个过程。影响消费者心理活动过程的主要因素有动机、感知、学习、情感、记忆等。

（1）动机。

消费者动机是指消费者消费行为的内在动力。心理学认为，动机是决定行为的内在动力，激发和维持有机体的行动，并将使行动导向某一目标的心理倾向或内部驱力。在消费行为学中，内在需要和外在条件都是引发消费行为的动机，促使消费行为发生并为消费行为提供目的和方向的动力。消费者具体购买动机有求实动机、求新动机、求美动机、求名动机、求廉动机、模仿或从众动机、喜好动机等。

（2）感知。

感知即指意识对内外界信息的选择、组织并解释接收到的信息，以形成对外部世界有意义的描绘的过程。感知可分为感觉过程和知觉过程，感知影响消费者的实际行为。感知过程包括：选择性注意、选择性扭曲和选择性保留。

选择性注意是指对某些刺激物有目的性的注意；无意注意力是由某人或某事引起

的注意力。据估计，普通人每天要接触1500条广告或品牌信息，但我们不可能注意到所有这些信息，而是会将多数刺激物筛选掉，这个过程称为选择性注意。人们更有可能注意到那些与当前需要有关、内心期待的，或与一般刺激物相比有较大差别的刺激物。营销人员在推销产品中，应尽力引起消费者注意。

选择性扭曲是指解读信息时的先入为主的倾向。消费者经常会扭曲信息，以使其符合之前自己对产品和品牌的信念和预期。一项对产品口味的盲测充分展示了消费者品牌信念的力量，在测试中，请两组消费者品尝一种产品，其中一组不知道产品的品牌，而另一组知道。尽管品尝的是完全一样的产品，但两组给出的意见却总是不同。消费者对于有品牌标识和无品牌标识的同一产品给出不同的意见，这是因为他们的品牌和产品信念（通过过去的体验或品牌营销活动等方式所形成）以某种方式改变了他们的产品感知。当消费者扭曲了中立或者模棱两可的品牌信息来使之更积极时，选择性扭曲将给拥有强大品牌的营销人员带来优势。换句话说，星巴克的咖啡似乎味道更好，宝马汽车似乎行驶更平稳，这些都取决于品牌。

选择性保留是指我们倾向于记住喜欢的产品的优点而忘记它的竞争产品的优点。我们中的大多数人都不会记得接触到的品牌信息，但是我们的确保留了那些支持我们态度和信仰的信息。选择性保留再一次为强大的品牌带来了优势。这也揭示了为什么营销人员需要重复信息来确保他们的品牌不被忽视。

（3）学习。

消费者学习是指消费者在购买和使用商品的活动中，不断地获取知识、经验与技能，通过积累经验、掌握知识，不断地提高自身能力，完善自身的购买行为的过程。学习的形式有模仿式学习、反应式学习、认知式学习等。消费者通过学习可以改变相应的消费行为，这些消费行为反过来会影响市场的变化。如通过学习熟悉、认识商品，对该企业的生产经营情况有了解，在做购买决策时产生的联想更多、决策与思考速度更快。

（4）情感。

消费者情感指顾客在产品和服务的消费过程中产生的一系列情感反应，是人们比较短暂的、强烈的情绪，并总是指向特定的事物。消费者的情感在一定程度上会影响消费者的认知过程，即积极的情感有利于消费者对商品和服务产生良好的认知，促进购买；消极的情感则可能使消费者对商品和服务产生不良的认知，不利于消费者购买行为的发生，易产生不满意感。情感是态度在生理上一种较复杂而又稳定的生理评价和体验，与态度中的内向感受、意向具有协调一致性。消费者心情、服务人员、购物环境对消费者情感都会产生的影响。企业通过分享充满情感的品牌故事向消费者展示并触发他们想要传递的关于这个品牌故事的渴望，让品牌与各种不同的情感相连。

（5）记忆。

记忆是指人脑对体验过的事物的识记、保持、再现或再认，它是进行思维、想象等高级心理活动的基础。记忆分为短期记忆和长期记忆。品牌联想是指所有有关品牌的想法、感受、感知、形象、经验、信仰和态度等与品牌节点发生链接，通过营销让消费者对已经拥有的商品和服务经验形成正确的品牌知识，并将其储存到记忆中的方式。如：宝洁公司通过创建消费者的心理地图，并根据他们在市场中构建的容易被触发的联想来描绘消费者对待特定品牌的知识。

二、购买决策过程

企业在充分了解消费者购买决策的全部过程基础上，即消费者对一个产品的了解、选择、使用，甚至最后的处置。消费者在购买决策过程中，通常经历五个阶段：问题辨识、信息搜寻、方案评估、购买决策和购后评估（见图 3-3）。当然，消费者在实际购买行动中，或许可能会跳过或逆行某些阶段。比如当消费者购买经常使用的品牌牙膏时，会跳过信息搜寻和方案评估过程，直接从需求到决定购买。学习消费者购买决策模型的意义是因为它考虑了当消费者面对一次高度参与或全新的购买行为时所有的可能因素。

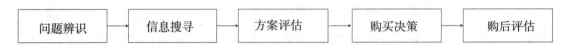

图 3-3　消费者购买决策过程的五阶段模型

（一）问题辨识

购买过程始于购买者被内部或外部刺激所激发，从而认识到问题或需求的存在。内部刺激，即人的正常需求，如饥饿、口渴等，上升到临界水平就会形成驱动力。需求也可以产生于外部刺激。一个人可能会羡慕朋友的新车或看到夏威夷度假的电视广告，因而产生购买欲望。营销人员需要搜集大量顾客的信息来识别引发特定需求的因素。然后，才能制定引起消费者兴趣的营销策略。尤其对于奢侈品、度假套餐和娱乐产品这样的非必需消费，营销人员需要加强消费者的购买动力，使消费者认真考虑实现这种潜在购买。

（二）信息搜寻

消费者通常只会搜寻有限的信息。调查显示，对于耐用品，一半的消费者只看一家店；对于家电，30%的消费者会看一个以上的品牌。我们可将调查中显示的参与度分为两个水平，中等的搜寻状态称为加强注意，在这种搜寻水平下，一个人更易于接受产品的信息。在下一水平，这个人可能会进入主动信息搜寻，他会寻找资料、给朋友打电话、上网和去店铺了解产品。营销人员必须了解消费者在不同的时间、地点搜集到或至少接收到的信息来源类型。

主要信息来源可分为：

个人来源：如家庭、朋友、邻居、熟人；

商业来源：广告、网站、推销员、经销商、包装、展示；

公共来源：大众媒体、社交媒体、消费者评级机构；

经验来源：处理、检查和使用产品。

虽然消费者接收信息的渠道大多数为商业来源，即营销人员主导的来源，但是最有效的信息通常来自独立个体或机构，如个人来源、经验来源。商业来源通常起告知作用，而个人来源则起判断或评价作用。

（三）方案评估

方案评估是指消费者对产品性能、所接收到的信息进行分析、评估和选择的过程。方案评估时，需要考虑不同消费者购买产品所需满足的首要需求、对产品的各种性能给予的重视程度、评估标准、评估竞争品牌的信息等情况。如对酒店的评估因素有：地点、清洁度、环境、价格；对漱口水的评估因素有：颜色、效果、杀菌能力、口味、价格；对轮胎的评估因素有：安全性能、行驶里程、行驶质量、价格等。

（四）购买决策

消费者对商品信息进行比较和评选后，形成购买意愿，然而从购买意愿到决定购买之间，还受到他人的态度、意外的情况（如失业、意外急需、涨价等）情况的影响。

（五）购后评估

消费者在进行产品购买和使用后的满意程度，取决于消费者对产品的预期性能与产品使用中的实际性能、效果之间的对比。购买后的满意程度决定了消费者的购后活动，决定了消费者是否重复购买该产品，决定了消费者对该品牌的态度，并且还会影响到其他消费者，形成口碑效应、连锁效应等。

结合消费者购买决策过程，分析是不是所有的购买行为都需要慎重决策。请思考：什么样的产品购买需要进行五步骤的决策过程？你觉得购后评价重要吗？我们应该采取哪些营销举措让顾客获得良好的购后体验及满意。

_____

_____

_____

三、消费者购买行为的变化

随着时代的变迁，影响消费者购买行为的因素也在悄然变化着，消费者的购买诉求、选择标准、交易过程以及完成购买行为等影响因素也有了新的变化，无论对于生产者还是销售者都是值得关注和研究的。

1. 求新求异的消费者日益增多

现在的市场已经成为买方市场，生产者和销售者必须认真研究消费者的消费需求变化。有越来越多的消费者开始不断尝试新产品、新服务、新技术，消费者经常主动去搜索新品牌、新市场，很多消费者开始喜欢独一无二的个性化产品，喜欢彰显个性、与众不同的感觉，并且这类消费者的爱好总是在求新求异。而保守型的消费者只是偶尔尝试新产品新服务，并且更加偏爱他们熟悉的品牌，这一点与求新求异的消费者有很大不同。

2. 对品牌的忠诚度在减弱

有关数据显示，有大约6%的消费群体对大品牌是极度忠诚的，他们不会轻易尝试或购买新服务，但这个群体人数比例在逐步减小；有大约五分之一的消费者因为懒得改变长期以来养成的习惯而经常购买他们过去喜爱的品牌；还有更多的人在新的消费形势下，开始逐步尝试新的品牌、新的机会。他们喜欢在求新求变中寻找更符合他们诉求的产品和服务。所以对于品牌商来说，必须不断巩固既有优势、挖掘新的潜力、延伸新的业务，在主动求新求变中满足消费者的新诉求。互联网时代的到来使得消费者的购买过程从过去的货比三家变为了货比N家，他们拥有更多选择不同品牌的机会。因此销售者只有更多了解、把握消费者的心理变化和爱好，才能更好地完成销售行为。

3. 价格不再是购买行为的唯一驱动因素

毋庸置疑，价格的高低对于购买行为的影响是很重要的，但价格对购买行为的影响力有逐步减弱的趋势。现在的消费者在选择新品时往往容易被低价所吸引，引起消费者对产品和服务的关注，但是最终打动消费者完成消费行为的往往是产品或服务的内在优质属性和品质。因此降价促销活动一般会吸引消费者的关注，但是最终完成购买行为需要产品或服务的高品质、实用性、便利性，当然还有性价比等因素。因此品牌商在给新品定价时要充分考虑产品的质量、功能、实用性等因素，尽量最大限度满足消费者的需求。

4. 社交媒体评价成为影响购买行为的重要因素

随着新媒体时代的到来，社交媒体的影响力越来越大，一个产品或服务在社交网站、微信朋友圈、微博、博客等媒体上的社会评价已经对人们的观念和认知产生了很大影响。越来越多的人通过社交媒体浏览新闻和了解世界，这些信息成为人们浏览互联网的重要内容，一个产品或服务在这个圈子的社会评价高低，成为影响消费者购买行为的重要因素。因此现在的商家也越来越重视在自媒体平台的口碑评价。

结合大学生消费情况，完成任务清单——我的消费观（见表3－1）。

表3－1　我的消费观清单

一、个人基本情况介绍（家庭情况、兄弟姐妹情况、性格特点）
二、个人消费状况（学费来源，每月生活费金额，每月的生活支出情况，如吃饭、日常用品、服装、学习、通信、交友、娱乐、交通等）
三、个人消费观念（1. 你的消费观念是什么？2. 你认为你的消费观是否具有普遍性，为什么？3. 与父辈相比，你的消费生活方式有哪些大的变化？是否有存钱的习惯？是否有理财的意识？具体做了什么？你是怎么做到的？4. 面对大学生消费者，营销管理者应该如何适应并满足他们的消费观念变化和消费需求？）

3.3　分析组织市场

　　组织市场是企业面对的重要市场，是指工商企业为从事生产、销售等业务活动以及政府部门和非营利性组织为履行职责而购买产品和服务所构成的市场。组织市场和消费者市场相对应，消费者市场是个人市场，组织市场是法人市场。

一、组织购买者行为

组织购买者行为是指各类组织为了出售、租赁或供应其他组织用于生产而购买产品和服务的行为。它也包括零售和批发企业的购买行为，它们购买产品和服务是为了转售或出租给其他人谋利。在组织购买过程中，组织购买者首先决定需要什么产品和服务，然后寻找备选的供应商和品牌，并进行识别、评价和挑选的决策过程。组织市场的类别分为：生产者市场、中间商市场、非营利组织市场、政府采购市场。组织市场中的营销者必须竭尽所能理解组织市场和组织购买者行为。与面向最终购买者的企业一样，组织市场的营销者也必须通过创造卓越的顾客价值来与组织客户建立有利可图的关系。

二、组织市场与消费者市场的区别

组织市场与消费者市场在某种程度上类似。两者都涉及为满足需求而承担购买角色和制定购买决策的人。但是，组织市场在许多方面与消费者市场存在区别，具体体现以下4个方面。

1. 购买者人数少但购买规模大

与消费者市场相比，组织市场通常是购买者数量较少但购买规模较大。即使在规模数目大的组织市场中，大部分的购买需求也常常来自少数几家企业，如固特异（轮胎生产企业）向最终消费者出售替换轮胎时，其潜在市场包括遍布美国和全球的数百万在用车车主，但是，固特异在组织市场的命运则取决于能否从屈指可数的大汽车制造商那里争取到订单。组织市场规模巨大，涉及的销售金额和产品、项目数量远远大于消费者市场。如固特异汽车轮胎的生产和销售就涉及大量的企业间交易。各种供应商向固特异出售橡胶、钢铁、设备和生产轮胎等所需要的其他产品。固特异随后将生产出的轮胎出售给零售商，后者再将轮胎出售给消费者。于是，仅仅为了向消费者出售一套轮胎，企业要进行多项购买活动。另外，企业还将轮胎作为原始装备出售给汽车制造商安装在新车上，以及作为重置轮胎出售给其他企业用于其轿车、卡车、公交车或其他车辆的维护。

2. 购买决策参与者多，专业人员采购

与消费者购买相比，组织购买常常涉及更多的决策参与者和更加专业的购买工作。组织购买由受过训练的采购代理人完成，他们一直在实践中学习怎样买得更好。购买越复杂、参与决策过程的人就越多，通常企业会设立专门的采购部门，或在采购重要产品时，由企业高层管理人员、技术人员、财务人员、法律人员、营销人员等共同组成采购小组。组织购买常常涉及大量的资金、复杂的技术和经济条件，以及与买方组织中不同层次的多个人员的互动，因此组织购买者的购买决策常常更加复杂，组织购

买的决策周期往往也历时很长。大规模的组织购买常常要求详细的产品说明、书面的购买单据、细致的供应商筛选和正式的审批。

3. 组织市场的需求具有衍生性、被动性，但缺乏弹性

组织市场的需求是由消费品市场的需求衍生出来的，如消费者对于全棉服装的需求量增加时，会导致服装加工企业大量购买棉花和棉布等生产产品，也会导致经销商大量采购全棉服装；如果这些消费品的需求减少了，那么生产和经销这类消费品的市场需求也会影响组织市场的需求。组织市场一般受到宏观经济的波动大于消费者市场，这种波动性增加了生产设备、原材料等投资货物的企业市场营销活动的难度。组织市场的需求一般缺乏弹性，也就是说需求一般不直接受到价格波动的影响，这是因为需求的派生性引起的，且生产者不可能像消费者改变需求偏好那样经常变动生产工艺。例如皮鞋制造商既不会因为皮革价格上涨而减少对于皮革的需求量，也不会因为价格下跌而增加需求量。

 **知识拓展** **英特尔"内在最重要"营销活动**①

组织需求是衍生性需求，它最终来源于人们对消费者产品的需求。消费者通常不会购买英特尔处理器，只会购买惠普、戴尔、联想、三星、索尼和东芝等品牌的个人电脑、平板电脑、智能手机和其他内置英特尔处理器的设备。所以，市场营销者为提高销售，有时会直接向最终消费者推销他们的产品。例如，英特尔公司长期的"内置英特尔"运动包括广告和促销活动，赞美英特尔处理器和采用该处理器的品牌。

在圣诞购物季，英特尔在主要城市开办潮流零售店名为"英特尔体验店"——展示来自戴尔、华硕、联想、宏碁、索尼、惠普、三星和其他采用英特尔芯片的品牌。英特尔还与百思买等零售商合作，建设网站展示英特尔的产品。它发布一份网上假日购物指南，促销英特尔原子能笔记本电脑和平板电脑品牌。英特尔还与东芝合作创作了社交媒体系列视频，都强调了"内在最重要"——这正是英特尔的核心营销信息，"内置英特尔"运动极大地促进了英特尔处理器及内含该处理器的产品的销售，英特尔及其商业伙伴都从中获益良多。

4. 组织市场的地理位置相对集中

消费者市场是分散的，无处不在的。而组织市场，特别是产业市场和中间商市场，在地理位置上是相对集中的。这是由于各地资源、交通、历史，以及生产力布局的不

---

① ［美］菲利普·科特勒，加里·阿姆斯特朗. 市场营销［M］. 北京：清华大学出版社，2011.

同所造成的。如我国的空调企业生产者主要集中在珠江三角洲和长江三角洲地区；小商品批发市场集中在义乌；食品工业市场集中在河南；汽车钢铁集中在湖北等。随着社会生产向专业化方向发展，组织市场地理位置呈现出集中发展的特点，生产者集中化有利于降低销售成本。

在组织购买的过程中，买卖双方常常相互依赖。在所有的购买阶段从帮助顾客确定问题，到寻求解决之道，再到对售后运作的支持服务，市场营销者都需要投入大量精力，紧密地与客户紧密合作，并通过帮助其解决面临的问题，进而赢得销售和创造客户价值。

3.4　影响组织购买行为的因素

一、影响组织购买行为的因素

在制定购买决策时，组织购买者受到许多因素的影响。一些市场营销者认为，经济是其中最重要的影响因素。购买者偏爱提供最低价格或最佳产品，或最多服务的供应商。因此，多数营销人员将所有的精力都集中于为顾客提供最大的经济利益。这些经济因素对购买者而言的确非常重要，在经济低迷时期尤其如此。但是，组织购买者远非冷静的、精于算计的或缺乏人情味的，他们在进行购买决策时，既有理性的选择，又有情感的反应。这是因为组织购买者实际上受到环境因素、组织因素、人际关系因素、个人因素等的共同作用（见图3-4）。

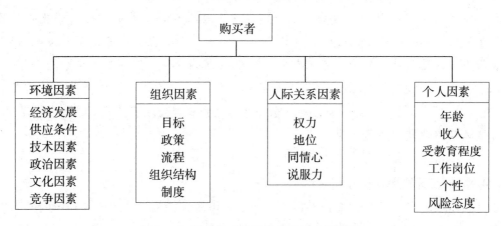

图3-4　影响组织购买者行为的主要因素

（一）环境因素

影响组织购买行为的外部环境因素有：经济发展情况、供应条件、技术、政治、文化和竞争等，也受到购买企业的产品、价格、渠道、促销活动的影响。

（二）组织因素

影响组织购买行为的组织因素有：组织的目标、政策、流程、组织结构和制度等。

（三）人际关系因素

购买行为受到组织内部的采购中心和购买决策过程的影响，如个人关系影响、个人影响、组织影响等。采购中心通常包括许多彼此影响的参与者，所以人际关系因素也影响组织购买的过程。但是，评价这些人际关系因素和群体动态常常非常困难。采购中心的参与者不会佩戴写着"关键决策制定者"或"没有影响""透明的存在"等标签。

（四）个人因素

参与企业采购决策的每一个人都具有个人动机、感知和偏好。这些个人因素受到诸如年龄、收入、教育、岗位、个性和对风险的态度等个人特征的影响。而且，购买者具有不同的购买风格。有些人是技术类型的，习惯在选择供应商之前对竞争性提案进行深入的分析；有些购买者是天生的谈判高手，善于在卖者之间挑起竞争，借此获得最优惠的交易条件。

二、组织市场购买的主要类型

组织市场的购买行为有直接重购、修正重购和新购。

（一）直接重购

直接重购是指按部就班地重复以往的购买决策，通常由采购部门按常规完成即可。被选中的供应商会努力维持产品和服务质量。落选的供应商则试图发现的新方法以增加价值或消除不满，以便购买者在下一次购买时会重新考虑他们。

（二）修正重购

修正重购是指购买者希望调整对产品的要求、价格、交易条件或供应商。现有的供应商因感到压力而紧张，它们会竭力表现以保护自己的地位。而落选的供应商则把调整的重购视为一次难得的机会，试图通过提供更好的产品和服务来争取获得新生意。

（三）新　购

新购是指购买者首次购买一种产品或服务。此时，成本越高或风险越大，决策参与者就越多，收集信息的工作量也越大。对市场营销者而言，买方新购是最好的机会，也是最大的挑战。市场营销者需要尽可能多地接触购买决策的关键影响者，积极地提供尽可能多的帮助和信息。在直接重购中，购买者制定的决策最少；在新购的情况下，购买者制定的决策最多。

三、购买过程的主要参与者

是谁承担了组织所需要的价值数百万亿美元的产品和服务的采购任务？买方组织的决策制定单位被称作采购中心，由在企业采购决策制定过程发挥作用的所有个人和单位组成，包括产品或服务的实际使用者、购买决策的制定者、购买决策的影响者、实际购买者以及控制购买信息的人。

1. 使用者

使用者是指组织中将使用产品或服务的成员。在许多场合中，使用者首先提出购买建议，并协助确定产品规格。

2. 决策者

决策者是指一些有权决定产品需求和供应商的人，在重要的采购活动中，有时还涉及主管部门或上级部门的批准，构成多层决策的状况。

3. 影响者

影响者是指影响购买决策的人，他们协助确定产品规格，并提供方案评价的情报信息，技术人员是尤为重要的影响者。

4. 采购者

采购者是指正式有权选择供应商并安排购买条件的人。采购者可以帮助制订产品规格，但主要任务是选择卖主和交易谈判。在较复杂的购买过程中，购买者中或许也包括高层管理人员一起参加交易谈判。

5. 守门者

守门者是指有权阻止销售员或信息员与采购中心成员接触的人，主要是为了控制采购组织的一些信息不外露。例如，采购代理人、接待员和电话接线员都可以阻止推销员与用户或决策者接触。

许多组织购买者偏好从一个供应商那里购买一整套解决方案，而不是分别向多个供应商采购产品和服务，再组合到一起。所以，越能够提供最完备的系统来满足顾客需要和解决其问题的企业赢得销售的概率就越高。这种系统销售往往是企业赢得和维持客户的关键。

采购中心不是购买组织中一个固定的、正式任命的单位。在任何组织内，采购中心会随不同类别产品的大小及构成发生变化。如：参与购买一台重要机器设备的决策人数肯定会比参与购买办公文具的人数要多。作为产品营销人只要知道的是：谁是主要决策的参与者？其影响决策的程度如何？对哪些决策他们具有影响力？摸清客户的这些情况，然后才能有针对性地采取促销措施。

四、组织购买过程的主要阶段

（一）确认问题

采购过程始于企业中的某个人认识到产生了某种问题或需要，可以通过购买特定的产品或服务来解决或满足。问题是内部或外部刺激的结果，从内部来看，可能是企业决定推出一种新产品，因而要求添置新的生产设备和原材料，也可能是机器出了故障。需要更换新的零部件，还可能是采购经理对当前供应商的产品质量、服务或者价格不满意。从外部来看，购买者在展销会上获得一些新想法，看到一则新广告，或者接到销售人员声称可以提供更好的产品或更低价格的电话。

（二）基本需求描述

认识到需求之后，购买者会着手准备基本需求描述，说明所需产品项目的特点和质量。对标准的产品项目而言，这一过程很简单。但是对复杂的产品项目而言，购买者需要与其他人，包括工程师、使用者和咨询师等合作确定产品项目的各个细节。他们可能会对产品的可靠性、耐久性、价格和其他属性的重要性排序。在这个阶段，精明的组织市场营销者可以帮助购买者明确具体需要，并提供详细信息说明不同产品特征的价值。

（三）产品说明

购买者会就该产品项目的技术、性能制定产品说明，这常常需要工程师团队帮助进行价值分析。产品价值分析是一种降低成本的方法。工程师仔细地研究产品成分或部件，进行重新设计，标准化成用成本较低的方法生产制造。利用价值分析方法，作为寻找新客户的有工具等。

（四）寻找供应商

购买者可以借助考察工商名录、进行计算机搜索，或电话征询其他公司的推荐等方法，列出合格的供应商的名单。如今越来越多的企业通过互联网来寻找供应商。采购任务越新，产品项目越复杂和昂贵，购买者用于搜寻供应商的时间就越长。供应商必须想方设法使自己的名字出现在重要的工商名录上，并在市场上建立良好的声誉，销售人员应该注意那些正在寻找供应商的公司，并争取让它们考虑自己的公司。

（五）征询方案

在征询方案阶段，购买者会邀请一些通过资格审核的供应商提交方案。相应地，一些供应商会发送相关产品目录或者委派销售人员上门。但是，当产品项目复杂或昂贵时，购买者通常会要求每位备选供应商提供更为详细的书面方案或进行正式的展示。组织市场营销者必须具备根据购买者征询方案的要求调研，撰写和展示方案的技能。提交的方案应该是市场营销的文件，而不仅仅是技术文件。组织市场营销者的展示应该充满自信，使自己的公司在众多竞争者当中脱颖而出。

（六）选择供应商

采购中心的成员仔细评价方案并选择一位或几位供应商。在供应商选择期间，采购中心常常列出理想的供应商属性及其相对重要性。这些属性包括产品和服务质量、声誉、及时交货、公司行为的规范性、沟通的诚实度和价格的竞争力等，采购中心的成员根据这些属性为供应商打分，最终确定最佳供应商。在作出最终的选择之前，为了获得更好的价格和交易条件，购买者会与比较青睐的供应商谈判。最后选择一个供应商或几个供应商，或建立一个全面的供应商合作伙伴网络，帮助企业为其顾客带来更多的价值。

（七）订货程序说明

购买者开始准备订货程序说明，包括向选中的供应商订货，并列明诸如技术要求、所需数量、交货时间，以及维护、维修和运营条件，购买者可能会运用"一揽子"合同而不是定期购买订单，缔结长期关系，供应商承诺在设定的时期内，按照协议好的价格在购买者需要时重复供应。在这种制度下，购买者直接与少数关键供应商分享销售和存货信息，由供应商控制存货和在需要时自动补货。例如沃尔玛的大多数主要供应商都承担了供应商管理库存的责任。

（八）业绩评价

业绩评价是指购买者评价供应商的业绩。购买者联系使用者，请他们对满意程度作出评价。根据业绩评价的结果，购买者会沿用、调整或剔除原有的供应商安排。供应商要了解购买者用以评价业绩的因素，确保自己能够达到购买者预期的满意水平。

五、网络采购

网络采购是指借助于网络、计算机通信和数字交互式媒体来实现营销的采购模式。

企业可以用反向拍卖的方式，在网上发布自己的采购要求，邀请供应商投标。或者从事网上贸易交换，以集中地促进交易过程。还可以通过建设自己公司的采购网站专门执行电子采购。如通用电气公司运营了一个公司交易网站，在上面发布其采购需求并邀请供应商投标，就相关条件进行谈判及下订单。

网络采购充分利用网络寻找货源和供货商，以使购买者在网上寻找、接触到更多供应商，在网上对原料、零部件或产品的性能、价格进行对比，货比三家，并利用网络来开展贸易磋商，降低采购成本，然后根据实际情况，采用网上采购交易或传统的采购方式，加快订货过程和缩短交货期，完成采购。网络采购已经成为大多数公司的标准程序。

除了节约成本和时间，网络采购还将采购人员从烦琐的事务性工作中解放出来，从而可以将精力集中于更重要的问题，如寻找更好的供应来源，与供应商合作降低成本和开发新产品。但是，网络采购的迅速推广也带来一些问题，如许多购买者利用网站的力量挑起供应商彼此竞争，为每一次购买寻求更好的交易价格、产品和交货期，但这不利于与供应商形成长期共赢的合作。

在任务三中，我们学习了消费者、消费者市场的概念、消费者市场的特点，以及消费行为的概念，并对影响消费者购买行为的外在因素和内部因素进行了详细了解。消费者行为是指消费者为了获取、使用、处置消费物品或服务所采取的各种行动，包括先于这些行动的决策过程。与个体消费者形成对比的，是组织购买者。我们还学习了组织购买者行为，即各类组织为了出售、租赁或供应其他组织用于生产而购买产品和服务的行为；学习了组织市场的特点，分析了影响组织购买行为的因素，并与消费者购买行为的异同进行了对比。

1. 孤独经济衍生诸多机会。在中国过 2 亿的单身人群中，有超过 7700 万独居成年人，而他们催生了一个庞大的孤独经济，对营销者来说，这其中充满着诸多机会。请结合所学及生活见闻，和大家聊聊，这给哪些产品和行业带来了机会。

2. 关于营销与流行的辨析。什么是流行？怎样才能引爆流行？什么样的产品购买决策更容易受到流行的影响？想要让某事物变得流行，和三大因素有关——关键人物、信息本身的价值和环境。想想我们身边的事例，从营销角度谈谈你对此的认识。

3. 消费者市场的需求特点有哪些？企业应该如何应对？

4. 消费者购买决策的具体过程有哪几个阶段？

5. 组织市场的需求特点有哪些？企业应该如何应对？

任务四 市场调查与研究

学习目标

（1）了解市场调研的定义、作用、原则、程序；

（2）了解各种有效的市场调研方法，能够根据调查目的和内容使用适当的调查方法；

（3）了解市场调研报告的写作规范，能够撰写市场调查报告。

引 言 调查研究是谋事之基、成事之道①

研究问题、制定政策、推进工作，刻舟求剑不行，闭门造车不行，异想天开更不行，必须进行全面深入地调查研究。习近平总书记在一系列讲话和文章中，深入阐释了调查研究的意义、内涵、要求、方法等，形成了系统的调查研究思想，并且身体力行、亲力亲为，为全党做出了表率。

习近平总书记用"5个过程"简明而深刻地概括了调查研究的重大意义、科学内涵和基本要求，丰富和发展了马克思主义关于调查研究的理论。

"调查研究是一个了解情况的过程。"调查研究始终是我们进行一切科学决策所必需也是唯一可靠的前提和基础。决策要科学，就要掌握全面真实、丰富生动的第一手材料，"真正搞清楚本地区本部门本单位的实际情况，真正搞清楚影响改革发展稳定的突出问题，真正及时了解人民群众的所思所盼"，必须深入调查研究，多层次、多方位、多渠道调查了解情况，做到"耳聪目明、心中有数"。

"调查研究是一个联系群众、为民办事的过程。"我们所做的一切工作都是为了人民。调查研究要"身入"更要"心到"，通过"深入基层、深入实际、深入群众"，"了解群众在想什么、盼什么、最需要我们党委、政府干什么"。"真心实意地交朋友、拉家常，通过面对面交流，直接了解基层干部群众的所想、所急、所盼"。通过"从群众中来、到群众中去"的调查研究，使各项决策和工作部署集中民智、体现民意、反

---

① 习近平. 调研的5个过程和5个要求 [N]. 中国纪检监察报，2018－06－01.

映民情。

"调查研究是一个推动工作的过程。"正确的决策离不开调查研究，正确的贯彻落实同样也离不开调查研究。"政策实施后要跟踪反馈，发现问题及时调整完善。""要让改革发展稳定各项任务落下去，让惠及百姓的各项工作实起来，推动党中央大政方针和决策部署在基层落地生根"，必须大兴调查研究之风，对真实情况了然于胸，使工作有抓手、破题有办法。

"调查研究也是一个自我学习提高的过程。"调研能力是领导干部整体素质的一部分。调研本身就是向群众学习、向实践学习的过程，是提高认识能力、判断能力和工作能力的过程，是加强党性锻炼、强化理想信念宗旨的过程。经常调研，"非常有益于促进领导干部正确认识客观世界、改造主观世界、转变工作作风、增进同人民群众的感情，有益于深切了解群众的需求、愿望和创造精神、实践经验"。

"调查研究的过程就是科学决策的过程。"调查研究就像"十月怀胎"，决策就像"一朝分娩"。正确的决策，绝对不是一个人或者一堆人，不作调查研究，坐在房子里苦思冥想就能产生的。调查研究"千万省略不得、马虎不得"。"情况搞清楚了，就要坚持从实际出发谋划事业和工作，使想出来的点子、举措、方案符合实际情况，不好高骛远，不脱离实际。"

总之，我们要认识到，调查研究，是对客观实际情况的调查了解和分析研究，目的是把事情的真相和全貌调查清楚，把问题的本质和规律把握准确，把解决问题的思路和对策研究透彻。调研要求真务实，达到"深、实、细、准、效"的要求，以调研实践推动历史性变革。

讨　论

请介绍下你知道的或参与过的社会调查。谈谈调查的目的是什么，是怎么开展的，有什么收获和感悟。

_____

_____

_____

4.1　市场调研概述

 **拓展阅读**　**美国吉利：把"刮胡刀"推销给女人，逆向思维大获成功**

男人长胡子，因而要刮胡子；女人不长胡子，自然也就不必刮胡子。然而，美国的吉利公司却把"刮胡刀"推销给女人，居然大获成功。吉利公司创建于 1901 年，其产品因使男人刮胡子变得方便、舒适、安全而大受欢迎。进入 20 世纪 70 年代，吉利公司的销售额已达 20 亿美元，成为著名的跨国公司。然而吉利公司的领导者并不以此满足，而是想方设法继续拓展市场，争取更多用户。就在 1974 年，公司提出了面向妇女的专用"刮毛刀"。这一决策看似荒谬，却是建立在坚实可靠的市场调查的基础之上的。吉利公司先用一年的时间进行了周密的市场调查，发现在美国 30 岁以上的妇女中，有 65% 的人为保持美好形象，要定期刮除腿毛和腋毛。这些妇女除使用电动刮胡刀和脱毛剂之外，主要靠购买各种男用刮胡刀来满足此需要，在这方面的花费一年高达 7500 万美元。相比之下，美国妇女一年花在眉笔和眼影上的钱仅有 6300 万美元，染发剂仅有 5500 万美元。毫无疑问，这是一个极有潜力的市场。

由此可见，优秀的市场调研报告，能够为市场预测提供数字依据。所以，市场调研报告是企业制定经济政策的依据。它的作用体现在四个方面：均衡供需、指导生产、合理定价、了解信息。市场调研报告的目的必须明确，能够满足实际工作的需要。调研报告的针对性越强，其指导意义、参考价值和社会作用就会越大。而实现这些目的的首要条件是保证材料的真实性，保证调查方法的科学性、细致性。同时，市场调研还必须具备新颖性，否则开发出来的产品也不会有多大的吸引力，更没有多少开发价值。

一、市场调研的概念

所谓"市场调研"，是"市场调查与研究"的简称，就是指运用科学的方法，有目的地、有系统地搜集、记录、整理有关市场营销的信息和资料，进而分析市场情况，研判市场的现状及其发展趋势，为市场预测和营销决策提供客观的、正确的资料的工作。

市场调研的过程包括：市场环境调研、市场状况调研、营销可能性调研，还可对消费者及消费需求、企业产品、产品价格、影响销售的社会和自然因素、销售渠道等展开调研。

二、市场调研的作用

(一) 有利于提高企业经营管理水平

企业经营管理的基本环节包括：计划、组织、领导、控制。这其中任何一个环节都需要管理者能够做出正确的、有效的、高水平的决策。而这正确的、有效的、高水平的决策又依赖于实操层面的市场调研数据的支撑。如企业要不要扩大生产、要不要加大广告投入、是否需要停产某些项目……这些重大决策都不能凭感觉、凭经验而做出。市场调研的设计、过程和结果将影响企业管理的方方面面。一份周密、翔实的市场调研有利于改善企业经营决策的水平。同时，一个企业如果有市场调研传统和习惯，将有利于改善企业的经营管理水平。

(二) 有利于企业开拓市场和开发新产品

企业要进入新的环境进行营销，即开拓新的市场，需要有一个理性的数据支撑，这个理性的数据支撑来自市场调研的结果。否则可能给企业带来巨大损失甚至灭顶之灾。同时，营销不仅仅是要"发现"并"满足"顾客的需求，还需要积极为顾客"创造"需求，从而提升顾客需求的层次和企业服务的质量。

(三) 有利于提升企业在市场竞争中的适应能力和应变能力

市场存在自发性、盲目性、滞后性，这些固有的特性往往使企业在市场竞争中充满了不确定的因素，也使企业的经营决策充满了投机和赌注的色彩。一个企业要想在市场竞争中长期处于有利地位，必须保持市场调研的意识、习惯，企业管理中也应当刻意营造市场调研的文化氛围。即任何作汇报的人，作决策的人的发言、报告都有理性的数据支撑。这彰显了部门、公司是了解市场动态的、了解竞争态势的，从而能够做出恰当的行为反应，提升应变能力。

课程思政

2013年7月23日，习近平总书记在武汉召开部分省市负责人座谈会时强调：

调查研究是谋事之基、成事之道。没有调查，就没有发言权，更没有决策权。研究、思考、确定全面深化改革的思路和重大举措，刻舟求剑不行，闭门造车不行，异想天开更不行，必须进行全面深入的调查研究。

三、市场调研的原则

（一）准确性

市场调研的结果是为下一阶段甚至未来的经营决策提供理性参考甚至是重要依据的，因此资料、信息、情报的筛查、整理都需要准确、无误，最好能够量化表达。否则，不仅会使调研失去意义，还可能给公司带来巨大损失。

（二）时效性

资料的整理，数据的分析必须追求时效性，尤其是在当今瞬息万变、日新月异的市场，及时收集资料、分析内容、反馈信息是市场调研必须遵循的原则。过期的数据对企业经营决策毫无意义。

（三）经济性

市场调研讲究效率和效果的统一，因此，在市场调研过程中需要综合衡量时间、精力、金钱的付出以及调研成果的价值，调研人员需要以最小的代价获得最大的调研效果。

（四）伦理性

市场调研的过程和结果都需要恪守学术伦理。一方面，要尊重被调查者的意愿，不能强行、逼迫被调查者参与调研。对于接受调研的被调查者，在涉及需摄像或录音时需征得同意，方可往下开展调研工作，同时企业应承诺调研的信息仅用于学术研究，将会对被调查者的信息进行保密；另一方面，调研的结果不能进行人为干预，即便调研结果于研究假设完全不同，也需要尊重客观结果，不可掺杂调研人员的主观、情感因素。

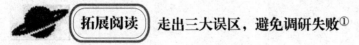 **拓展阅读**　走出三大误区，避免调研失败[①]

调研不是单纯的分析数据，其本质是回答决策者的问题，帮决策者降低决策风险。调研真正的价值在于帮助企业决策者在资源有限的情况下，优化客户的体验。可是很多企业做完调研，都会觉得调研总是"失败"，为避免调研失败，要走出以下三大误区。

走出第一种误区：重测试，轻需求

为什么企业信心满满地拿出了一款好产品，消费者却不买账呢？其实这是大多数

[①]　资料来源：张弛《没有调研就没有发言权》，得到 APP，2019 年 11 月 19 日。

企业常走的调研误区。那就是重测试，轻需求。只有满足需求的产品，才可能成为好产品。比如：对于产品开发来说，调研更大的价值不是后期的测试，而是前期需求的挖掘和机会的识别。

走出第二种误区：重广告，轻定位

为什么广告费花了那么多，消费者还是不认我的品牌，这就犯了另一个错误。做广告，不等于做品牌，所有广告调研，都只能说明这个广告战术上好不好，不能说明品牌战略上对不对。但做好了品牌，却等于做好了广告。比如三只松鼠，最开始的品牌定位是"互联网坚果品牌"为的就是区分其他的线下品牌。再加上它把受众锁定在办公室人群上，品牌一下子就在这个圈子里传播开了。没有找准定位，再好的广告都不能帮企业积累起自己的品牌资产。所以，时刻回到消费者和品牌的关系上，找准品牌的生态位，才是品牌研究的关键。

走出第三种误区：重满意，轻体验

超过一半的服务型企业都会把满意度当成一个绩效评估的工具，甚至是唯一工具。他们会请专业的调研公司做满意度研究，努力提高满意度的绝对值。可是为什么自己的用户满意度明明很高，销售却不见增长呢？重视满意度当然没错，但企业更要知道，满意度只是个消极控制指标，做到100%满意，可能也只是到了及格线。企业增长永远来自为用户解决了更多、更新的难题。而这些问题都要经过用户体验的研究和改善来完成。

调研是为决策做准备的，没有调研，就没有发言权。没有正确的调研，同样没有发言权。通过对正确调研方法的学习，为未来的每一次决策增加一点确定性。

四、市场调研的程序

如何开展市场调研？一般分为"四大步"和"十二小步"，如图4-1所示。

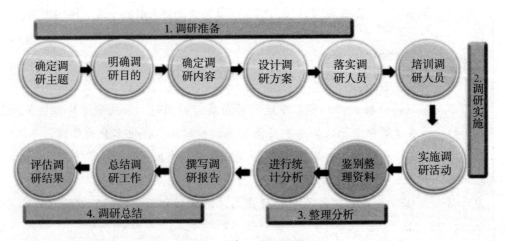

图4-1　市场调研的程序

（一）调研准备

准备阶段是非常重要的阶段，它的完备程度决定了市场调研过程和结果的成败。具体分为五个步骤：

1. 确定调研主题

主题为调研指明了方向和范围，因此主题一定要明确。

2. 明确调研目的

调研目的是开展调研工作的灵魂指向，调研目的以及调研预期达到的结果，必须是清晰无误的。

3. 确定调研内容

调研内容是对调研目的的分解、细化和拓展。确定调研内容也就确定了调研的方法、问卷设计、调查报告撰写的方向等。

4. 设计调研方案

调研方案的设计涉及方方面面，为后期的行动做出了翔实的规范和规定。

5. 落实调研人员

调研人员需要具备一定的专业素质和素养，为确保调研过程的严谨性和调查结果的真实性、有效性，务必落实能够胜任工作的调研人员。

（二）调研实施

1. 培训调研人员

在落实具有专业素质和素养的调研人员基础上，还需要对调研人员进行专业、系统的培训，确保调研工作顺利开展。

2. 实施调研活动

在准备工作就绪和培训工作完成的基础上，按照调查方案的安排，大家分工协作，及时开展调研工作，如文献查阅、实地走访、发放和回收问卷等。

（三）整理分析

1. 鉴别整理资料

将收集到的资料（如文献、问卷、访谈记录等）去伪存真，并进行分类、归纳整理。

2. 进行统计分析

将数据录入相应的统计软件（如社会科学统计软件包 SPSS）进行量化处理，增强数据的科学性。

（四）调研总结

1. 撰写调研报告

按照调查目的和调查内容的指引，根据调研报告的撰写要求，撰写调研报告，有力呈现调研结果的有效性。

2. 总结调研工作

召开调研工作总结会，集体总结本次调研的利弊得失，总结经验与教训，为后续的研究做好准备。

3. 评估调研结果

调研结果的信效度，都需要进行有效评估。本次调研的有效性、推广价值都需要调研人对此做出正确的评估。

4.2　市场调研的方法

 **拓展阅读**　**基于销售对策的调研**

日本某公司进入美国市场前，通过查阅美国有关法律和规定得知，美国为了保护本国工业，规定美国政府收到外国公司商品单，一律无条件将价格提高50%。而美国法律中规定，本国商品的定义是"一件商品，美国制造的零件所含价值必须达到这件商品价值50%以上"，这家公司根据这条款，思考出一条对策：进入美国公司的产品共有20种零件，在日本生产19种零件，从美国进口一种零件，这一种零件价值最高，其价值超过50%以上，在日本组装后再送到美国销售，就成了美国商品，可直接与美国制造商竞争。

 **拓展阅读**　**基于市场需求的调研**

台湾顶新食品公司打算进入大陆方便食品市场，但不知道大陆相关市场究竟需要哪一种方便食品。当时大陆方便面食品工厂已有上千家，竞争比较激烈。顶新公司没有贸然投资，而是委托大陆相关市场调查机构进行方便食品需求调查。

调查分两部分，一是消费者对方便面的需求情况；二是生产者生产的品种、规格和口味情况。结果发现，消费者对方便面食品除非不得已，并不感兴趣，主要原因是口味较差，而且食用不方便，而生产者生产的方便面大都是低档的，调料基本上是味精、食盐和辣椒面等原料。根据这些情况，该公司大胆预测，大陆下一个方便面食品市场将是高档、注重口味、更为方便的产品。于是在天津经济开发区投资 500 万美元，成立了顶益食品公司，生产高档方便面食品。结果一炮打响，尤其是碗式包装更为方便，人们食用方便面不再是一种权宜之计，而成为快餐食品中一种优先选择的品种。小小的方便面硬是卖出了 70 亿元的销售份额。

本节课通过文案调查法、实地调查法和网络调查法，描述、解释和认识市场营销管理中出现的问题，尤其是注重研究市场上消费者需求、消费行为的性质和影响因素，也关注社会的交换活动，以及市场营销学的发展等，以获取对研究对象的新的认识。

一、文案调查法

（一）文案调查法的概念

文案调查法又称间接调查法、二手资料（二手资料是指经过他人收集、记录、整理所积累的各种数据和资料的总称）调查法，它是调查人员在充分了解市场调查目的后，利用企业内部和外部现有的各种信息、情报资料，对调查内容进行分析研究的一种调查方法。文案调查法主要通过查看、阅读、检索、筛选、剪辑、购买、复制等手段收集二手资料。

（二）文案调查的作用

1. 文案调查为实地调查创造有效条件

在实地调查实施之前，调研人员通过文献的查阅，了解前人的研究成果，可以对调查对象的性质、范围、内容和重点等进行初步了解；对市场环境等宏观资料有初步的把握；同时还可以证实各种调研假设。

2. 文案调查为市场研究提供重要参考依据

文案调查适用面广，可以探讨现象发生的各种原因并进行说明，洞悉企业市场营销活动的得失，提出改进的建议，把握市场发展的新契机，为企业决策提供依据。

（三）文案调查的资料来源

企业文案调查的资料一般有两个渠道来源，即企业内部资料和外部资料。

1. 内部资料

内部资料主要是企业内部的市场销售系统经常搜集的资料。如：业务资料（订单）、统计资料（报表）、财务资料（成本、利润）、其他资料（简报、报告、总结）。这部分资料的获得相对容易，但是参考价值一般。

2. 外部资料

外部资料是指来自企业外部的各种相关信息资料，通常包括报纸、杂志、广告、统计年鉴、会议资料、学术论文等。这是文献的主要部分，搜集困难，而且费时、费钱、较难控制，但是它的实用价值较高。

（四）文案调查的原则

1. 广泛性原则

文案搜集既要有宏观资料，又要有微观资料；既要有历史资料，又要有现实资料；既要有综合资料，又要有典型资料。遵循广泛搜集查阅的原则。

2. 时效性原则

任何时候、任何形式的调研，只有反映最新情况的资料才是价值最高的资料。文献查阅的过程中，一定要遵循时效性原则。

3. 效益性原则

效益性原则即以更少的费用、更短的时间，获取价值更大的信息资料。

4. 连续性原则

只有掌握连续性的资料才便于动态比较，便于掌握事物发展变化的特点和规律。

5. 系统性原则

系统性原则是指对收集到的文献资料进行系统加工，使之变成符合调查主题要求的准确、系统、全面的资料。

（五）文案调查的方式和方法

1. 方　式

文案调查的方式分为有偿收集方式与无偿收集方式。一般来说，资料搜集都是有偿的，不管是报纸杂志还是现在的网络资源。仅有少数资料的来源是无偿的，例如街边广告，被动接受的传单等。

2. 方　法

（1）文献资料筛选法。

传统的报刊剪辑分析法，即将不同类别文献（书本、期刊、报纸等）上与本次调研相关的内容剪辑出来，类比分析；现代网络技术发达，筛选的空间更大，例如进入大型文献数据库（中国知网、万方、维普等数据库）进行文献查阅，这些数据库中可能存在成千上万数据记录，这时需要调查人员利用专业的技能筛选到最权威最有价值的文献资料。

（2）情报联络网法。

企业在全国范围内或国外的有限地区内设立报联络网，使情报资料收集工作的触角伸到四面八方。

（3）广告收集法。

调研人员可以收集其他制造商免费赠送的产品目录、说明书等资料进行类比分析，获得本次调研所需要的信息。

（六）文案调查法的特点

1. 优 点

（1）不受时空限制、信息资料多，可以找到现实资料、历史资料，还可以找到企业内部资料、市场环境方面的资料。

（2）信息获得较迅速、容易，能够节省时间、精力和费用。更方便、自由，成本较低。

（3）信息内容比较客观，适宜纵向比较。书面形式的，不受调查人员和被调查者主观因素的干扰，反映的信息内容更为真实、客观。

2. 缺 点

（1）资料时效性较差。

（2）具有局限性和不可预见性。无法收集市场的新情况、新问题；所收集的资料无法直接应用。

（3）加工、审核工作比较困难，对调查者的专业知识、实践经验和能力要求较高。

二、实地调查法

（一）实地调查法的概念

实地调查法是指研究者有目的、有意识地直接参与调查活动、收集资料，通过更系统、更全面地观察、分析、理解和抽象概括，从收集资料中得出一般性结论的研究方法。

（二）实地调查法的形式

1. 访问调查法

访问调查法又称询问调查法，是指调查人员将所要调查的事项，以当面、电话等不同形式向被调查者提出询问，以获得所需调查资料的一种调查方法。访问调查法是最常用的、最基本的市场调查方法。

（1）面谈访问调查。

面谈访问调查是指调查人员直接向被调查者后口头提问，现场记录答案的一种面对面的调查，属于通过口头交流的方式获取市场信息的调查方法，包括入户访问、街头拦截式面谈访问调查、小组座谈法等形式。

优点：简单易行，灵活自由；回答率高，可提高调查结果的可信度；可通过调查人员的解释和启发来帮助被调查者完成调查任务；可根据被调查者的性格特征、心理变化、对访问的态度及各种非语言信息，扩大或者缩小调查范围，具有较强的灵活性；可对调查的环境和调查背景进行了解。缺点：访问者的态度、肢体和言语行为、穿着打扮和询问的方式都会影响被访者的回答，这需要访问者要有一定的访谈常识和足够的访谈经验；会消耗调查者大量的时间、精力和物力，不太适合进行大规模的研究；被访者的回答可能内容各异，会使调查结果没有一定的统一标准，将加大后期对访谈结果的整理和分析难度。

 **拓展阅读** **从招聘中获取的商业机密信息**①

怎样知道一个企业未来技术发展的方向？该企业的招聘信息就是一个商业机密的来源。

2021年秋季苹果新品发布会。在苹果召开新品发布会前，关于苹果新品的传闻就已经满天飞了。各路科技博主都在分析、预测苹果新产品处理器的性能，猜测笔记本可能搭载的屏幕型号，讨论新耳机是不是支持主动降噪等等。这种解谜游戏，好像已经成为苹果发布会前的一个固定节目。按照以往的经验，这些博主的猜测还真是八九不离十。这些博主是怎么获得这些信息的？因为苹果向来都对新产品严格保密，大范围泄密的情况基本没有。

其实很多信息不需要通过所谓的"秘密渠道"，从公开资料中就可以得到。比如2021年5月，苹果音乐发布了一则软件工程师招聘信息，在列出相关的移动平台时，提到了一个之前从未公开过的平台，叫做"homeOS"。虽然这条消息很快就被撤下，但已经透露了很多信息。业内人士猜测，这可能是苹果在智能居家方面布局的全新系统，这是一种获得商业情报的有效方法。如果你是投资人，想分析一家公司，或者你想分析自己行业里的竞争对手，那么对方的招聘广告是一个重要信息源。因为一家公司做规划或者搞研发，再保密，总得招人干活，所以招聘广告常常会透露出一些非常有价值的信息。至少有这么三条：

第一，可以通过招聘信息了解一家公司的业务发展好坏。如果一家公司开始持续大量招人，并且薪酬待遇高于同行平均水平，说明它可能正在业务上升期，发展势头强劲；反过来，如果一家公司突然减少了招聘岗位，可能意味着业务增长放缓甚至萎缩。还有，有的公司会根据人均销售额或者人均利润率来制定招聘计划，销售收入增加就会相应扩大人员规模。所以，可以根据招聘的人数来推断它的业绩变化情况。

① 资料来源：徐玲《招聘广告会泄露商业机密吗？》，得到APP，2021年10月19日。

第二，通过分析招聘广告来进一步判断对方的新业务方向。2021 年 2 月，亚马逊招聘过新型支付产品开发人员；2021 年 7 月，亚马逊的支付团队发布了一个招聘数字货币和区块链产品专家的岗位。有了这些信息，即使亚马逊没有公开承认，但市场上已经有了共识，亚马逊正在密切关注数字货币，准备开发与数字货币支付相关的新业务。再比如，如果一家游戏公司，突然开始招聘大量 iOS 或者安卓开发工程师，那可能意味着它将重兵杀入手游。反过来说，如果一家公司宣布要进军某个全新的业务领域，但迟迟不见有招聘动向，那这有可能是公司管理层在虚晃一枪。

第三，通过分析对方的招聘需求，找到对方使用的具体技术，甚至是它面对的技术难点。

2012 年时，谷歌宣布要造 AR 眼镜，所有人都对这个革命性的产品非常好奇，但公开的资料非常有限。有人发现，谷歌在"镜头硬件工程师"的招聘广告中，详细描述了对工程师的技术要求，其中专门强调要"有电子热管理软件使用经验"，这让大家意识到，散热问题可能是设计这款产品的一大挑战。

2021 年 6 月，小米宣布造车后，一口气发布了 20 多个自动驾驶相关岗位。在感知方面，招聘要求包括：3D 点云障碍物识别、图像分割、深度学习、传感器融合等。这说明，小米汽车在技术路线上，很有可能采用多传感器融合方案，而不是特斯拉的纯视觉方案。

当然，除了招聘广告，还有很多公开信息，比如公司的官网、官方社交媒体账号、公司负责人社交媒体账号、新闻稿、行业报告等等，都可以作为分析的抓手。这种利用公开信息搜集的情报，叫做"开源情报"。"开源情报"是一个非常重要的情报门类。美国中央司令部曾经做过一项研究，在他们搜集到的所有机密情报中，有 80% 的材料是公开公布的，而剩下的 20% 当中，又有 80% 是可以通过公开渠道索要到的。

 **拓展阅读** **受访者的权利和调查者的义务**

受访者的权利：

①自愿。②匿名。③了解调查人员真实身份、目的、手段。④对未成年人调查须经监护人同意。

调查人员的义务：

①不做出有损于市场调查行业声誉或让公众失去信心的举动，不暴露他人隐私。②不能对自己的技能经验与所代表的机构的情况作不切实际的表述，不误导被查者。③不能对其他调查人员作不公正的批评和污蔑。④必须对自己掌握的所有研究资料保密。⑤在没有充分数据支持下不能有意散布市场调研中所得结论。

（2）电话调查。

电话调查是指调查者预先选定要调查的问题，以电话的形式向被调查者征询意见，从而获得信息资料的一种调查方法。电话调查适用于对热点问题、突发性问题、特殊群体的调查，也适用于对比较固定的企业的调查。

优点：调查速度快，节省时间，操作方便；覆盖面广，资料统一性高。缺点：问题不能深入；拒答率高；资料不够完整；资料的真实性较难把握。

 **拓展阅读** 电话调查的注意事项

1. 电话调查的步骤

①根据调查目标及范围划分地区。②确定每个地区的调查人数。③编制电话号码单。④调查者（也可采用全自动电话访谈）根据电话单与被调查者进行电话沟通并记录。⑤电话访问后致谢。

2. 电话调查的注意事项

①设计好问卷调查表。调查问题应当简洁明了，调查时间应尽量控制在 15～20 分钟之内。②挑选和培训好调查员。调查员表达能力要强，要口齿清楚、语气亲善。③选择好调查样本和调查时间。样本尽量具有代表性；调查时间尽量选择被调查者可能比较方便的时间。

3. 打电话应有的风度

我（调查者）问他（被调查者），先用"请"；他问我，我先说"好的"。他同意，我说"谢谢"；他不同意，我说"对不起"。少讲"我"免得人家说你自大；多说"您"表示对别人的尊敬。答应时，要干脆；拒绝时，要委婉。

4. 把握语气语调，说话有表情

要临时找资料时，先给对方致歉，说明需要离开一下的理由和所需时间，并且在约定的时间内，尽快地赶回，并向对方说："对不起，让您久等了。"也可让对方先挂上电话，约好时间，再重拨过去，这样可节约对方一定的时间。

2. 观察法

（1）观察法的概念。

观察法是指观察者根据特定的研究目的，利用感觉器官和其他科学手段，有计划地对研究对象进行观察，以取得研究所需资料的方法。观察法不直接向被调查者提问，而是从旁观察被调查者的行动、反应和感受。

一个健康的婴儿，最初的学习离不开他对周围人的观察。当他无数次地看到大人们的动作后，就开始自己探索。他观察父母吃饭，学会了用碗筷；他观察推车，也要自己试试。人类大量的日常生活技能不是教出来的，而是通过平时自然的观察学会的，孩子也能通过观察学会完成大多数日常所需的任务。几乎所有的日常学习，都基于观

察。不仅日常生活如此，在大量的科学探索中，观察法也是科学家最常用的方法。最著名的是牛顿被苹果砸到头而顿悟了万有引力定律；阿基米德洗澡时观察水与人体的关系，由此解决了度量不规则物体体积的难题等，这些都是科学家善用观察的经典案例。当然，人类与生俱来的观察能力要导入到科学研究的范畴，仅靠本能是不够的。它必须超越常识，形成可以信赖的、具有一定有效度和普遍性的资料，才能成为科学的工具和手段。

（2）观察法的形式。

①人员观察法，即调查人员直接到现场观察以收集有关资料。例如：到零售商店观察产品的货架，了解不同品牌产品的陈列、数量、价格、广告张贴等信息，企业可根据这些信息决定广告产品在市场中的位置。在人员充足的情况下，调查机构会选择这种方法来完成调查信息的搜集工作。人员观察法又分为自然观察法、设计观察法和掩饰观察法。自然观察法即调查人员在一个自然环境中，包括超市、展示地点服务中心等，观察被调查对象的行为和举止。设计观察法即调查机构事先设计模拟一种场景，调查人员在一个已经设计好的并接近自然的环境中观察被调查对象的行为和举止，所设置的场景越接近自然，被调查者的行为就越接近真实。掩饰观察法即在不被观察对象所知的情况下观察被调查者的行为过程。

案　例　婴儿尿布与啤酒

20世纪90年代的一个夏季，美国沃尔玛超市管理人员分析销售数据时，发现了一个令人难以理解的现象：在那段时间里，婴儿尿布和啤酒销量次第拔高。他们立即对这个现象进行了分析和讨论，并派出专门的队伍在卖场内进行全天候的守候观察，最后发现：在某些特定的情况下，啤酒与尿布两件看上去毫无关系的商品，会经常出现在同一个购物篮中，且大多出现在年轻的父亲身上。

经调查发现，原来购买这两项产品的顾客一般都是年龄在25～35周岁的青年男子，由于孩子尚在哺乳期，所以每天下班后他们都会遵太太的命令，到超市里为孩子购买婴儿纸尿裤，每当这个时候，他们大多会为自己顺便带买回几瓶啤酒。

沃尔玛的管理者立即针对此现象采取行动：一是将卖场内原相隔很远的妇婴用品区与酒类饮料区的空间距离拉近，减少顾客的行走时间。二是根据本地区新婚新育家庭的消费能力的调查结果，对这两个产品的价格进行了调整，使价格更具有吸引力。三是向一些购物达到一定金额的顾客赠送婴儿奶嘴及其他小礼品。通过这些策略，大大提升了顾客的满意度。这使婴儿纸尿裤和啤酒都取得了不错的销售成绩。

②机器观察法，指调查人员借助各种记录仪器，如录音机、照相监视器、扫描仪等对

调查对象进行观察，从而得到调查的结果，还可减轻调查人员记数的负担，提高资料的可信度。例如对交通流量的统计设置，机器观察法比人员的直接观察更为准确，价格更低廉。

 **案 例** 运用数据进行观察

美国尼尔逊广告公司通过计算机系统在美国各地 12500 个家庭中的电视机上装上电子监听器，每 90 秒扫描一次。每一个家庭只要收看 3 秒电视节目就会被记录下来，据此选择广告的最佳时间。

 **拓展阅读** 观察法的记录技术

观察法的记录技术是指观察人员在实施观察时所运用的各种技术手段，包括观察卡片、速记符号、机械记录等。观察卡片是根据所观察的项目、各项目的内容及排列顺序制作的一种特制的卡片，用以记录观察内容的一种记录工具；速记符号是指为了提高观察记录工作的效率，采用具有特殊含义的符号代替文字记录的一种记录工具；机械记录是指将各种机械设备，如录像机、录音笔、记数仪等作为记录工具，来记录所观察的客观情况的一种方法，这种记录方法能详尽地记录所要观察的事实，免去观察者的负担，但容易引起被调查者的顾虑，可能使调查的真实性受到影响。

 **拓展阅读** 观察法的准备工作（见表1）

表1　观察法准备工作表

感　觉	人的感觉器官	在市场调查中的作用	辅助手段
视觉	眼睛	行为观察（广告效果检验）	望远镜、显微镜、电影、电视
听觉	耳朵	谈话观察（顾客的言谈）	助听器、录音机、录音笔、噪声测量仪
触觉	手	表面检测（纹路、结构、皮肤）	触式检测仪、盲视仪
味觉	舌、口腔	品味	化学分析仪、味料专用分析仪
嗅觉	鼻	食品、香料检验	香料分析仪

总之，运用观察法，要做好以下几项准备工作：一是明确观察目的；二是制订观察计划，具体有观察的目的、对象、重点与范围，需要获得的资料、途径、时间和次数、位置、方法、注意事项、人员的组织分工、记录和整理、观察者的应变措施等内容；三是设计观察记录表；四是选择观察地点，观察地点的选择既要便于观察，又要注意隐蔽性；五是准备观察仪器。

 做一做

结合大学生休闲时间的活动情况，完成下面的观察清单（见表4-1）。在进行观察的过程中，研究者要注意看、听、问、思、记等互相配合，达到最佳效果。

表4-1 观察清单

一、观看（凡是与观察目的有关的行为反应和各种现象都要仔细察看，这是观察中最主要的方式）
二、倾听（凡是现场发现的声音都要听，特别是观察对象的发言更要仔细地听。在公开性高的观察中，可以建议观察对象放声思考，即大声说出自己这个动作的想法）
三、询问（内部观察时，观察者可面对面询问观察对象有关问题。例如可以问"这个问题你是怎么想的?"）
四、思考（从现场开始获取信息时就要进行思考、分析，随着观察活动的深入进行、观察资料的积累，逐步形成自己的初步看法。另外还要灵活运用触摸、品尝、嗅闻等方式）
五、记录（整理现场记录的材料，检查分类是否恰当，全面考虑、转化成有效的数据，如有遗漏和错误，要设法补做记录和改正错误。如有需要的材料还没有搜集到，可延长观察时间继续观察）

3. 实验法

（1）实验法有关概念。

实验法是指在保持其他因素不变的情况下，从影响调查问题的许多可变因素中选出一个或两个因素进行控制实验，然后对实验结果作出分析，确定研究结果是否值得大规模推广。实验法因类似于实验室求证，又称因果性调查法，通过对实验对象和环境以及实验过程的有效控制，达到分辨各种因素之间的相互影响关系及程度，从而达到为决策提供依据的目的。

自变量：实验人员控制和改变的量，如广告支出、产品价格、产品包装等。

因变量：受自变量变化而变化的量。

外生变量：在实验过程中除自变量外，同样影响因变量值的变量。

测试单位：在实验过程中接受测试的个体。

实验组：接受实验的被研究对象。

控制组：不接受实验组处理的个体，也叫对照组。

（2）实验法的适用范围。

实验法适用于当前市场现象的影响分析，凡是产品准备改变品质、变换造型、更换包装、调整价格、改换渠道、变动广告、推出新产品、变动产品陈列等，均可采用实验法测试其效果。

（3）实验法的类型。

①单一实验组前后对比法。

最简单的实验调查法，它是在不设置对照组的情况下，对比实验组本身引入实验因素前和引入实验因素后的变化，以测定实验因素对实验对象，即调查对象的影响，可用于企业改变花色、规格、款式、包装、调价等措施是否有利于扩大销售、增加利润的实验。

 **拓展阅读** 实验结果公式

实验结果 = 实验组实验后检测结果 − 实验组实验前检测结果。例如某公司为扩大保健品销量，研究认为应当改变原来的包装，但对新设计的包装效果没有把握，为此公司决定采用实验前后无控制对比的实验方法进行实验调查。公司选择了该厂三种具有代表性保健品的包装作为实验对象，实验期为两个月。先记录三种原包装保健品在两个月内的市场销售额，即实验前测量，改用新包装两个月后再计算这三种新包装保健品的市场销售额，即实验后测量，结果如表1：

表1　某公司改变包装实验的销售额对比表

保健品	实验前销售额（元）	实验后销售额（元）	变动（元）
A	8000	8700	+700
B	3100	4500	+1400
C	8200	9100	+900
总计	19300	22300	+3000

从实验结果看，采用新包装可增加收入3000元。因此，对公司而言，采用新包装是可行的。

②实验组与控制组对比实验。

实验组与控制组对比实验是同一时间内以控制组与实验组进行对比的一种实验调查法。需要注意的是控制组与实验组之间必须具有可比性，客观环境和主观经营能力应大体相同或相似。这种方法克服了单一实验组前后对比法的不足，实验效果的检测具有较高的准确性。

 **拓展阅读　实验效果公式**

实验效果＝实验组事后测量值－控制组事后测量值。例如某洗涤化妆品公司欲加强本地消费者对该产品品牌的认识，选定1500个家庭作为实验组，免费赠送样品；另选1500个家庭为控制组，不赠送样品，该公司同时对两组家庭给予价格折扣券，向指定的超市购买该品牌的洗发水可享受九折优惠。实验结果显示，实验组的家庭所用的折扣券为800张，而控制组为600张。

免费样品的实验效果＝实验组事后测量值－控制组事后测量值

= 800 – 600

= 200（张）

实验结果为免费样品可增加消费者的购买量。

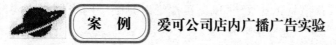 **案　例　爱可公司店内广播广告实验**

美国的爱可公司为了检验店内广播广告在诱导顾客非计划的POP购买（即在购买现场作出决定的购买）方面的作用，进行了一项实验。按照商店的规模、地理位置、交通流量以及开业年限等几个指标，选择了20个统计上相似或一致的、具有可比性的商店。随机地选择一半的商店作为实验组，另一半为控制组。

在实验商店中播放广播广告，而在控制商店中则不播放。在实验进行之前，收集了有关销售量的单位数和金额数方面的 7 天的数据；然后进行了四周的实验，在实验结束之后收集了 7 天销售量的数据。实验的商品种类、价格等项目各不相同。结果表明，在实验商店中做了店内广播广告的商品其销售量至少是成倍增长的。根据这一结果，爱可公司认为店内广播广告在诱导 POP 购买时是十分有效的，并决定继续采用这种广告形式。

三、网络调查法

（一）网络调查法的概念和方式

1. 网络调查法的概念

网络调查法是传统调查在新的信息传播媒体上的应用，是随着互联网的发展而兴起的方式。它是指在互联网上针对调查问题进行调查设计，收集资料及分析、咨询的活动。与传统调查方法相类似，网络调查也有对原始资料的调查和对二手资料的调查两种方式，即利用互联网直接进行问卷调查，收集第一手资料，可称为网络直接调查；或利用互联网的媒体功能，从互联网收集第二手资料，称为网络间接调查。

2. 网络调查法的方式

（1）调查者将调查问卷通过电子邮件传给被调查者，由被调查者填好后发回。

（2）调查者将调查问卷作成网页，浏览者填写后保存。

（3）在线小组讨论也是一种较好的网络访问方式。在线小组讨论由调查者充当实际的主持人，小组成员在网络上平等讨论，自由沟通。

（4）在线监控。通过网络计数器统计浏览者对某种产品信息的点击次数，搜集相关信息。

3. 网络调查的优缺点

网络调查的优点是组织简单，费用低廉；匿名性好，便于被调查者畅所欲言，调查结果的客观性高；访问速度快，信息反馈及时；便于对采集信息的质量实施系统的检验和控制；不受时空、地域限制，使网上调研的周期大大缩短。网络调查的缺点是样本对象具有一定局限性，所获信息的准确性和真实性难以判断。网络调查需要配备一定的技术人员。

4. 网络调查的操作流程

（1）选择搜索引擎；

（2）确定调研对象；

（3）确定调查方法和设计问卷；

（4）选择调查方式；

（5）访问相关调研对象；

（6）分析人口统计信息；

（7）收集相关信息，整理分析成调查报告。

5. 网络调查应注意的事项

（1）认真设计在线调查问卷。

调研应强调是专门针对某个人的。用冷色调的表格来保护被调查者的眼睛。灵活使用图表、色彩及语气，使调研气氛活跃。简短调研，多张短页的效果强于单张长页的效果。

（2）公布保护个人信息声明。

应尊重个人隐私，被调研者自愿参加调研；尽可能地吸引网民参与调查，特别是被动问卷调查；提供物质奖励和非物质奖励；寻找大家最有兴趣的话题；使用合适的电子邮件开头。

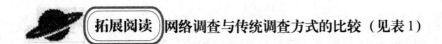 **拓展阅读** 网络调查与传统调查方式的比较（见表1）

表1　网络调查与传统调查方式的比较表

评价标准	面谈访问调查	电话调查	网络调查
处理复杂问题的能力	很好	差	一般
搜集大量信息的能力	很好	好	很好
敏感问题答案的标准性	一般	一般	很好
对调查效应的控制	差	一般	很好
样本控制	很好	好	差
收集资料的周期	一般	很好	很好
灵活程度	很好	好	一般
调查费用支出	差	好	很好
回收情况	好	较好	一般
搜集资料的真实性	好	一般	一般

4.3 撰写市场调研报告

一、市场调研报告的定义

市场调研报告就是根据市场调查、收集、记录、整理、分析市场对商品的需求状况以及与此有关的资料文书。

二、撰写市场调研报告的要求

（一）写作要求

1. 定位读者

市场调研报告是写给特殊的群体阅读和使用的，一般都是企业或者部门的决策者。这些人员一般时间有限，事务繁重；精通市场调研和商品相关的专业术语。因此市场调研报告这类特殊的文书在撰写的过程中要充分把握读者的特征，他们不希望看冗长的文字，更倾向于阅读看门见山、结论清晰、论据充足的调研报告。

2. 真实客观

如前所述，市场调研需要恪守学术伦理，作为决策者进行决策的重要依据，调研报告呈现的内容和数据都必须真实、客观，绝不允许有任何学术造假。

3. 形式完整、重点突出

市场调研报告需要呈现完整的形式，格式规范，经得起逐字逐句地推敲与考究。同时，要突出重点，让读者在短时间浏览的过程中能够抓住报告的重点。

（二）图表要求

一般来说，图表都需要有编号和标题，表的编号和标题即表头，表头在表格之上居中设置，而图的编号和标题在图下方居中设置。

三、市场调研报告的格式与内容

（一）标　题

市场调研的标题即调研主题的表述，开门见山、开宗明义是基本要求，杜绝含混、模糊的表述，同时杜绝出现文学色彩、感情色彩形式的表述方式。为明确调研结果的适应区域，可加副标题。

（二）目　录

如果调研报告页码超过 5 页，建议添加目录，方便读者反复查找关键信息。

（三）摘　要

摘要是作者将全文内容用极为精炼、概括的方式归纳、总结。即用较少的文字，一般 200~300 字，阐述全文核心观点，方便读者尽快进入阅读状态。

（四）正　文

1. 调研背景

调研背景阐述开展调研的意义和价值，回答为什么要开展此次调研。

2. 调研目的

调研背景阐述本次调研所要达成的预期结果，是整个调研工作的灵魂，报告文书页基本是围绕调研目的展开的。

3. 调研对象及单位

调研对象一般阐明被调查的身份，如青少年、中老年，大学生、教师等。调查单位一般指被调查者个体，如果调查对象是单个个人，调研单位就是个体，如青少年个体、中老年个体；如果调研对象是一个个家庭，调查单位就是家庭。

4. 调查方法及数据统计

调查方法一般是指使用了哪一类调研方法，大多数调查报告会使用文案调查法、实地调查法和网络调查法。其中，最常使用的问卷调查既可以采用实地调查法到现场发放、回收问卷，也可以采用电子问卷开展网络调查法。

5. 调查结果分析

调查结果分析是全文最核心的部分，也是读者重点阅读的章节。在这一部分内容中要翔实阐述被调查者的样本、人口学信息以及消费理念、消费现状、购买能力、品牌认知、品牌选择、购买渠道、满意度、潜在诉求等信息，并配合使用大量的图表等。

6. 对策与建议

在对调研结果充分分析和阐述的基础上，作者要给出有建设性的对策和建议，这也是决策者非常感兴趣的内容，作者必须针对调研结果的内容一一对应给出对策和建议。

7. 参考文献

但凡有引用的地方，一定要注明出处，避免学术不端、剽窃他人的研究成果。

8. 附　录

附录一般包括问卷、访谈提纲等内容，以保证调研报告的完整性。

 **案　例**　大学生聚餐消费现状调研报告——以某高职院校为例

　　摘　要：本文通过文献研究、实地调查、网络调查等方法，抽取某高职院校300名在校大学生进行了问卷调查，分析了在校大学生聚餐消费的现状、影响因素、潜在诉求等，以期从政府、学校、餐饮行业等不同层面给出有建设性的对策和建议。

　　关键词：大学生；聚餐消费；现状

一、研究背景及价值

（一）研究背景

　　聚餐消费是人们日常生活中的一种常规消费行为，餐饮业市场发展非常迅速并且竞争也十分激烈。虽然餐饮行业受疫情影响，曾经一度遭遇重创，但是在我国疫情控制良好的背景下得到了及时止损，在如今的大学校园里，班级的聚餐活动、社团部门的聚餐活动、生日聚餐活动、舍友聚餐活动等都成了大学生日常生活中不可或缺的一部分。也就是说，大学生这一青年团体成了聚餐消费的重要群体之一。大学生会根据自己的实际需求选择不同聚餐消费形式，大学生的餐厅消费会直接影响到附近餐厅的整体经营和管理模式。随着整体经济效益和生活品质的不断提高，除了传统的饱腹功能外，大学生也越来越注重"饮食的健康""环境的改善""性价比的提高"等。因此，调查、了解、分析大学生的聚餐消费现状、影响因素和潜在诉求等是餐饮行业站稳、发展大学生市场的重要途径。

　　（二）研究价值

　　（1）理论价值：丰富、拓展了聚餐消费的理论研究。

　　（2）实践价值：研究结果可以为郊区高职院校的大学生的聚餐消费管理（包括政府、学校、餐饮行业）提供参考和借鉴价值。

二、研究目的及研究对象基本情况

　　（一）研究目的

　　了解大学生聚餐消费的现状；了解影响大学生聚餐消费的因素；了解大学生聚餐消费的潜在诉求；找到有建设性的对策和建议。

　　（二）研究对象基本情况

　　Y省某高职院校在校大学生，学校位置位于郊区，学生聚餐消费资源较为稀缺。周边餐饮行业管理欠缺规范性。

三、研究方法及数据统计

　　（一）研究方法

　　（1）文献研究法。本研究是在大量查阅文献的基础上开展的实证研究。通过文献

查阅，了解聚餐消费方面的研究现状。

（2）实地调查法。本研究扎实地开展实地调研，发放并回收问卷。

（3）网络调查法。在实地调研的基础上，本研究还采用网络调查法，发放电子问卷，试图通过不同调查方式，了解大学生聚餐消费最真实的状况。

（二）数据统计工具

对于回收的问卷，采用的是统计软件包 SPSS21.0 导入原始数据并进行统计分析，除了基本的描述统计外，还进行了卡方检验等推断统计。

四、调查结果分析

（一）样本的人口学分析

此次调查一共发放 300 份问卷，收回 298 份，有效问卷为 298 份，回收率为 99.3%，被调查者的基本情况如表 1 所示：男生占比 46.6%（139 人）和女生占比 53.4%（159 人）。从民族来看各自占比分别为汉族 73.5%（219 人），其他少数民族 26.5%（79 人）。从年级上看 2018 级的占调查的 27.2%（81 人），2019 级的占 39.9%（119 人），2020 级的占比 32.9%（98 人）。从月生活费来看，月均生活费 800 元及以下的占 7.7%（23 人），月均生活费 801～1200 元的占 22.8%（68 人），月均生活费在 1201～1600 元的占 54.4%（162 人），月均生活费在 1601～2000 元的占 15.1%（45 人）。

表 1　样本人口学分析

人口学特征	选　项	人　数	百分比例（%）	有效百分比例（%）	累计百分比例（%）
性别	男	139	46.6	46.6	46.6
	女	159	53.4	53.4	53.4
民族	汉族	219	73.5	73.5	73.5
	少数民族	79	26.5	26.5	26.5
年级	2018 级	81	27.2	27.2	27.2
	2019 级	119	39.9	39.9	39.9
	2020 级	98	32.9	32.9	32.9
月生活费	800 元及以下	23	7.7	7.7	7.7
	801～1200 元	68	22.8	22.8	22.8
	1201～1600 元	162	54.4	54.4	54.4
	1601～2000 元	45	15.1	15.1	15.1

（二）大学生聚餐消费现状分析

1. 大学生对聚餐活动的态度及聚餐频率分析

当问及"您喜欢聚餐吗?"调查结果如图1所示：8.4%（25人）的同学表示"非常不喜欢"、9.4%（28人）的同学表示"不喜欢"、22.5%（67人）的同学表示"一般"、33.9%（101人）的同学表示"喜欢"、25.8%（77人）的同学表示"非常喜欢"。由此可见，大部分大学生对于聚餐还是很喜欢的。

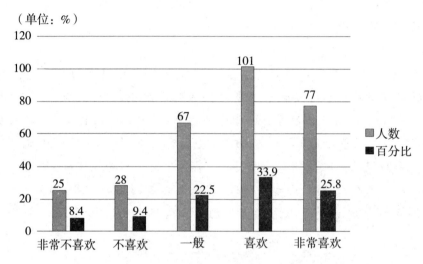

图1　大学生对聚餐的喜爱程度分析图

同时通过卡方检验发现，不同年级的大学生在聚餐的态度上存在显著差异（X = 15.746，P = 0.046），如表2所示，2019级在对聚餐喜爱程度上对"喜欢"和"非常喜欢"的总值占比较高。而2020级的次之，对聚餐的喜好程度排在最后的是2018级的大学生。

表2　2018～2020年级学生是否喜欢聚餐的调查结果反馈表

态度 年级	非常不喜欢	不喜欢	一　般	喜　欢	非常喜欢	合　计
2018级	3	10	19	23	26	81
2019级	13	10	26	34	36	119
2020级	9	8	22	44	15	98
合计	25	28	67	101	77	298

当问及"您聚餐的频率是?"调查结果如图2所示，44%（130人）的同学表示"每月2～3次"、26%（77人）的同学表示"每月1次"、20%（60人）的同学表示

"每月 4～6 次"、10%（31 人）的同学表示"每月 7 次以上"（没有同学表示"半年一次"），由此可见，大学生对于聚餐的频率是较高的。

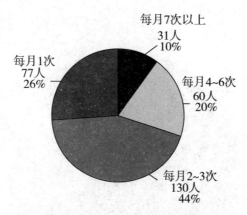

图 2　大学生每月聚餐频率分析图

当问及"您聚餐一般持续多久?"，调查结果如图 3 所示，41.9%（125 人）的同学表示"1～2 小时"、31.9%（95 人）的同学表示"2～3 小时"、16.8%（50 人）的同学表示"3 小时以上"、9.4%（28 人）的同学表示"一个小时以内"。由此可见，现在的大学生聚餐时间算是比较适宜。

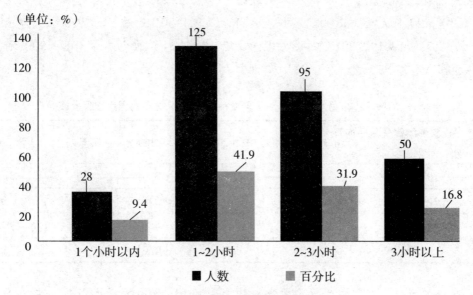

图 3　大学生聚餐持续时间分析图

2. 大学生聚餐消费现状分析

关于大学生每月聚餐消费，调查结果如图 4 所示，大学生每月用于聚餐的月消费在 201～300 元的是大多数，占 45%（133 人）；而 101～200 元的次之，占 26%（78 人）。其次

301 元以上，占 22%（65 人）。占比重最小的是月消费在 100 元以下的，只有 7%（22 人）。即大学生用于聚餐的月消费集中在 201～300 元这个区间。

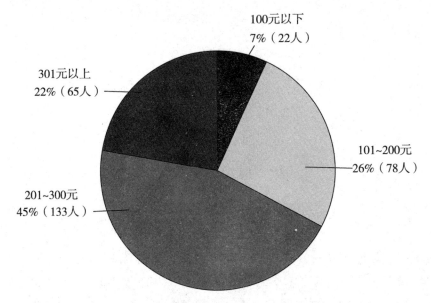

图 4　大学生每月用于聚餐的费用分析图

同时，通过卡方检验发现，不同年级的大学生在每月用于聚餐的平均费用上存在显著差（X = 20.397，P = 0.002），如表 3 所示，在"301 元以上"2020 级大学生比重较大、其次就是 2019，2018 级比重最少。2019 级更多集中在"101～200 元"和"201～300"元这个区间。

表 3　2018～2020 级学生每月用于聚餐消费（月平均）的调查结果反馈表

聚餐消费（月平均） 年　级	100 元以下	101～200 元	201～300 元	301 元以上	合　计
2018 级	7	26	38	10	81
2019 级	7	38	53	21	119
2020 级	8	14	42	34	98
合　计	22	78	133	65	298

调查还发现，现在大学生单次聚餐人均消费在 51～100 元是大多数，占总调查的 43%（128 人）；在 101～150 元的次之占 21.1%（63 人），0～50 元占 20.8%（62 人）、151～200 元的最少，占 15.1%（45 人），见图 5。根据调查发现现在的大学生单次聚餐的人均消费大多数都是在 51～100 元这个范畴中。

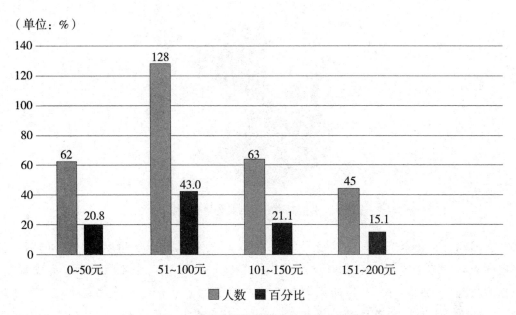

图5 大学生单次聚餐人均消费分析图

　　而关于聚餐的环境，大学生一般选择中端餐馆聚餐，详见图6。由图6可见，现在大学生聚餐时选择的餐馆档次大多为中端，占比59.1%（176人）；高端次之，占比29.5%（88人）；剩下的11.4%（34人）选择了低端餐馆。由此可见，当代大学生还是很重视聚餐餐馆的档次的。

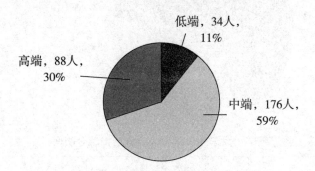

图6 大学生对餐馆档次选择的分析图

　　同时，当问及"您一般聚餐时选择的餐馆类型是"（此题为多选题）时，火锅店、烧烤店、家常菜店、小吃店、西餐厅、自助餐厅6种类型最受大学生青睐，调查结果如图7所示，93%（277人）的同学表示喜欢火锅店、91.9%（274人）的同学表示喜欢烧烤店、86.6%（258人）的同学表示喜欢家常菜店、80.2%（239人）的同学表示喜欢小吃店、72.1%（215人）的同学表示喜欢西餐厅、77.2%（230人）的同学表示喜欢自助餐厅。由此可见，现在的大学生喜欢的餐馆类型多种多样。

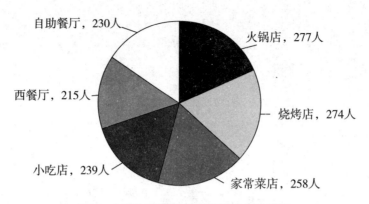

图7　大学生对聚餐餐馆类型选择分析图

当问及"您是否有做聚餐消费计划?"时,调查结果如图8所示,34%（101人）的同学表示"有消费计划,但伸缩性较大"、28%（84人）的同学表示"有过计划,但很难执行"、23%（68人）的同学表示"有消费计划,并且较严格地约束自己的消费"、15%（45人）的同学表示"没有计划"、由此可见,大学生在自我约束方面还需要引导。

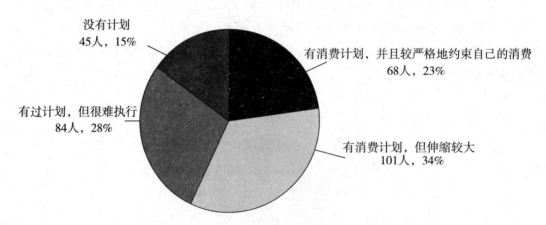

图8　大学生做聚餐消费计划情况分析图

当问及"您认为聚餐花费是否会造成经济压力?"时,调查结果如图9所示,26.5%（79人）的同学表示"比较有压力"、23.2%（69人）的同学表示"没有压力"、16.8%（50人）的同学表示"非常有压力"、18.1%（54人）的同学表示"一般"、15.4%（46人）的同学表示"毫无压力",由此可见,不少大学生认为聚餐消费会造成压力。

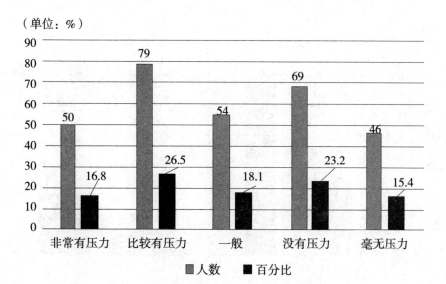

图9 大学生聚餐能是否造成压力分析图

关于大学生聚餐消费控制力的调查，结果如图10所示，现在大学生聚餐时大多数能控制消费，占总调查的41.9%（125人）。而完全能控制的次之，占总调查的32.9%（98人）。其次是勉强能控制的，占比重的13.4%（40人）。占比重最小的是完全不能控制的，有11.7%（35人）。根据调查发现现在的大学生对于消费的控制力总体看来良好，能理智消费。小部分大学生不能控制的需要朝着健康的消费方向引导。

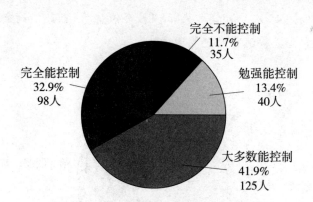

图10 大学生聚餐消费的控制力分析图

当问及"您聚餐时是否会因为心情而过度消费？"时，调查结果如图11所示。38.6%（115人）的同学表示"因心情的好坏程度而定"、33.9%（101人）的同学表示"经常会"、16.4%（49人）的同学表示"偶尔会"、11.1%（33人）的同学表示"不会"。由此可见，大学生大多数确实是会情感消费，冲动消费。

（单位：%）

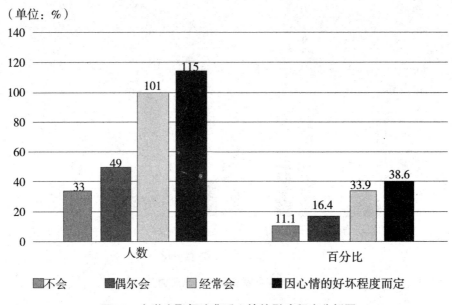

图 11 大学生聚餐消费受心情的影响程度分析图

3. 影响大学生聚餐消费因素分析

当问及"你认为聚餐有哪些好处？"时，调查结果如图 12（多选）所示，93.3%（277 人）的同学表示好处有"结交朋友"、84.2%（251 人）的同学表示好处有"增进了解"、88.9%（265 人）的同学表示"联络感情"、7.4%（22 人）的同学表示"学会交际"、15.1%（45 人）的同学表示"社会锻炼"。因此，结交朋友、增进了解、联络感情是影响大学生聚餐消费的重要因素。

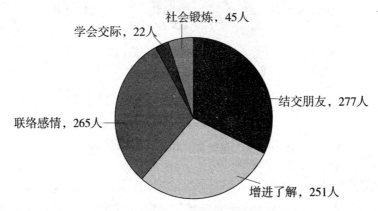

图 12 大学生对聚餐益处选择分析表

同时，调查结果显示，大学生聚餐时考虑的最多的是"用餐环境"，占总调查的 33.2%（99 人），由此可见，当代大学生追求更高品质的聚餐环境。而考虑价格的次之，占总调查的 25.5%（76 人），其次是服务态度，占比重的 23.5%（70 人），占比重最小的是考虑菜品味道，只有 17.8%（53 人）。以上要素都是聚餐时考虑的重要因素，如非要让其按比重排序的话，用餐环境好影响大学生消费的重要因素。而价格因素次之，毕竟大部分大学生经济条件有限，而选择服务态度的同学也反映出当下的消费环境，对服务的要求较高，追求精神上的快乐，例如海底捞便是这种运营理念。菜品味道出乎预期，竟然排在了最后（见图 13）。

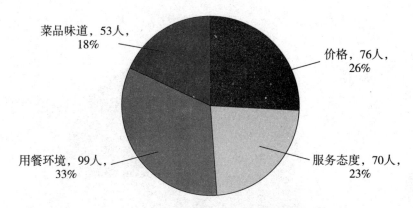

图 13　大学生聚餐时考虑的重要因素分析图

4. 大学生对聚餐消费改进的潜在诉求

据调查，大学生对餐馆的优惠活动比较喜欢送优惠券、代金券和会员卡打折，两者都占总调查的 27%（286 人）。而想要会满减活动的次之，占总调查的 26%（277 人）。其次是赠送酒水饮料，占比重的 18%（197 人）。调查发现，现在的大学生喜欢送优惠券、代金券和会员卡打折的比重较大（见图 14）。

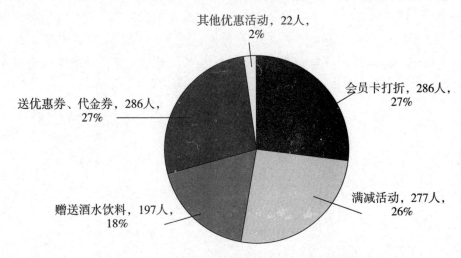

图 14　大学生对餐馆优惠活动偏向的分析图

当问及"餐馆出现的情况，您最不能接受哪些?"时，调查结果如图 15 所示，88.9%（265 人）的同学表示好处有"上菜速度慢"、79.2%（236 人）的同学表示好处有"服务不到位"、88.9%（265 人）的同学表示"饭菜的味道不够令人满意"、94.3%（281 人）的同学表示"价格不合理"、7.4%（22 人）的同学表示"其他原因"，因此，大学生们不能接受的情况确实合理，餐馆应该进行适当的调整。

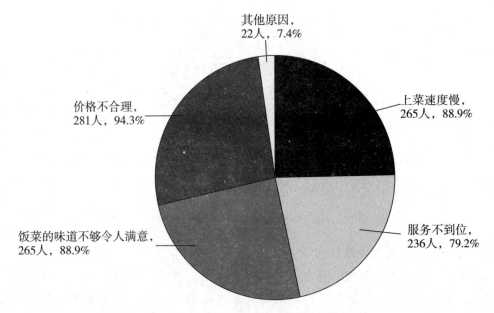

图 15 大学生最不能接受的餐馆情况分析图

在对餐后甜点消费调查时，调查结果如图 16 所示，11.1%（33 人）的同学表示"非常愿意"、33.2%（99 人）的同学表示"比较愿意"、23.5%（70 人）的同学表示"愿意"、22.5%（67 人）的同学表示不太愿意，22.5%（67 人）的同学表示"非常不愿意"、9.7%（29 人）的同学表示"不太愿意"。由此可见，对于餐后的甜点消费情况，大学生们的差异显著。

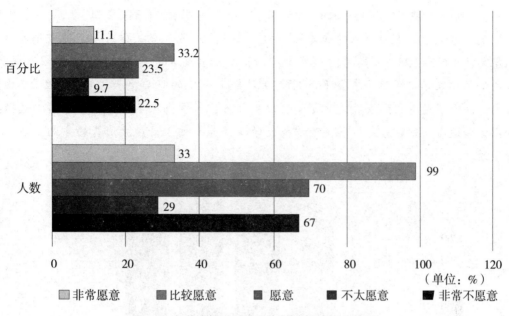

图 16　大学生餐后对于甜点的选择情况分析图

　　当问及"如果有一个提供厨房的综合饮食社区，您选择聚餐的地点时会考虑它吗?"调查结果如图 17 所示 35.9%（107 人）的同学表示"经常会"、31.5%（94 人）的同学表示"一般会"、23.2%（69 人）的同学表示"一定会"、7%（21 人）的同学表示"一般不会"，2.3%（7 人）的同学表示"绝对不会"。由此可见，喜爱综合饮食社区的大学生占比较高。

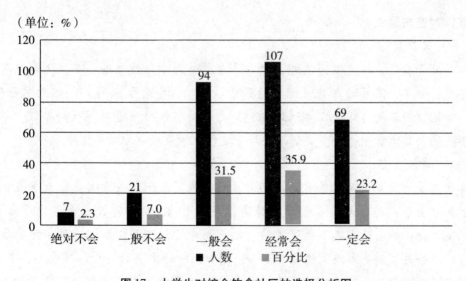

图 17　大学生对综合饮食社区的选择分析图

　　当问及"您觉得聚餐应该怎样才能朝着健康消费的方向发展?"调查结果如图 18

（多选）所示，98.3%（293 人）的同学表示"注重节约不铺张浪费"、97.3%（290人）的同学表示"尊重个人饮食爱好"、98.3%（293 人）的同学表示"尊重个人参与意愿"、95.6%（285 人）的同学表示"时间上选择更加得体和适当"，98.3%（293人）的同学表示"结账方式公平合理"，7%（21 人）的同学表示"其他原因"。由此可见，注重节约不铺张浪费、尊重个人饮食爱好、尊重个人参与意愿、时间上选择更加得体和适当、结账方式公平合理都是大学生认为聚餐朝着健康消费的方向发展时所希望的。

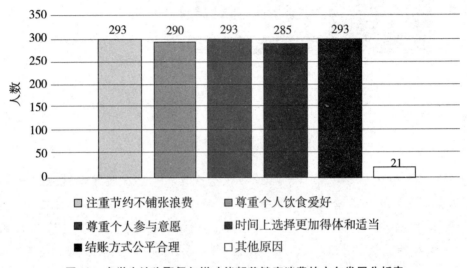

图18　大学生认为聚餐怎样才能朝着健康消费的方向发展分析表

五、对策与建议

（一）政府层面

该校处于郊区，环境较为偏僻，校内外聚餐资源都比较稀缺。而从大学生对于聚餐的态度、频率、消费的现状等调查结果看，大学生校外聚餐存在一定的安全隐患。因此，当地政府需要对郊区大学周边环境，尤其是餐饮行业进行规范和整顿，不仅能为大学生的聚餐消费创造一个安全舒适的环境，也能带动地方经济发展。

（二）学校层面

学校在着力改善校内聚餐资源的同时，重点需要做到：一方面是让大学生们认识到理财的重要性，通过为大学生开展财商教育的讲座、课程等，让大学生学会理财，增强理财意识，拥有一个正确的消费观。要让大学意识到其需求不应该依附在物质层面，在物质条件得到基本满足的情况下，应该加强精神文明的建设，多学习，多看书，让精神世界丰富起来，做有理性思考的消费者。从大学生思想道德教育方面切入，重要内容之一就是消费观的教育，当代大学生的思想道德教育中应该蕴含消费观教育，因为大学生们每时每刻都在面临消费，加强消费观教育更适用于大学生们的实际需要。

对于大学生来说，只有将现实问题解决得好，才能使思想道德教育不流于形式。另一方面是应该注重培养大学生良好的消费风气，消费风气也和校风紧密相关。培养学生良好的消费习惯，是大学校园里思想道德教育中一个非常重要的内容。重视培养大学生健康消费的习惯，就会对良好校风的塑造起到积极的影响，促进校风与学风的良性循环。学校应规范学生的行为，如加强门禁监管，晚上严格查寝，让大学生聚餐时间能够合理，为大学生创造一个健康消费的大环境。同时，高校应该多提供勤工俭学的岗位，做好贫困生的工作，多为大学生创造勤工俭学的机会。高校还应加强餐饮方面的引进，选择优质的商家入驻校园，让大学生在校内就能聚餐，做一名理性消费的大学生。

（三）餐饮行业层面

对于餐饮行业实行绿色管理，培养大学生们安全、卫生、健康的消费方式及习惯，例如杜绝使用一次性餐具，杜绝铺张浪费，杜绝暴饮暴食，杜绝过度饮酒等等，引导大学生们改掉消费习惯中不合理的部分。要充分考虑大学生的需要，鼓励菜品的数量上够吃就行，坚决不能浪费，并且提供打包服务。面对大学生顾客群体时，适度地进行酒的销售，不宜过量售酒。

对于有意向在郊区高校附近开餐馆者，我们给出以下参考建议：一是此项调查显示，近60%的大学生都喜欢聚餐，22.5%的同学持"一般"态度，只要能掌握他们的消费心理及消费需求，这近80%的大学生极大可能会成为消费者，所以消费者群体庞大，大学生聚餐的目的十分简单，大都是为了联络感情，结交朋友，增进了解。二是他们单次聚餐的费用占比较多的在50~100元，以AA制为主，因此餐馆的人均定价需要在此区间，在此基础上大学生比较喜欢会员卡打折、优惠价、代金券、满减活动，以及免费赠送饮料，商家便可以加大这些活动力度。三是还了解到，大学生喜欢的餐馆类型前三名是：火锅店，烧烤店及家常菜店，并且聚餐的时间大部分在两个小时左右，也接近这三种餐馆类型的消费时间。并且他们对吃喝玩乐一体的综合饮食社区较为感兴趣，聚餐会优先选择此类型，例如农家乐，因此，对于预算充足的商家，除了在餐馆类型上考虑这三种，还可以考虑综合性。四是大部分的聚会人数主要集中在2~5人，趋于小规模。因此，餐馆餐位设计可较多设计为六人位，十人位的桌子比重可考虑适当减少。五是大学生对于餐馆最希望是环境好、服务好、价格合理、菜品味道好的中端餐馆，能做到以上内容便能基本站稳大学生这个消费市场了。

（四）家庭层面

对于家庭方面，家长应该积极响应培养大学生的独立能力，为他们创造一个健康、合理的消费环境。在给孩子生活费方面，家长应根据孩子所在地城市的消费水平、孩子学习中所可能产生的费用、日常生活情况及家庭的实际情况进行综合考虑，有计划、有节制地给孩子费用。

附录

大学生聚餐消费现状的调查问卷
——以某高职院校为例

亲爱的同学：

　　您好！我们是大学生聚餐消费情况调查小组，为了解大学生聚餐的消费情况，所以进行了此次调查。以下问卷不分对错，请按您的实际情况在选项上打"√"或在横线内填写相关内容。我们将恪守学业伦理，对您的所有信息进行保密，本问卷也仅用于学术研究。谢谢您的配合！

大学生聚餐消费情况调查小组

您的性别？

（1）男

（2）女

您的民族？

（1）汉族

（2）其他少数民族（请标明）＿＿＿＿＿＿

您的年级是？

（1）2018 级

（2）2019 级

（3）2020 级

您的月生活费大约是？

（1）800 元及以下

（2）801～1200 元

（3）1201～1600 元

（4）1601～2000 元

（5）2001 元以上

1. 您每月用于聚餐的费用平均为？

（1）100 元以下

（2）101～200 元

（3）201～300 元

（4）301 元以上

2. 您喜欢聚餐吗?

(1) 非常不喜欢

(2) 不喜欢

(3) 一般

(4) 喜欢

(5) 非常喜欢

3. 您聚餐的频率是?

(1) 每月 7 次以上

(2) 每月 4~6 次

(3) 每月 2~3 次

(4) 每月 1 次

(5) 半年 1 次

4. 您的经济来源是? (可多选)

(1) 父母资助

(2) 勤工助学

(3) 奖学金,助学金

(4) 助学贷款

(5) 创业

(6) 其他 (请标明) _____

5. 您一般出于什么原因聚餐? (可多选)

(1) 生日聚会

(2) 班级聚会

(3) 朋友舍友聚餐

(4) 学生会社团聚餐

(5) 其他 (请标明) _____

6. 您参加的各类聚餐的人数通常为多少?

(1) 2~5 人

(2) 6~10 人

(3) 11~15 人

(4) 16~20 人

(5) 21 人以上

7. 出去聚餐,费用如何分配?

(1) 一人承担

(2) AA 制

（3）这次你请，下次我请

（4）其他（请标明）_____

8. 您在聚会时接受的人均支出是？

（1）0 至 50 元

（2）51 至 100 元

（3）101 至 150 元

（4）151 至 200 元

（5）201 元以上

9. 您会选择哪种档次的餐馆聚餐？

（1）低端

（2）中端

（3）高端

（4）其他（请标明）_____

10. 您一般聚餐时选择的餐馆类型是？（可多选）

（1）火锅店

（2）烧烤店

（3）家常菜店

（4）小吃店

（5）西餐厅

（6）自助餐厅

11. 您一般选择聚餐的时间为？

（1）午餐时间

（2）下午茶时间

（3）晚餐时间

（4）夜宵时间

12. 您一般通过什么方式了解校外的餐馆？（可多选）

（1）朋友推荐

（2）网站平台推荐

（3）宣传单

（4）团购信息

（5）其他（请标明）_____

13. 您希望餐馆有哪些优惠活动？（可多选）

（1）会员卡打折

（2）满减活动

（3）赠送酒水饮料

（4）送优惠券、代金券

（5）其他（请标明）_____

14. 您认为聚餐有哪些好处？（可多选）

（1）结交朋友

（2）增进了解

（3）联络感情

（4）学会交际

（5）社会锻炼

15. 下列餐馆出现的情况，您最不能接受哪一种？（可多选）

（1）上菜速度慢

（2）服务不到位

（3）饭菜的味道不够令人满意

（4）价格不合理

（5）其他（请标明）_____

16. 当您认为聚会的费用不合理时，您的态度是什么？（　　　）

（1）害怕被人嘲笑，不发表自己的看法

（2）从众，有人提出同样的看法再说

（3）私下找主事人谈

（4）先征求大家的意见，再找主事人谈

17. 选择聚餐做出考虑最多的是？（　　　）

（1）价格

（2）服务态度

（3）用餐环境

（4）菜品味道

（5）其他（请标明）_____

18. 您认为聚餐花费是否会造成经济压力？

（1）非常有压力

（2）比较有压力

（3）一般

（4）没有压力

（5）毫无压力

19. 您是否愿意在饭后顺便喝点甜点？例如咖啡，并愿意为之消费？

（1）非常不愿意

（2）不太一样

（3）愿意

（4）比较愿意

（5）非常愿意

20. 您所参加的聚餐是否存在浪费现象？

（1）完全没有

（2）几乎没有

（3）偶尔会浪费

（4）普遍存在，严重浪费

21. 您在平时的聚餐消费中是否会控制不住自己而大肆消费？

（1）完全不能控制

（2）勉强能控制

（3）大多数能控制

（4）完全能控制

22. 您聚餐时是否会因为心情而过度消费？

（1）不会

（2）偶尔会

（3）经常会

（4）因心情的好坏程度而定

23. 您觉得聚餐应该怎样才能朝着健康消费的方向发展？（可多选）

（1）注重节约不铺张浪费

（2）尊重个人参与意愿

（3）尊重个人饮食爱好

（4）时间选择上更加得体和恰当

（5）结账方式公平合理

（6）其他

24. 如果有一个提供厨房的综合饮食社区，您选择聚餐的地点时会考虑它吗？

（1）绝对不会

（2）一般不会

（3）一般会

（4）经常会

（5）一定会

25. 您聚餐一般持续多久？

（1）1个小时以内

（2）1～2 小时

（3）2～3 小时

（4）3 小时以上

26. 您是否有做聚餐消费计划？

（1）有消费计划，并且较严格地约束自己的消费

（2）有消费计划，但伸缩性较大

（3）有过计划，但很难执行

（4）没有计划

27. 您认为当前大学生聚餐消费合理吗？

（1）很不合理

（2）不合理

（3）还算合理

（4）合理

（5）特别合理

调查结束，谢谢合作！

小 结

在任务四中，我们学习了市场调研的概念、市场调研的作用、市场调研的原则、市场调研的程序以及调研的方法。针对不同的调研目的，选择恰当的调研方式，如文案调查法、实地调查法、网络调查法。还学习了如何撰写市场调研报告，并以某高职院校大学生聚餐消费现状的调研报告为例，在实践中明确了撰写市场营销调研报告的要求、内容、格式等。总之，没有调查就没有发言权，调查研究要求真务实，调查结束后一定要进行深入细致的思考，进行一系列的交流、比较、反复工作，把零散的认识系统化，把粗浅的认识深刻化，直至找到事物的本质规律，为解决问题提供依据。

课后思考

1. 市场调研的原则有哪些？

2. 市场调研的方法有哪些？各自的优缺点是什么？

3. 撰场调研报告中有哪些具体的内容？

4. 请你结合自己参与或熟悉的市场调研案例，谈谈在大数据时代，怎样利用网络技术做好市场调研？提高市场调研的精准性和实用性？

5. 假设你要开展一次市场调研，你会选择哪种调研方法？注意做好哪些工作？

第三部分
DISAN BUFEN

分析营销战略

任务五　目标市场策略的选择与进入

学习目标

（1）掌握市场细分的标准与方法；

（2）掌握目标市场选择的方法与策略，进行目标市场选择；

（3）尝试用"我们是谁、做什么、有何不同"进行定位描述。

引　言　做出正确的市场选择，满足人民对美好生活的向往

市场细分（Market Segmenting）、目标市场（Market Targeting）、市场定位（Market Positioning）是构成公司营销战略的核心三要素，被称为 STP 营销。由于市场上同类的产品有很多，企业只有基于自身优势，寻找细分市场，为产品、服务或品牌进行定位，做出正确的市场选择，实现差异化营销，才能在高度竞争的时代拥有一席之地。

1982 年，党的十二大确立小康目标。1987 年，党的十三大提出我国经济建设"三步走"战略部署。2017 年，党的十九大报告清晰擘画出我国全面建成社会主义强国的时间表、线路图：在 2020 年全面建成小康社会、实现第一个百年奋斗目标的基础上，再奋斗 15 年，在 2035 年基本实现社会主义现代化；从 2035 年到 21 世纪中叶，在基本实现现代化的基础上，再奋斗 15 年把我国建成富强民主文明和谐美丽的社会主义现代化强国。企业在发展过程中，也应树立明确的发展规划，按照既定目标，做出正确的市场选择，获得更快更好的发展，满足人民对美好生活的向往。

讨　论

请结合《中华人民共和国国民经济和社会发展第十四个五年规划和 2035 年远景目标纲要》，思考并谈谈你对自己发展的规划和定位。

_____

_____

_____

5.1　市场细分

一、市场细分

市场细分也称为市场区别或市场分片。它是美国市场学家温德尔·史密斯总结了许多企业的市场营销经验以后，在 1956 年提出的一个重要的选择目标市场的策略思想。市场细分是选择目标市场的基础工作。市场营销在企业的活动包括细分一个市场并把它作为公司的目标市场，设计产品、服务、价格、促销和分销系统"组合"，从而满足细分市场内顾客的需要和欲望。市场细分的理论依据是消费需求的绝对差异性和相对同质性。那么，什么是市场细分呢？

市场细分是指企业根据消费者明显的不同的特性，把一种产品整体市场分割为两个或更多的分市场（也称子市场），每个分市场都是由需要与欲望相同的消费者群组成，从而确定目标市场的过程。如为宠物提供服务的美容院，为老年人提供服务的养老院等。

 **拓展阅读**　**小熊电器的市场细分**①

2019 年，中国有 6 万家小家电企业新注册，到 2020 年 6 月，中国市场上的小家电相关企业，共有将近 60 万家。传统家电第一阵营里，美的、苏泊尔、九阳市场格局相对稳定，但市场上还是如雨后春笋般涌现了像小熊、小米这样的智能家居等新的小家电产品和新的小家电品牌。如挂烫机、美容仪、扫地机器人、紫外线刀架、内衣消毒机、洗眼镜的超声波清洗机、筋膜枪等等，很多都是人们以前没见过、没有听说过的品类和品牌。

我们以小熊家电的市场细分战略为例。小熊电器是一家从广东起家的公司。2006 开始做酸奶机，后来不断拓展产品品类，2019 年在 A 股中小板上市，2020 年市值是170 多亿。在小家电市场里，小熊电器的线上市场占有率 4.3%，紧跟美的、苏泊尔、九阳三大家族之后，是小家电新势力里最大的一家。

小熊能够排名这么靠前，有这么三个选择可能起了决定作用：

第一，定位在中低端价格带，用创意把产品功能尽量做细、把品类尽量做多。

小熊的小家电价格都不贵，京东上一款煮蛋器，69 元；一款加湿器，79 元。小熊

---

① 蔡钰. 为什么，小家电市场还有新品牌的机会（上）[J]. 商业参考，2020（52）.

的产品中，定价在 60～130 元之间产品销量最好，占小熊总销售额的 40% 左右，这样的产品定价，消费者的购买决策做得特别快。

同时，小熊的自我定位是创意小家电企业。产品品类也比较多。如：专为年轻人中午带饭用的电热饭盒、专为小家庭用的迷你电饭锅、专做蛋卷的蛋卷机、专门做广东肠粉的蒸锅、专门做云南汽锅鸡的电汽锅等。但这种创意很有效，功能切分得越细，卖得就越多，反正便宜。小熊电器目前在售的小家电产品的 SKU① 超过 400 个。相对美的，有的小家电产品也不过二三十个。

小熊电器的创始人李一峰打过一个比方，小熊电器是在"种草"。因为家电行业竞争充分，已经有很多如同"参天大树"般的成熟品牌，想要再成为一棵大树，很难。但森林只有树是无法形成生态的，森林也需要各种各样的小草。小熊可以做"种草人"，错开大树们的成长路径，在这个森林生态里找到自己的位置。

第二，在设计上，小熊把产品做成漂亮的景观，来激发消费者的购买欲。

小熊在产品的外观设计上非常下本儿，它的设计资源是专门到韩国、丹麦去找来的。很多年轻人买小熊电器都是冲着外观。有一条小红书上的帖子写道："激动的心，颤抖的手！第一次拼多多砍成功的一件东西！感觉超值！粉嫩的外观一下子就俘获了我的少女心，小小的早餐机可煎可烤可热饮！"这是一个年轻妈妈发的，她为了这台早餐机，第一次尝试了拼多多砍价。然后，她是先夸了这台早餐机的外观，然后才提它的功能。这台早餐机的功能可能并不是她的日常刚需。但为什么要这么注重外观设计？因为我们已经活在了景观时代。小熊电器也是一种景观型产品。

第三，不把小家电做成耐用品，而是做成快消品。

小熊的财报数据显示，在上市前的好几年，它的研发比重只有当期营收的 1.5% 左右。同样做家电的九阳和苏泊尔，同期的研发投入占比几乎都在 3%。2019 年，小熊的研发费用倒是提高了，占营收的 2.85%，但同期的销售费用仍然是研发投入的 5 倍。小熊电器注重品牌营销。2017 年请过当红明星张艺兴代言，后来又请了偶像丁禹兮来代言。推测这背后的逻辑：小熊电器的消费者多为年轻人，他们大多是单身或者租房住的，住所容易变动，加上产品反正便宜，所以搬家了、东西坏了、不新鲜了，就扔了换新的，对耐用度的要求没那么高。

华西证券有过一个统计可以佐证这一推测，市场上的大家电更新周期一般在 8 至 10 年甚至更长，而小家电的更新周期则是几个月到几年。当然这个选择也是有对应代价的。翻看资料可以发现，小熊电器在几大电商平台的退换率在近几年是逐年上升的，它被投诉和处罚的新闻也时不时会出现。2019 年它的售后服务费用甚至达到了 4800

---

① SKU（stock kepping unit），定义为保存库存控制的最小可用单位，是对于大型连锁超市 DC（配送中心）物流管理的一个必要的方法。现在已经被引申为产品统一编号的简称，每种产品均对应有唯一的 SKU 号。

万，相当于研发费用的 6 成。

小熊电器以年龄、兴趣爱好、行为习惯等细分因素，逐步形成以"小而美"的小家电为主，满足年轻人生活较"懒"，简单便捷是第一诉求，同时又喜欢精致、创新、智能、健康家电的心理，关键是能够把准市场细分，进行市场定位。小熊电器逐步形成了单品牌、多品类、多型号策略。

近两年，你用过什么全新的小家电产品吗？你觉得这个产品是怎么定义需求、定义赛道的？它和竞争对手相比，有什么特殊的市场细分的方法打动你，以至于让你成了它的用户？

_____

_____

_____

二、市场细分的依据

（一）消费者需求的差异性

从消费者的需求角度来看，产品市场可分为两大类：同质市场和异质市场。

1. 同质市场

同质市场是指消费者对某些产品的需求和对其营销策略的反应具有一致性，如粮食。在这类市场上，购买者的行为不具有更多的选择性，因此不必进行细分。

2. 异质市场

异质市场是指购买者对产品的质量、特性要求各有不同，如服装。在异质市场上，竞争者可以根据消费者对产品特性不同偏好向市场提供不同的产品。因此，市场细分实际上就是致力于分析确认消费者的需求差别，将一个错综复杂的具体市场划分为若干个部分，使各个部分内部的异质性减少，表现出较多的同质性。

在细分市场内部，消费者的需求、欲望大致相同，企业可以用一种商品和营销组合策略加以满足。但在不同的消费者群体之间其需求、欲望则各异，企业要以不同的商品，采取不同的营销策略加以满足。因此，市场细分实际上是一种求大同、存小异的市场分类方法，它不是对商品进行分类，而是对需求各异的消费者进行分类，是识别具有不同需求和欲望的购买者和用户群的活动过程。

（二）企业资源的有限性以及为了进行有效的市场竞争

任何企业（即使是特大型企业和跨国公司）的生产经营能力总是有限度的，都是不可能有效地满足所有消费者的不同需要的。因此，为了提高企业的经营效益，企业必须对总体市场进行细分，然后结合本企业的特长和优势，选择一个或几个本企业能够为之很好服务的市场部分作为企业的目标市场。

三、市场细分和市场分类的区别

市场细分不同于一般的市场分类方法，市场分类方法主要是指商品供应方为了便于掌握市场特征而对市场进行的划分。如按商品的功能和用途不同分类，可将市场分为生活消费市场、生产消费市场、服务市场等；市场细分则是根据消费者对市场商品需求的差异性来划分的，是企业从市场消费者需求的差异性出发，用一定的标准将不同的消费者划分为不同的消费群体，每一个消费者群体就是一个细分的市场。这样，整个市场就划分为许多个子市场。例如，根据消费者年龄不同对商品需求存在的差异性，整个市场可划分为"少年儿童市场""青年人市场""中年人市场""老年人市场"等。市场分类是立足于企业，以企业为中心，出发点在于为企业的经营提供方便；市场细分则是立足于消费者，以消费者为中心，出发点在于全心全意为消费者提供优质服务，不断提高企业信誉，以拓展市场。

四、市场细分的作用

一般情况下，一个企业不可能能满足所有消费者的需求，尤其是在激烈的市场竞争中，企业更应集中力量，有效地选择市场，取得竞争优势。市场细分对于企业来讲，有以下作用。

（一）有利于选择目标市场和制定市场营销策略

市场细分后的子市场比较具体，企业比较容易了解消费者的需求，可以根据自己的经营思想、方针及生产技术和营销力量，确定自己的服务对象，即目标市场。针对较小的目标市场，便于制定特殊的营销策略。同时，在细分的市场上，信息容易了解和反馈，一旦消费者的需求发生变化，企业可迅速改变营销策略，制定相应的对策，以适应市场需求的变化，提高企业的应变能力和竞争力。

联想的产品细分策略，正是基于产品的明确区分，联想打破了传统的"一揽子"促销方案，围绕"锋行""天骄""家悦"三个品牌面向的不同用户群需求，推出不同的"细分"促销方案。选择"天骄"的用户，可优惠购买让数据随身移动的魔盘、可精彩打印数码照片的 3110 打印机、SOHO 好伴侣的 M700 多功能机以及让人尽享数码音乐的 MP3；选择"锋行"的用户，可以优惠购买"数据特区"双启动魔盘、性格鲜明的打印机以及"新歌任我选"MP3 播放器；钟情于"家悦"的用户，则可以优惠购买"电子小书包"魔盘、完成学习打印的打印机、名师导学的网校卡，以及成就电脑高手的 XP 电脑教程。

（二）有利于发掘市场机会，开拓新市场

通过市场细分，企业可以对每一个细分市场的购买潜力、满足程度、竞争情况等进行分析对比，探索出有利于本企业的市场机会，使企业及时做出投产、移地销售决策或根据本企业的生产技术条件编制新产品开拓计划，进行必要的产品技术储备，掌握产品更新换代的主动权，开拓新市场，以更好地适应市场的需要。

（三）有利于集中人力、物力投入目标市场

任何一个企业的资源、人力、物力、资金都是有限的。通过细分市场，选择适合自己的目标市场，企业可以集中人、财、物及资源，去争取局部市场上的优势，然后再占领自己的目标市场。

（四）有利于企业提高经济效益

企业通过市场细分后，可以面对自己的目标市场，生产出适销对路的产品，既能满足市场需要，又可增加企业的收入；产品适销对路可以加速商品流转，加大生产批量，降低企业的生产销售成本，提高生产工人的劳动熟练程度，提高产品质量，全面提高企业的经济效益。

 **拓展阅读** **多元化市场细分已经成为企业发展的必然趋势**

企业在细分市场中更普遍的做法就是集中有限的资源，通过差异化、微创新、新渠道等，打造出产品的特色：如王饱饱麦片——有冻干水果的麦片；小仙炖燕窝——让滋补更简单的鲜炖燕窝；王小卤虎皮凤爪——先炸后卤更好吃的虎皮凤爪；三顿半咖啡——冷萃 3 秒极速溶解、迷你杯包装咖啡；拉面说——有肉有料的拉面。在激烈的市场竞争中，市场细分能让企业集中力量，取得竞争优势。聚焦一款产品、锚定一种风格、抢占一个品类，在多元化市场细分中选择目标市场，集中人力、物力投入目标市场，制定市场营销策略，发掘市场机会，开拓新市场，已经成为企业发展、提高经济效益的必然趋势。

当然，企业在寻找或决定进入一个细分市场领域前，要做好衡量：这个细分市场的需求量是不是很大？竞争是不是相对较小？有没有足够的利润空间？客户对象的复

购率是不是很高？

讨　论

为什么我们不要服务所有的人群？你打算用什么"变量因素"来进行客户细分，也就是如何将客户细分为若干子群？

_____

_____

_____

五、市场细分的标准

（一）消费者市场细分的标准

无论企业采用何种市场细分的标准（如表5-1所示），关键都在于其营销规划要能根据消费者差异进行获利性调整。

表5-1　消费者市场的主要细分标准

细分方式	细分变量	举　例
地理变量	世界区域或国家国内区域 城市（人口规模） 地区人口密度 地区 地区气候	北美、西欧、中东、中国、印度、加拿大、墨西哥等 沿海地区、华北地区、东北地区、西部地区、珠江三角洲等 城市人口规模50万以下，50~100万，100~200万，200~300万及以上 城市、城郊、乡镇和农村 热带、亚热带、寒带、温带

续　表

细分方式	细分变量	举　例
人口变量	年龄 性别 收入 职业 学历 家庭规模 家庭生命周期 ……	儿童、少年、青年、中年、老年 男性、女性 月收入 2000 元以下、2001～3000 元、3001～4000元、4000 元以上 秘书、经理、政府官员、业主、职员、售货员 小学以下、初中、高中、中专、大学、研究生、博士 1～2 人、3～4 人、5 人及以上 形成期、扩展期、稳定期、收缩期、空巢与解体期
心理变量	社会阶层 生活方式 个性	下层、中层、上层 节俭朴素型、崇尚时髦型、爱阔气讲排场型 内向型、外向活跃型、易动感情型、爱好交际型、专横跋扈型等
行为变量	购买理由 利益寻求 使用者情况 使用频率 品牌忠诚度 购买准备阶段 对产品的态度 营销因素	一般购买理由、特殊购买理由 质量、服务、经济廉价、舒适、速度等 未使用者、曾使用者、潜在使用者、初次使用者、常使用者、少量使用者、大量使用者 游离忠诚者、转移忠诚者、适度忠诚者、绝对忠诚者 不知道、知道、了解清楚、已有兴趣、希望拥有、打算购买 有热情、肯定、冷淡、否定、有敌意 价格、产品质量、售后服务、广告宣传、销售推广

1. 地理因素

地理因素指按照消费者所处的地理位置、自然环境来细分市场，具体变量包括国家、地区、城市规模、不同地区的气候及人口密度等。处于不同地理位置的消费者，对同类产品往往呈现出差别较大的需求特征，对企业营销组合的反应也存在较大的差别。例如：防暑降温、御寒保暖之类的消费品按照不同气候细分市场是很有意义的。但是，地理因素是一种相对静态的变数，处于同一地理位置的消费者对某种产品的需求仍然会存在较大的差异，因此，还必须同时依据其他因素进行市场细分。

2. 人口因素

人口因素指按照各种人口统计变量，包括年龄、婚姻、职业、性别、收入、教育程度、家庭生命周期、国籍、民族、宗教等来细分市场。不同年龄、受教育程度不同的消费者的价值观念、生活情趣、审美观念和消费方式等会有很大的差异。例如，性别细分一直运用于服装、理发、化妆品和杂志领域；以收入水平细分市场是汽车、服装、旅游等行业的长期做法；按年龄将消费者分为青年、中年、老年等不同的消费者群体在食品、娱乐等企业很普遍。但是，越来越多的情况是，采用多种人口统计变量来进行综合市场细分，尤其是当单一变量无法准确划分时。例如，某服装公司以性别、年龄和收入三个变量将市场划分为多个细分层面，每个层面有更细致的描述，如企业可为收入在 10000 元（每月）的年轻女性市场提供高档职业女装。

3. 心理因素

心理因素指按照消费者的心理特征来细分市场。处于同一群体中的消费者对同类产品的需求仍会显出差异性，可能原因之一是心理因素发挥作用。心理因素包括个性、购买动机、价值观念、生活格调、追求的利益等变量。比如，生活格调是指人们对消费、娱乐等特定习惯和方式的倾向性，追求不同的生活格调的消费者对商品的爱好和需求有很大的差异。越来越多的企业，尤其是服装、化妆品、家具、餐饮、旅游等行业越来越重视按照人们的生活格调来细分市场。消费者的个性、价值观念等心理因素对需求也有一定的影响，企业可以把具有类似的个性、爱好、兴趣和价值取向的消费者集合成群，有针对性地制定营销策略。在有关心理因素的作用下，人们的生活方式可分为传统型、新潮型、奢靡型、活泼型、社交型、严肃型等群体。显然，这种细分方法往往能够显示出不同群体对同种商品在心理需求方面的差异性。美国有的公司把妇女分成朴素型妇女、时髦型妇女、男子气质型妇女三种类型，分别为她们设计出不同款式、颜色和质料的服装。

4. 行为因素

行为因素是按照顾客购买过程中对产品的认知、态度、使用来进行细分市场：

（1）购买时机。

按顾客对产品的需要、购买、使用的时机的认知作为市场细分的标准。如旅行社可为每年的几个公众长假提供专门的旅游线路和品种，为中小学生每年的寒暑假提供专门的旅游服务。公共汽车公司根据上下班高峰期和非高峰期这一标准，把乘客市场一分为二，分别采取不同的营销策略。如在上下班高峰期加派客车，非高峰期减少客车，以降低成本，提高效益。

（2）追求利益。

根据顾客对产品的购买所追求的不同利益来细分市场的一种有效的依据。如钟表市场，购买手表的消费者追求的利益大致可以分为三类：一是追求价格低廉；二是注重耐用性和产品的质量；三是注重产品品牌的声望。因此，生产钟表的企业，如果用追求利益来细分市场，就必须了解消费者在购买某种产品时所寻求的主要利益是什么；了解寻求某种利益的消费者主要是哪些人；还要了解市场上满足这种利益的有哪些品牌；哪种利益还没有得到满足。然后确定自己的产品应突出哪种特性，最大限度地吸引某一个消费者群。美国一学者曾运用利益对牙膏市场进行细分，他把牙膏需求者寻求的利益分为经济实惠、防治牙病、洁齿美容、口味清爽等四种（如表 5 - 2 所示），获得成功。

表 5 - 2　牙膏市场的利益细分

利益细分	人口统计特征	行为特征	心理特征	符合利益的品牌
经济实惠	男性	大量使用者	自主性强大者	大减价的品牌
防治牙病	大家庭	少量使用者	忧虑保守者	品牌 A、E
洁齿美容	青年	吸烟者	社交活动多者	品牌 B
口味清爽	儿童	薄荷爱好者	喜好享乐者	品牌 C

（二）产业市场细分的依据

细分产业市场的主要依据有三个：一是用户（客户）行业；二是用户规模；三是用户地点。

1. 用户行业

产品最终用户行业是细分产业市场最为通用的依据。在产业市场，不同行业用户采购一种产品的使用目的往往互不相同。同是钢材，有的用于生产机器，有的用于造船，有的用于建筑；有的用于载重汽车，有的用作货物运输车，有的用作工程车，有的成为军用车。不同行业的最终用户通常会在产品的规格、型号、品质、功能、价格等方面提出不同的要求，期求不同的利益。据此来细分产业市场，便于企业开展针对性经营，设计不同的市场营销组合方案，例如开发出不同的变异产品等。

2. 用户规模

用户或客户的规模也是细分市场的重要依据。在产业市场，大量用户、中量用户、少量用户的区别，要比消费者市场更为普遍，也更为明显。大客户虽少，但采购量很大，他们的采购往往会占到营销者销售额的 30% ~ 50%，有的甚至高达 80% 以上；小客户则相反，用户数虽多，采购量并不大。用户或客户的规模不同，企业的营销方案也应不同。例如，对于最终用户中的众多小客户，则宜于使产品进入商业渠道，由批发商甚至零售商去组织供应。这样的思路，对于生产企业、商业企业都是适用的。

3. 用户地点

任何一个国家或地区，由于自然资源、气候条件、社会环境、历史继承等方面的原因，以及生产的相关性和连续性的不断加深而要求的生产力合理布局，都会形成若干产业地区，如我国的山西煤田、江浙丝绸工业区、辽南苹果集中产区，等等，这就决定了产业市场比消费市场更为集中。企业按用户的地理位置来细分市场，选择用户较为集中的地区作为自己的目标市场，不仅联系方便，信息反馈较快，而且可以更有效地规划运输路线，节省运力与运费，同时，也能更加充分地利用销售力量，降低推销成本。

行业细分、数量细分、地理细分，是产业市场细分的三种主要依据。同细分消费者市场一样，许多企业也往往将多种细分变量组合在一起作为细分市场的依据。

拓展阅读 藏在你身边的国货小镇

这里说的小镇只是一种泛指，其实小到村落，大到地级市，很多地方产业都有很强的相似性。一个村只做一种买卖，一个镇主打一种产业。这种模式在区域经济学里被称作"同乡同业"现象，举个例子，福建东部有不少小镇，20 世纪 90 年代很流行做打火机的点火器，村里的老老少少都在干。这种"同乡同业"现象的市场镇县城，以及乡村还有：

（1）辽宁葫芦岛兴城，出产了全球约 1/4 的泳装、全国将近一半的泳衣，每年这里都会举行盛大的国际泳装比赛。

（2）河北邢台南和，生产了中国超过 60% 的宠物粮食。2019 年，南和有 8500 多家做宠物产业的企业，给南和贡献了 107 亿的产值。

（3）河北沧州，曾经的皮毛之乡，现在是化妆刷的世界工厂。

（4）山东寿光，著名的蔬菜产地，中国第一个用 AI 种菜的数字化农业基地，蔬菜大棚自带算力、云计算种植、区块链溯源、数字化产销都能完成。

（5）山东青岛平度，全球假睫毛的故乡，有 3000 家工厂，在线上接单，卖往全球，占了全球 80% 的假睫毛市场份额。

（6）江苏扬州杭集，包揽了全球 30% 牙刷的产量，五星级酒店里的牙刷大部分来自这里。最近杭集的爆款产品是只卖 9 块 9 的电动牙刷。

（7）山东曹县，生产了国内 80% 以上的棺材，日本 90% 以上的棺材。山东曹县出产的棺材，靠的是丰富的桐木资源、超低的价格和精美的木雕技术。

（8）江苏泰兴黄桥，世界最大的小提琴出口基地。全球三分之一左右的小提琴都是来自这里。

（9）河北高阳县，中国有名的毛巾之城，包揽了全国三分之一的毛巾市场。

（10）福建莆田，号称"中国鞋都"。自从改革开放以来，福建莆田就已经发展成为全球最大的运动鞋生产基地。

（11）浙江义乌，全世界92%的圣诞树都来自义乌。不只是圣诞树，围绕着圣诞到相关周边比如圣诞帽、贺卡、彩带、装饰灯，都来自义乌。义乌有个直播村，叫北下朱，被称为微商第一村、社交电商小镇、网红带货小镇，村子不大，走路20分钟就能绕村子一圈，但这里最多时候藏着将近20000个电商从业者。

（12）湖南浏阳，是全球闻名的"花炮之乡"。浏阳花炮制作技艺，还是国家级非物质文化遗产。湖南浏阳生产了全球二分之一烟花，特产红壤内含硫黄、硝石等材料，适合制作烟花。

（13）广东大芬村，被誉为"中国油画第一村"，是我国最大的商品油画生产、交易基地，也是全球重要的油画交易集散地。相关统计资料表明，欧美市场70%的油画来自中国，而其中的80%则来自大芬。

（14）浙江大唐，被称为"世界袜都大唐村"，每家每户都生产袜子，年产300亿双，遍布全球，生产各种各样的袜子让人眼花缭乱。

（15）河南许昌，世界假发之都，全球80%假发出自这里，5000多家假发作坊让中国成为全球最大假发生产国和输出国。

（16）山东潍坊市昌乐县鄌郚镇，生产了全世界1/3的吉他。

（17）河南商丘市虞城县稍岗镇，生产了全国超过85%、全世界超过一半的钢卷尺。

（18）浙江省诸暨市占据了全球73%的淡水珍珠市场。

（19）湖南邵阳市生产了全世界70%的打火机。

（20）江苏南通市占据了全国近50%、全世界25%以上的家纺份额。

（21）全球市场上超过一半的红木家具和制品来自福建仙游。

（22）全国65%以上的石材都出自福建省南安市水头镇。

（23）世界超过1/3的眼镜都是江苏丹阳出品。

六、市场细分的程序

市场细分应遵循一定的程序，一般来说分为以下几个步骤。一是基于需要的细分，依据顾客在解决特定消费问题时所寻找的相似的要求或利益把顾客划分成不同的细分市场；二是细分市场识别，对每一个基于需要的细分市场，确定有哪些人口特征、生活方式和使用行为使其与众不同和可以识别；三是细分市场吸引力，利用预先确定的细分市场吸引力标准（如市场增长率、竞争程度和市场可进入性）来判断每个细分市场；四是细分市场获利性，确定细分市场的获利能力，五是细分市场定位，针对每一个细分市场，根据其独特的顾客需求和特征创建"价值主张"和制定产品价格定位战略；六是细分市场的吸引力测试，测试每个细分市场的定位战略的吸引力；七是制定营销组合战略，扩展细分市场定位战略，把营销组合的所有方面囊括进去。（如表5－3所示）

表5－3　市场细分程序

步　骤	描　述
1. 基于需要的细分	依据顾客在解决特定消费问题时所寻找的相似的要求或利益把顾客划分成不同的细分市场
2. 细分市场识别	对每一个基于需要的细分市场，确定有哪些人口特征、生活方式和使用行为使其与众不同和可以识别（可操作性）
3. 细分市场吸引力	利用预先确定的细分市场吸引力标准（如市场增长率、竞争程度和市场可进入性）来判断每个细分市场的总体吸引力
4. 细分市场获利性	确定细分市场的获利能力
5. 细分市场定位	针对每一个细分市场，根据其独特的顾客需求和特征创建"价值主张"和制定产品价格定位战略
6. 细分市场的吸引力测试	测试每个细分市场的定位战略的吸引力
7. 制定营销组合战略	扩展细分市场定位战略，把营销组合的所有方面囊括进去

5.2　选择目标市场

　　市场经过细分之后，摆在企业面前的是若干个细分市场，究竟哪个细分市场对本企业来说存在着市场机会，即将哪个市场作为本企业的目标市场，这是企业在细分市场后需要考虑的问题，这样企业才可以集中自己有限的资源并发挥自己的优势为目标市场的消费者服务，进而也取得相应的经济回报。因此，企业必须对细分市场进行分析和评价，确定本企业的目标市场。所以，目标市场就是指企业准备用产品或服务，以及相应的一套营销组合为之服务或从事经营活动的特定市场。

 **拓展阅读** 王老吉、六个核桃聚焦目标市场的案例

王老吉最开始的定位是凉茶，但是凉茶就市场而言不是很大，有的人甚至不知道凉茶是什么，以至于说出凉茶就是隔夜茶的笑话来。但是当"怕上火、喝王老吉"这则广告出来后，很多人一下就知道了王老吉，并且在吃火锅、烧烤时对王老吉情有独钟。

如果前面只是不停地吹嘘凉茶多么好，效果可能不佳，但直接说出王老吉能够预防上火，从"上火"上做宣传，找到与上火有关的使用场景，如餐饮、聚会，就进一步打开了王老吉的市场。这个案例证明了跟上火有关的场景，就是王老吉的真正目标市场。

六个核桃起初在市场上并不受欢迎，一方面市场上有很多种可选择的产品，比如牛奶、花生奶；另一方面消费者对核桃奶的认知有限。尽管六个核桃的宣传"核桃奶"，与对手区别开来的定位是准确的，但仅仅是宣传的话，未必有消费者买账。因为核桃奶在当时还不被消费者所接受，消费者可以选择牛奶，为什么要核桃奶，也可以直接去买核桃，或许效果更好，另外对核桃奶的口味如何也存在未知。

但是六个核桃凭借"经常用脑，多喝六个核桃"的广告，找到了真正属于他们的目标市场——经常用脑的人群：如学生，尤其是高三学生，以及上班族、职场人，还有老年人等等。

确定目标市场，就是在一个大的市场里，聚焦找到属于本企业的那块市场，并且把这块市场进一步做大、做强，甚至引领这个市场，就像王老吉和六个核桃一样。

 **讨　论**

你身边还有哪些成功确定目标市场的案例呢？请与同学们进行分享。

_____

_____

_____

一、确定目标市场的步骤

确定目标市场就是在市场细分的基础上，企业根据自身优势，估计每个细分市场的吸引力程度，并选择一个或者若干个子市场作为自己的目标市场，并针对目标市场的特点展开营销活动，以期在满足顾客需求的同时，实现企业经营目标（见图5-1）。

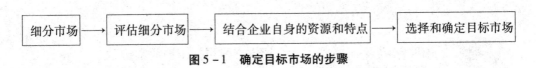

图 5 – 1   确定目标市场的步骤

企业选择的目标市场应是企业自身能在其中创造最大顾客价值并能保持一段时间的细分市场。资源有限的企业或许决定只服务于一个或几个特殊的细分市场。

二、评估细分市场

(一) 可衡量性

可衡量性是指细分市场必须是可以识别和可以衡量的，细分出来的市场不仅范围比较明晰，而且也能大致判断该市场的大小。像男女性别的人数、各个年龄组成的人数、各个收入组的家庭，都是可以衡量的。当然，也有一些因素不易衡量。例如，要衡量有多少消费者是爱好家庭生活的人，就相当困难了。凡是企业难以识别、难以衡量的因素或特征，都不能作为细分市场的依据。否则，细分的市场将会因无法界定和度量而难以描述，市场细分也就失去了意义。所以，恰当地选择细分变量十分重要。

(二) 需求足量性 (可盈利性)

需求足量性是指细分市场的容量足够大或获利性足够高，达到公司值得开发的程度。一个细分市场必须是值得以特殊营销方案去开发的最大同质群体，并且有充足的货币支付能力。

(三) 可进入性

可进入性是指能有效接触和服务细分市场的程度，也就是企业有能力进入所选定的细分市场。如果细分后的市场是企业现有能力达不到的，市场细分就没有实际意义。例如，某些偏远地区的居民收入水平低，购买能力低，尚无电力供应，企业无论怎样努力也难以打开家电市场的销路，因而企业就不必对这些地区进行细分。

(四) 反应差异性

反应差异性是指细分出来的各个子市场，对企业市场营销组合中任何要素的变动都能灵敏地作出差异性的反应，如果几个子市场对于一种市场组合按相似的方式作出反应，就不需要为每一个子市场制定一个单独的市场营销组合。例如，如果所有子市场按一个方式对价格变动作出反应，就无须为每个子市场规定不同的价格策略。

三、确定目标市场策略

在目标市场选择好之后，企业必须决定如何为已确定的目标市场设计营销组合，即采取怎样的方式，使自己的营销力量到达并影响目标市场。

（一）无差异市场策略

无差异市场策略是指企业将产品的整个市场视为一个目标市场，用单一的营销策略开拓市场，即用一种产品和一套营销方案吸引尽可能多的购买者。这种策略被形象地比喻为"一把钥匙打开所有的锁"。

无差异市场策略只考虑消费者或用户在需求上的共同点，而不关心他们在需求上的差异性。如：可口可乐公司早期就采取了这种策略，以单一口味的品种、统一的价格和瓶装、同一广告主题将产品面向所有顾客；又如早期福特汽车公司标准化生产线全部生产为黑色 T 型车，面向所有顾客。

无差异营销的理论基础是成本的经济性。生产单一产品，可以减少生产与储运成本；无差异的广告宣传和其他促销活动可以节省促销费用；不搞市场细分，可以减少企业在市场调研、产品开发、制订各种营销组合方案等方面的营销投入。

这一策略适用于产品初上市，或产品获得专利权的情况，因为这样的场合没有竞争者或竞争者少，适合于生产规模大，实力雄厚的大企业。

（二）差异性市场策略

差异性市场策略是将整体市场划分为若干细分市场，针对每一细分市场制订一套独立的营销方案。比如，服装生产企业针对不同性别、不同收入水平的消费者推出不同品牌、不同价格的产品，并采用不同的营销主题来宣传这些产品，采用的就是差异性营销策略。差异化营销，核心思想是"细分市场，针对目标消费群进行定位，导入品牌，树立形象"。例如宝洁公司的洗发水根据功能不同进行差异化营销，"海飞丝"头屑去无踪，秀发更出众；"潘婷"令头发健康，加倍亮泽；"飘柔"让头发飘逸柔顺等。

差异性营销策略的优点是：小批量、多品种，生产机动灵活、针对性强，使消费者的需求更好地得到满足，由此促进产品销售。另外，由于企业是在多个细分市场上经营，一定程度上可以减少经营风险；一旦企业在几个细分市场上获得成功，有助于提高企业的形象及提高市场占有率。

差异性营销策略的不足之处主要体现在两个方面：一是增加营销成本。由于产品品种多，管理和存货成本将增加；由于公司必须针对不同的细分市场发展独立的营销计划，会增加企业在市场调研、促销和渠道管理等方面的营销成本。二是可能使企业的资源配置不能有效集中，顾此失彼，甚至在企业内部出现彼此争夺资源的现象，使拳头产品难以形成优势。

这一策略适应于产品生命周期的成长期后期和成熟期。因为这一时期竞争者多，企业采取这一策略可以获取市场竞争优势，增强企业的竞争力。

（三）集中性市场策略

集中性市场策略是指企业集中力量去满足一两个目标市场消费者需要。集中性市场策略的指导思想是与其四处出击收效甚微，不如突破一点取得成功。企业将所有的资源力量集中，以一个或少数几个性质相似的子市场作为目标市场，进行专业化经营，力图在较少的子市场上获得较大的市场占有率。如有些公司把主要的精力放在婴幼儿产品上。

集中性市场策略适合于资源力量有限的中小企业。中小企业由于受财力、技术等方面因素制约，在整体市场可能无力与大企业抗衡，但如果集中资源优势在大企业尚未顾及或尚未建立绝对优势的某个或某几个细分市场进行竞争，成功可能性更大。集中性市场策略的局限性体现在两个方面：一是市场区域相对较小，企业发展受到限制；二是潜伏着较大的经营风险，一旦目标市场突然发生变化，如消费者趣味发生转移，或强大竞争对手的进入，或新的更有吸引力的替代品的出现，都可能使企业因没有回旋余地而陷入困境。

四、确定目标市场策略应考虑的因素

企业在最终决定采用何种目标市场策略的过程中，还应当全面考虑以下五项因素。

（一）企业的资源和能力

企业要根据人力、物力、财力及信息等方面制定相应的目标市场策略，如资源不足、能力有限的中小企业，无力把整个市场作为目标市场，多用集中性市场策略；实力雄厚的大企业，差异性市场策略与无差异市场策略均可根据需要使用。

（二）产品的同质性

同质性产品本身差异化较小，如大米、钢铁、食盐等，比较适合运用无差异市场策略。如果产品设计变化较多，如服装、食品、汽车和家用电器等，则宜采用差异性市场策略或集中性市场策略。

（三）市场的同质性

市场的同质性是指所有购买者爱好相似，每一时期的购买数量相近，对市场营销刺激的反应也相同。在这种情况下企业可采用无差异市场策略；反之，就应选用差异性市场策略或者集中性市场策略。

（四）产品生命周期阶段

企业向市场推出新产品，通常先介绍单一款式，因此，此时期可采用无差异市场策略或者集中性市场策略。产品进入成熟期以后，逐渐转向差异性市场策略，或者运用集中性市场策略，开拓新的市场。

（五）竞争对手的市场战略

竞争对手积极进行市场细分、实行差异性市场策略，本企业若采用无差异市场策略与之对抗，一般难以奏效。此时，应当通过更为有效的市场细分，寻找新的机会与突破口，采用差异性市场策略或者集中性市场策略。反之，竞争对手使用无差异市场策略，本企业采用差异性市场策略，通常必有所得。面对强大的竞争对手，可使用集中性市场策略。

5.3　市场定位

企业在进行市场细分、确定目标市场之后，紧接着应考虑目标市场各个方位的竞争情况。因为在企业准备进入的目标市场中往往存在一些捷足先登的竞争者，有些竞争者在市场中已占有一席之地，并树立了独特的形象。新进入的企业如何使自己的产品与现存的竞争者产品在市场形象上相区别，这就是市场定位的问题。

一、市场定位的概念和作用

（一）市场定位概念

市场定位是市场营销战略体系中的重要组成部分，它对于树立企业及产品或品牌的鲜明特色、满足顾客的需求偏好，从而提高企业竞争实力具有重要的意义。

市场定位是指企业根据目标市场上同类产品的竞争状况，针对顾客对该类产品某些特征或属性的重视程度，为本企业产品塑造强有力的、与众不同的鲜明个性，并将其形象生动地传递给顾客，求得顾客认同。市场定位的实质是使本企业与其他企业严格区分开来，使顾客明显感觉和认识到这种差别，从而在顾客心目中占有与众不同的有价值的位置。

 **独特的市场定位将有利于提升企业的核心竞争力**

美国学者杰克·特劳特曾说："所谓定位，就是使你的企业和产品与众不同，形成核心竞争力。"（见图1）定位不是对产品做什么事，而是改变客户认知模式。比如：提起搜索引擎的时候，

杰克·特劳特曾说："所谓定位，就是使你的企业和产品与众不同，形成核心竞争力。"

图1　杰克·特劳特关于定位的解读

一般都用"百度"代替。当大家遇到问题不知道怎么办的时候，朋友会告诉你"百度一下"。百度之所以如此受欢迎，并不一定说它比搜狗搜索或者360搜索更好用，而是在中文搜索领域，百度是第一个搜索品牌。又如在网购领域，淘宝也是如此。只要谈及网购，人们首先想到的就是淘宝。可以说，"淘宝"基本上也已经成为"网购"的代名词了。这也是因为在网购领域，淘宝是排名第一的网购品牌。提及果冻，我们就会想起"喜之郎"；提起海苔，我们就会想起喜之郎旗下的"美好时光"。这些定位的方式，都使产品在目标客户心目中相对于竞争产品而言占据更加清晰、独特的位置，占据了客户的心智资源。

知识社会带来的信息爆炸，使得本来极其有限的客户心智受到更多干扰。根据哈佛大学心理学博士米勒的研究，客户心智中最多也只能为每个品类留下七个品牌空间。而美国学者杰克·特劳特进一步研究发现，随着竞争的加剧，最终连七个品牌也容纳不下，只能给两个品牌留下心智空间，这就是定位理论中著名的"二元法则"①。

市场定位根据不同的定位对象，一般有产品定位、品牌定位、企业定位三个层面。

1. 产品定位

产品定位就是将某个具体的产品定位于消费者心中，让消费者产生类似需求就会联想起这种产品。产品定位是其他定位的基础，因为企业最终向消费者提供的是产品，没有产品这一载体，品牌及企业在消费者心中的形象就难以维持。如：抖音app最初的定位就是一款音乐创意短视频社交软件，一个专注年轻人的15秒音乐短视频社区；呷哺呷哺小火锅店"比快餐隆重一分，又比正餐轻松一点"的精准定位帮助其在早期获得了市场的快速认可。

---

① ［美］艾·里斯，杰克·特劳特. 定位：争夺用户心智的战争［M］. 北京：机械工业出版社，2017.

2. 品牌定位

品牌原本是产品的一种特殊标志、标识。但品牌定位不同于产品定位，当一种知名品牌代表某一特定产品时，产品定位与品牌定位无大区别。如当消费者一看到"飘柔"，就自然而然地把它与洗发水联系起来。当一种知名品牌代表多产品时，产品定位就区别于品牌定位，如当你提起"三星"时，别人很难分辨出你指的是三星家电，还是三星手机。尽管如此，但人们脑海中都仍会产生一种概念，即"三星＝高品质"。所以，品牌定位比产品定位内涵更宽，活动空间更广，应用价值更大。

3. 企业定位

企业定位是企业组织形象的整体或其代表性的局部在公众心目中的形象定位，企业定位是最高层的定位，必须先定位企业的产品和品牌，但它的内容和范围要广得多。如，国家电网定位为"国民经济保障者　能源革命践行者　美好生活服务者"，这体现公司作为国有重点骨干企业的属性、电力企业的属性和公用事业企业的属性，也体现了企业积极履行经济责任、政治责任、社会责任，为经济社会发展提供安全、可靠、清洁、经济、可持续的电力供应，在服务党和国家工作大局中当排头、起表率作用。

（二）市场定位的作用

总的看来，市场定位在两个方面为广大商家提供了制胜的法宝：

1. 定位能创造差异，有利于塑造企业特有的形象

通过定位向消费者传达定位的信息，使差异性清楚地凸显于消费者面前，从而引起消费者注意，并使其产生联想。若定位与消费者的需求吻合，那么品牌就可以留在消费者心中。如在品牌多如牛毛的洗发水市场上，海飞丝洗发水定位为去头屑的洗发水，这在当时是独树一帜的，因而海飞丝一推出就立即引起消费者的注意，并认定它不是普通的洗发水，而是具有去头屑功能的洗发水，当消费者需要解决头屑烦恼时，便自然而然地第一个想到它。

2. 适应细分市场消费者的特定要求，以更好地满足消费者的需求

每一产品不可能满足所有消费者的要求，每一个企业只有以市场上的部分特定顾客为其服务对象，才能发挥其优势，提供更有效的服务。因而明智的企业会根据消费者需求的差别将市场细分，并从中选出有一定规模和发展前景并符合企业的目标和能力的细分市场作为目标市场。但只是确定了目标消费者是远远不够的，因为这时企业还处于"一厢情愿"的阶段，令目标消费者也同样以企业的产品作为他们的购买目标才更为关键。为此企业需要将产品定位在目标市场消费者的偏爱上，并通过一系列营销活动向目标消费者传达这一定位信息，让消费者注意到这一品牌并感觉到它就是他们所需的，这才能真正占据消费者的心，使企业所选定的目标市场真正成为企业的市场。如果说市场细分和目标市场抉择是寻找"靶子"，那么市场定位就是将"箭"射

向靶子。

3. 定位能形成竞争优势

在当今信息爆炸的社会中，消费者大都为过量的产品或服务的信息所困惑。他们不可能在作每项购买决策时都对产品作重新的评价，为了简化购买决策，消费者往往会对产品进行归类，即将某个企业和产品与竞争对手和竞争产品相比较后得出的感觉、印象和感想，并使企业和产品在他们心目中"定个位置"。定位一旦得到消费者的认可，便能使企业形成巨大的竞争优势，且这一优势往往是非产品质量和价格所带来的优势可比的。如"可口可乐才是真正的可乐"，这一广告在顾客心目中确立了"可口可乐是唯一真正的可乐"这一独特的地位，于是，其他可乐在消费者心目中只是可口可乐的模仿品而已，尽管其他可乐在品质或价格等方面与可口可乐几乎不存在差异。

二、市场定位步骤

（一）确立产品的特色

市场定位的出发点和根本要素就是要确定产品的特色。首先要了解市场上竞争者的定位如何，他们提供的产品或服务有什么特点。其次要了解消费者对某类产品各方面属性的重视程度。显然，费大力气去宣传那些与消费者关系并不密切的产品是多余的。最后，还得考虑企业自身的条件。有些产品属性，虽然是消费者比较重视的，但如果企业力所不及，也不能成为市场定位的目标。

（二）树立市场形象

企业所确定的产品特色，是企业有效参与市场竞争的优势，但这些优势不会自动地在市场上显示出来。要使这些独特的优势发挥作用，影响消费者的购买决策，需要以产品特色为基础树立鲜明的市场形象，通过积极主动而又巧妙地与消费者沟通，引起消费者的注意与兴趣，求得消费者的认同。有效的市场定位并不取决于企业是怎么想，关键在于消费者是怎么看。市场定位成功的最直接反映就是消费者对企业及其产品所持的态度和看法。

（三）巩固市场形象

消费者对企业的认识不是一成不变的。由于竞争者的干扰或自身与消费者沟通不畅，会引致企业市场形象模糊，顾客对企业的理解会出现偏差，态度发生转变。所以建立市场形象后，企业还应不断向消费者提供新的论据和观点，及时矫正与市场定位不一致的行为，巩固市场形象，维持和强化消费者对企业的看法和认识。

三、市场定位方法

各个企业经营的产品不同，面对的消费者也不同，所处的竞争环境也不同，因而市场定位所依据的原则也不同。总的来讲，市场定位所依据的原则有以下四点：

（一）根据具体的产品特点定位

构成产品内在特色的许多因素都可以作为市场定位所依据的原则。比如产品所含成分、材料、质量、价格等。七喜汽水的定位是"非可乐"，强调它是不含咖啡因的饮料，与可乐类饮料不同。泰宁诺止痛药的定位是"非阿司匹林的止痛药"，显示药物成分与以往的止痛药有本质的差异。

（二）根据特定的使用场合及用途定位

为老产品找到一种新用途，是为该产品创造新的市场定位的好方法。比如脑白金本是一种保健药品，可是企业将其定位为礼品，从而取得了很好的销售效果；云南白药从一家治跌打损伤的传统老字号中药企业，扩展到集牙膏、面膜、漱口水、洗发水、蒸汽眼罩和电动牙刷等健康消费品为一体的健康生活品牌，再迭代成全球领先的"健康服务综合解决方案提供商"，云南白药就是根据特定的使用场合——骨伤科、医美等领域，进行战略规划，并进一步定位为"重点布局骨伤科、医美等领域"。云南白药既是百年老字号，也是当代消费者生活里受青睐的一线品牌。

（三）根据顾客得到的利益定位

产品提供给顾客的利益是顾客最能切实体验到的，这也可以用作定位的依据。如元气森林向市场推出了倡导"0糖0脂0卡"的无糖苏打气泡水，凭借三"0"主义主张，引领了一种轻松、无负担的生活方式与状态，以其独一无二的高颜值、无负担产品定位，瞬间就点燃了年轻消费者的购买欲。世界上各大汽车巨头的定位也各有特色，如劳斯莱斯车豪华气派、丰田车物美价廉、沃尔沃则安全耐用。

（四）根据使用者类型定位

企业常常试图将其产品指向某一类特定的使用者，以便根据这些顾客的看法塑造恰当的形象。美国米勒啤酒公司曾将其原来唯一的品牌高生啤酒定位为"啤酒中的香槟"，吸引了许多不常饮用啤酒的高收入妇女。后来发现，30%的在饮者大约消费了啤酒销量的80%，于是，该公司在广告中展示石油工人钻井成功后狂欢的镜头，还有年轻人在沙滩上冲刺后开怀畅饮的镜头，塑造了一个"精力充沛的形象"。在广告中提出"有空就喝米勒"这一经典广告语，从而成功占领啤酒狂饮者市场达10年之久。

事实上，许多企业进行市场定位的依据往往不止一个，而是多个依据同时使用。因为要体现企业及其产品的形象，市场定位必须是多维度的、多侧面的。

 **讨　论**

定位陈述：尝试对你身边的某一产品做定位陈述。即用一两个句子说明你的定位解决的问题以及为什么顾客选择你而不选择你的竞争对手的产品。不需要固定的格式，但要把关键点描述出来。

_____

_____

_____

四、市场定位策略

市场定位是一种竞争性定位，它反映市场竞争各方的关系，是为企业有效参与市场竞争服务的，主要战略有以下几种：

（一）领导者定位

领导者定位，又称抢先定位。一个产品或服务品类的"先进入者"，或者希望客户相信自己是这个品类的先进入者的品牌，通常会使用领导者定位。如：奔驰会强调自己是汽车发明者，来显示自己产品的实力；可口可乐强调自己是可乐的发明者，而且强调自己的"正宗"，因为实践证明第一品牌的销量总是远远超过第二品牌（如：通用汽车超过福特，麦当劳超过汉堡王等）。领导者定位的好处就是一旦占领了消费者的心智资源，对竞争对手的压力是长期性的。领导者定位本身会构成一条护城河，通常居于领导者定位的品牌的市场份额最大，并且甩开第二名很远，且受到资本市场的追捧。

（二）比附定位

比附定位即通过与竞争品牌的比较来确定自身市场地位的一种定位策略，其实质是一种借势定位或反应式定位，即借竞争者之势来衬托自身的品牌形象。在比附定位中，参照对象的选择是一个重要问题。如王老吉是中国凉茶行业的鼻祖，它以"怕上火喝王老吉"为战略口号，一直占据中国凉茶饮料领域的头把交椅，拥有大片的市场份额。在王老吉的强势"压迫"下，福建达利食品有限公司一方面邀请著名演员陈道明做形象代言人，另一方面以"清火气、养元气"为战略口号，隆重推出和其正凉茶，以"熬夜伤神补元气"的独特战略，从而迅速成为凉茶行业中，可以和王老吉一较高下的"黑马"。一般来说，只有与知名度、美誉度高的品牌作比较，才能借势抬高自己的身价。又如百事可乐与可口可乐的竞争，肯德基与麦当劳的竞争，佳洁士和高露洁牙膏的竞争等。

（三）市场补缺式定位

市场补缺式定位，也叫作避强定位。这是种避开强有力的竞争对手进行市场定位的模式。企业不与对手直接对抗，而是将自己置定于某个市场"空隙"，发展目前市场上没有的特色产品，拓展新的市场领域。市场补缺式定位能够迅速地在市场上站稳脚跟，并在消费者心中尽快树立起一定形象。由于这种定位方式市场风险较小，成功率较高，常常为多数企业所采用。例如企业突出宣传自己与众不同的特色，在某些有价值的产品属性上取得领先地位，如七喜饮料，定位为无咖啡因的汽水；汉堡王是"烤制非油炸"食品。

 **拓展阅读** 极飞无人机构建智慧农业生态4.0时代

广州极飞科技股份有限公司是一家做无人机产品的企业，说到无人机，更多人会想起另一个名字，深圳市大疆创新科技有限公司——大疆无人机。2012年，大疆推出了全球第一款面向普通消费者的航拍一体机，也就是具有拍摄功能的无人机。这个开创性产品，立马让大疆无人机的销量飙升，两年时间就在全球无人机消费市场占据了超过70%的份额。而作为和大疆差不多同时成立的公司，极飞一开始就遇到了一个无比强大的竞争对手。

想想看，如果你是极飞团队的成员，会怎么办？投入重金去研发比大疆更先进的航拍无人机吗？资金不允许，时间也不允许。能不能找到另外一块市场空间，避开跟大疆的竞争呢？当时，无人机还有几个应用场景：一是帮助科学家进行极地环境的科考工作；二是帮助警方展开巡逻搜救工作；（可是这两个场景都太小众了，市场规模肯定做不大）三是用无人机做物流运输。这个场景应用很多，但无人机的物流成本比较高。每飞一次，电池平均成本就要10元，而人工送一趟快递，成本只有1.8元，无人机根本没有竞争优势。就这样，极飞找了很久，也没找到自己的主力战场。

直到2013年，极飞团队去了一趟新疆，终于有了思路。他们看到一望无际的棉花地里，农户正在给棉花喷洒农药。他们戴着简易的自制口罩，背着农药箱，手里拽着一个农药喷头，在地里艰难地行走着。农药是有毒的，还有刺鼻的味道，打药时，人被熏得眼睛都睁不开，甚至还有中毒晕倒的危险。

极飞团队看着农户们艰难的背影，突然来了灵感，能不能用无人机帮助农民们喷洒农药呢？用无人机洒药，不仅可以大幅度减轻农民的工作负担，成本也比人工打药

要低很多，而且农业这个场景市场规模巨大，没有什么竞争对手。看到这个机会，极飞毅然地砍掉其他所有业务，选择了市场补缺式定位，全面进入农业这一个赛道，这就是极飞的破局点。

事实证明，极飞这一步走对了。到2021年底，极飞的农业无人机业务已经发展到了42个国家和地区，服务超过931万农户，7亿亩农田（28个北京市那么大）。

现在，新疆3000亩的棉花田，用了极飞的无人机，只需要两个"90后"的小伙子在手机上给无人机发指令，无人机就能自动起飞、自动洒药、自动回来。他们一边打着篮球，一边就把活干完了。

企业面对强敌时，只有拓宽视野，利用市场补缺式定位，看到更大的地图，才能找到属于自己的空间。

（四）重新定位

重新定位是指企业通过努力发现最初选择的定位战略不科学、不合理、营销效果不明显，继续下去很难成功获得强势市场定位时，及时采取的更换品牌、更换包装、改变广告诉求策略等一系列重新定位方法的总称，也叫二次定位。企业重新定位的目的在于能够使企业获得新的、更大的市场活力。如IBM通过重新定位为"集成电脑服务商"，从而走出连续巨亏的困境，重获辉煌；云南白药创可贴通过"有药好得更快些"的重新定位［强势品牌邦迪的战略性缺点（无药）］，从而反客为主成为领导品牌；东阿阿胶通过从"补血圣药"重新定位为"滋补国宝"，从逐渐萎缩的"贫血"市场转向了广阔壮大的"滋补养生"市场。

无论用哪一种定位方式，所强调的本质都是"一语中的"地讲清楚差异化，用一个词或词语来表达清楚"我们是谁、做什么、有何不同"。产品能把这三个要素都讲清楚了，也就说明白了为什么产品的形象如此深入人心的原因了。

小 结

在任务五中，我们首先学习了市场细分的概念、作用及依据和标准，要根据地理变量、人口变量、心理变量和行为变量，进行市场细分。其次学习了选择目标市场，根据市场细分，评估细分市场，选择目标市场，可以采取无差异市场策略、差异性市场策略和集中性市场策略。接着学习了市场定位，即企业根据目标市场上同类产品的竞争状况，针对顾客对该类产品某些特征或属性的重视程度，为本企业产品塑造有利的、与众不同的鲜明个性，并将其形象生动地传递给顾客，求得顾客认同。根据不同的定位对象，市场定位分为企业定位、品牌定位和产品定位。最后学习了市场定位的步骤、定位的方法，以及领导者定位、比附定位、市场补缺式定位和重新定位 4 种定位策略。

1. 什么是 STP 分析？

2. 很多商家说"来的都是客"，学习了目标市场营销，请谈谈你对"来的都是客"这种说法的认识。

3. 本单元我们学习了市场定位，以打造产品的独特气质。请你思考在生活和今后的工作中应该如何去找位、选位、定位，打造自己独特气质？

4. 请尝试用"我们是谁、做什么、有何不同"对某产品进行定位描述。

第四部分
DISI BUFEN

制定营销战术

任务六　制定产品策略

**学习目标**

（1）掌握产品的核心概念，了解产品组合策略；

（2）熟悉产品生命周期各阶段的特点及其相应的营销策略；

（3）了解新产品的概念，熟悉新产品的开发程序；

（4）掌握品牌的概念和作用，熟悉品牌的实施策略；

（5）熟悉包装的概念、作用及包装策略。

引言　**牢记质量发展使命，推进产品创新生产**

质量问题事关转型发展，事关民生民心，事关国家形象，事关党的执政基础。习近平总书记指出要"把推动发展的立足点转到提高质量和效益上来"，强调"以提高增长质量和效益为立足点"，努力实现更高质量、更有效率、更加公平、更可持续的发展，把质量摆到战略高度。

质量是创新的基础，创新是质量的提升。习近平总书记在调研湖南长沙一企业时强调："创新是企业经营最重要的品质，也是今后我们爬坡过坎必须要做到的。关键核心技术必须牢牢掌握在自己手中，制造业也一定要抓在我们自己手里。"企业必须走自力更生、自主创新的道路；必须依靠互联网、依靠云计算、依靠大数据等先进技术推动中国产品转型升级，推动中国制造向中国创造转变、中国速度向中国质量转变、中国产品向中国品牌转变。

**讨论**

请谈谈产品质量、创新产品会对市场营销带来哪些影响？

_____

_____

_____

6.1　产品的整体概念与产品组合

一、产品的整体概念

现代市场营销学认为，产品是指能够在市场上得到的，用于满足人们欲望或需要的一切东西，包括有形物品、场所，无形的服务、组织、观念、设计、软件、意识等各种形式，是它们的组合。现代市场营销学的产品概念具有两个方面的特点：首先，产品不仅是指其物质实体，而且包括能满足人们某种需要的服务；其次，对企业而言，产品不仅是具有物质实体的实物本身，而且包括随同实物出售时所提供的系列服务。

美国学者菲利普·科特勒用五个基本层次来描述产品整体概念，即核心产品、基础产品、期望产品、附加产品、潜在产品。国内大多数学者一般将产品分为三个层次，即核心产品、形式产品和附加产品，如图6-1所示。

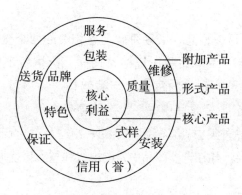

图6-1　产品整体概念的三个层次

（一）核心产品

核心产品是指消费者购买某种产品时所追求的利益和效用，是顾客真正要买的东西。营销者必须将核心利益转化为基础产品，即产品的基本形式。

（二）形式产品

形式产品是核心产品借以表现的形式，即向市场提供的实体和服务的形象。

（三）附加产品

附加产品是顾客购买形式产品时所获得的全部附加服务和利益，顾客希望得到与满足其需要有关的一切。

如冰箱的核心产品是：冷藏、保鲜，可以随时调整湿度控制器，控制果菜盒湿度，最大限度地保持水果及蔬菜水分；形式产品是：外观、结构、造型、型号各异的冰箱容器的外形、包装等，如有些企业注重品牌宣传，有些针对中国人居室普遍较小的情况，选择"静音"作为进入千家万户时的切入点，有些提倡"低碳节能"；附加产品是：针对冰箱进入更新期，或推出"超值弃旧，以旧换新"活动，或推出"私人家电保养"服务，除了超过国家"三包"规定的基础保修服务以外，还将享受有家电保养师的专业咨询和定期回访等服务。

二、产品组合

（一）产品组合的概念

产品组合是指一个企业生产或销售的全部产品，即产品项目、产品线的配合方式，对所生产经营的多种产品组合的广度、深度及关联性处于最佳结构，以提高企业竞争能力和取得最好经济效益。

要准确理解产品组合这一概念，必须理解与之相关的两个概念：

产品项目：是指一类产品中品牌、规格、式样、价格所不同的每一个具体产品，通常情况下，企业产品目录上列出的每一个产品就是产品项目。如海尔公司众多规格型号的洗衣机中，"小神童"就是其中的一个产品项目。

产品线：是指同一产品种类中具有密切关系的一组产品，它们通过相同的销售网点销售，都能满足消费者的需要。如在电器产品中，电视机和电冰箱就是不同的产品线。

 **拓展阅读** **不打广告的三顿半，是如何超越雀巢的？**

三顿半是我国速溶咖啡品牌，近两年迅速在激烈的咖啡市场中崛起。在 2019 年天猫"双十一"期间，三顿半预售第一个小时的咖啡销量就突破 60 万颗，打败了雀巢和星巴克，获得天猫的咖啡品类品牌第一和单品销量第二的好成绩，也成为首个登上咖啡销量榜榜首的本土品牌。

三顿半之所以有这样的成绩，在于其打造出了差异化的产品和服务。三顿半咖啡以年轻人的需求和个性为原点，进行需求挖掘，即快节奏的生活和碎片化的时间让年轻人对咖啡的便捷性和功能性提出了更高的要求。而外卖咖啡等待时间过长，无法满足即时需求，除了对产品本身的物质需求，年青一代还希望满足更高层次的精神需求，即表达自我个性和构建理想生活，咖啡市场急需通过产品开发和传播设计，表达和呈现精品咖啡的更多可能性的新产品。

三顿半的创始团队敏锐地洞察到了年轻人需求的痛点，尝试构建品质、情感与价格都亲民的"理想生活方式"。通过技术创新，打造口感接近现磨咖啡的便携产品，在2018年3月的上海国际咖啡展上，三顿半推出了第一代明星产品——冷萃即溶咖啡，3秒极速溶解并保留冷萃咖啡的风味，用迷你杯包装向用户表达还原诉求，价格瞄准每杯5～10元的市场空缺地带，满足用户日常的高频消费需求；三顿半将咖啡以编号的形式出售，对于咖啡新手来说非常友好，让他们不用纠结到底是买曼特宁咖啡还是耶加雪菲；三顿半提出的"领航""返航""太空旅客"等理念，引发了年轻消费群体的共鸣，也激起了用户的好奇心和参与感。

三顿半咖啡通过是品质好、好喝、好玩、能社交、能跨界、充满仪式感的咖啡产品，不断激发用户进行自发传播及多维度势能叠加的效应，不断扩展精品咖啡的消费场景，传达一种轻松休闲的生活理念。三顿半基于用户洞察，坚持做好产品，创好品牌。网友对其评价为："始于颜值，陷于品质，忠于品牌。"

讨论

三顿半提供的产品是什么？满足了消费者什么样的需求？你认为什么样的产品才是好产品？在产品趋同的今天，怎样才能增强企业的竞争力？

_____

_____

_____

（二）产品组合要素

1. 产品组合的宽度

产品组合的宽度是指一个企业所拥有的产品线的数目，即产品组合所包含产品大类的多少。

2. 产品组合的深度

产品组合的深度是指一个企业的每条产品线上平均具有的产品项目数，如每个产品所包含花色、式样、规格的多少。

3. 产品组合的关联度

产品组合的关联度是指一个企业的各个产品线之间的最终用途、生产条件、分销渠道和其他方面相互关联的程度。

4. 产品组合的长度

产品组合的长度是指产品组合中所有产品线的产品项目总数。每一条产品线内的产品项目数量,称为该产品线的长度。如果具有多条产品线,可将所有产品线的长度加起来,得到产品组合的总长度,除以产品组合的宽度,则得到平均产品线的长度。

企业产品组合的宽度、长度、深度和关联性不同,就构成不同的产品组合。企业在选择决定产品组合宽度、长度、深度和关联性时,会受到企业资源、市场需求及市场竞争的制约。企业产品组合的宽度、长度、深度和密度主要取决于企业目标市场的需要。

(三) 产品组合的意义

产品组合的宽度、长度、深度和关联性在市场营销战略上具有重要意义。

首先,企业增加产品组合的宽度(即增加产品大类,扩大经营范围,甚至跨行业经营,实行多角化经营),可以充分发挥企业的特长,使企业尤其是大企业的资源、技术得到充分利用,提高经营效益。此外,实行多样化经营还可以减少风险。

其次,企业增加产品组合的长度和深度(即增加产品项目,增加产品的花色式样规格等),可以迎合广大消费者的不同需要和爱好,以招徕、吸引更多顾客。

最后,企业增加产品组合的关联性(即使各个产品大类在最终使用、生产条件、分销渠道等各方面密切关联),则可以提高企业在某一地区、行业的声誉。

例如,通过分析宝洁公司的产品组合(如表6-1所示),可以知道宝洁公司生产许多大类产品,有7条生产线(实际上,该公司还有许多另外的产品线如保健产品、饮料等)。产品组合的宽度为7,产品项目总数即该公司产品组合的长度为18,则产品组合的平均长度约为2.57。由于宝洁公司的产品都通过同样的分销渠道出售,据此可以说,该公司的产品线具有较强的关联性;而就该公司的产品对消费者的不同用途来看,该公司的产品线缺乏关联性。

表6-1 宝洁公司 (P&G) 的产品组合

产品组合的宽度							
	洗涤剂	口腔护理	个人清洁	婴儿用品	食品	护肤美容	洗发护发
产品线的深度	汰渍、碧浪、熊猫	佳洁士牙膏、佳洁士漱口水、佳洁士牙刷	舒肤佳、玉兰油	帮宝适	品客	玉兰油系列、SK-Ⅱ系列、伊奈美系列	飘柔、海飞丝、潘婷、沙宣、伊卡璐

(四) 产品组合的优化策略

企业在调整和优化产品组合时,依据情况的不同,可选择如下策略。

1. 扩大产品组合策略

扩大产品组合包括拓展产品组合的宽度和加强产品组合的深度。前者是在原产品组合中增加一个或几个产品大类，扩大经营产品范围；后者是在原有产品大类内增加新的产品项目。当企业预测现有产品大类的销售额和利润额在未来一段时间内有可能下降时，就应考虑在现行产品组合中增加新的产品大类，或加强其中有发展潜力的产品大类；当企业打算增加产品特色，或为更多的细分市场提供产品时，可在原有产品大类内增加新的产品项目，这样可使企业充分地利用人、财、物资源，分散风险，增强竞争能力。

2. 缩减产品组合策略

当市场繁荣时，较长、较宽的产品组合会为许多企业带来更多的盈利机会，但当市场不景气或原料、能源供应较紧张时，缩减产品反而可能会使总利润上升。这是因为从产品组合中剔除了那些获利很小甚至不获利的产品大类或产品项目，使企业可集中力量发展获利多的产品大类和产品项目。

通常情况下，企业的产品大类有不断延长的趋势，原因主要有：生产能力过剩迫使产品大类经理开发新的产品项目；经销商和销售人员要求增加产品项目，以满足顾客的需要；产品大类经理为了追求更高的销售利润，增加产品项目。但是，随着产品大类的延长，设计、工程、仓储、运输、促销等市场营销费用也随之增加，最终将会减少企业的利润。在这种情况下，需要对产品大类的发展进行相应的遏制，剔除那些得不偿失的产品项目，使产品大类缩减，提高经济效益。

 **拓展阅读** 卡夫食品产品组合的优化策略

卡夫食品有限公司（以下简称"卡夫"），是最大的糖果、食品和饮料公司，也是全球第二大的食品公司，其食品品牌众多，有饼干：奥利奥、王子、趣多多、太平梳打、优冠、闲趣、乐之、佳钙；糖果：怡口莲、荷氏；咖啡：麦斯威尔、麦氏典藏；固体速溶饮料：菓珍等产品，每年在全球的收入超过1亿美元。

1. 卡夫食品缩减产品组合策略

在激烈的市场竞争中，卡夫公司曾分别售出其旗下的箭牌、宠物零食部门——Milk－Bone，果汁饮料——Fruit2O和一些杂货店品牌。其中，卡夫出售其谷物部门——Ralcorp控股，这是卡夫主要的自主品牌食品制造商。卡夫通过出售的方式缩减产品组合，其"瘦身"行动，一是增加了销售额，二是减轻了公司债务，加速了资金周转，扩大了再生产。三是有利于集中资源和技术力量，进行专业化生产经营，提高其他产品的生产效率，降低生产成本。这些对产品组合的优化和调整都为卡夫食品公司接下来的产品组合策略平整了道路。

2. 卡夫食品扩大产品组合策略

卡夫收购达能集团全球饼干业务，其中包括LU、闲趣和达能王子等居市场领导地位的饼干品牌。卡夫食品希望通过收购达能饼干业务在中国市场站稳脚跟。此番收购使卡夫成为占据中国半壁河山的最大饼干企业。卡夫食品公司通过采用这种平行扩大的产品组合策略，在原有产品线上增加了闲趣、达能这两个在大中华地区消费者辨识度较高的产品项目，并利用这两个产品的商标知名度和产品信誉度，成功地打开中国饼干市场的大门，迅速地提高市场的占有率。而对本身就有优良的饼干生产流水线的卡夫而言，收购达能这家公司，还能充分利用本企业的资源和剩余生产能力，提高企业的经济效益。

卡夫公司作为一家卓越的食品类企业，有太多值得借鉴的产品组合经验。卡夫食品公司除了世界级的市场定位与管理经验外，优秀地完成并购整合、调整和优化产品组合，实现成本节约使得资产合理化利用得以提升，并坚持不断创新产品，受到消费者的喜欢。

3. 产品系列延伸策略

产品延伸策略是指将某一著名品牌或某一具有市场影响力的成功品牌使用到与成名产品或原产品完全不同的产品上，全部或部分地改变公司原有产品的市场定位，并凭借现有品牌产生的辐射力事半功倍的形成系列名牌产品的一种品牌创立策略，被形象地称为"搭名牌列车"策略。具体做法有向下延伸、向上延伸和双向延伸三种。

（1）向上延伸。

向上延伸是指企业原来生产低档产品，后来决定增加高档产品。向上延伸的主要理由是：高档产品畅销，销售增长较快，利润高；企业估计高档产品市场上的竞争者较弱，易于被击败；企业想使自己成为生产种类齐全的企业。采取向上延伸策略也要承担一定的风险：可能引起生产高档产品的竞争者进入低档产品市场，进行反攻；未来的顾客可能不相信企业能生产高档产品；企业的销售代理商和经销商可能没有能力经营高档产品。

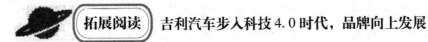 **拓展阅读** 吉利汽车步入科技4.0时代，品牌向上发展

吉利汽车集团是中国领先的汽车制造商，旗下拥有：星越L、星越S、星瑞、帝豪系、缤越、缤瑞、豪越、ICON、博越系、嘉际、博瑞、远景系等车型，覆盖轿车、SUV、MPV等各细分市场，涵盖传统燃油、油电混动、插电混动、纯电动等各动力系统，于2020年10月底成为首个实现乘用车产销1000万辆的中国品牌汽车企业。面对汽车行业的百年大变革，吉利汽车积极应变，稳扎稳打、步步为营，在2020年宣布进

入科技 4.0 时代，品牌向上发展。

1.0 时代。起步阶段（1996—2005 年），代表车型为优利欧、豪情、美日。吉利汽车早期的造车技术并不成熟，发动机、底盘、变速器并非自主研发。彼时的吉利，主打低端车型，这也就使得"低端"成为吉利在相当长的一段时间里的代名词。

2.0 时代。战略转型阶段（2006—2013 年），代表车型为远景、帝豪。2007 年，吉利正式向业界宣布进入战略转型期，通过扩充较高档的汽车的生产以及重大的投资项目，旨在提高吉利的科技水平和品牌地位，由价格竞争优势转换为技术领先优势。随后大力推行平台战略和多品牌战略，品牌整体向上。这一阶段典型车型为远景和帝豪。

3.0 时代。战略调整阶段（2014—2019 年），代表车型为博越、博瑞。2014 年吉利汽车曾出现销量下滑挫折后，进行积极调整，实施"回归一个吉利"战略，将旗下品牌和销售渠道重组，来发挥规模优势以实现降本增效。2015 年博瑞上市，开启精品车3.0 时代，造型、品质、配置、智能化等全面升级；2016 年博越、新帝豪等陆续上市，均为爆款；2017 年基于 CMA 平台提出新豪华品牌领克，进一步使得自己品牌力量增强，品牌不断向上。这一阶段的主力车型是吉利博越、博瑞、新帝豪以及新远景系列。

4.0 时代。全新发展阶段（2020 年至今），开启全面架构造车。吉利汽车正式进入"科技 4.0 时代"，开启全面架构造车。应用 BMA、CMA、SPA 及 SEA 基础任务架构，覆盖从纯电、混动到燃油、从紧凑型到中大型车型的全面产品布局需求。推出新高端电动品牌"极氪"，叠加中高端合资品牌"领克"的不断成熟，将带动吉利的品牌力在未来持续向上，市场影响力也会不断增强。

（2）向下延伸。

向下延伸是指企业原来生产高档产品，后来决定增加低档产品。这类延伸可以扩大市场份额，但容易引起消费者对原品牌内涵档次的质疑，影响原品牌的定位和形象。因为这些品牌在消费者心目中被定位为高端名品，是身份的象征，所以通过降低质量标准或降低价格来进行延伸是危险的。虽然通过派生的中低档品牌吸引了一批购买力弱的消费者，但因其品牌资产价值已经自行贬低，也会失去很大一部分原有消费者，故此风险较大。相比之下，比较行之有效的办法就是采用不同的品牌名，拉开与核心品牌的距离，保留核心品牌的核心价值。比如，劳力士用蒂陀（Tudor）品牌作为向下延伸的品牌就很成功，但也面临着把品牌价值转化为销售业绩的考验。

（3）双向延伸。

双向延伸是把品牌同时向上或向下、向上或平行、平行或向下进行延伸。一般而言，采用此类延伸的原品牌定位都在中档，因而一方面便于增加高档产品，另一方面便于增加低档产品，扩大市场阵容。但是，在此类延伸中应注意品牌形象力的平衡，做不好的话有可能前功尽弃。在 20 世纪 70 年代后期的钟表业市场竞争中，日本精工就采用了此种策略，逐渐满足了对高精度、低价格的数字式手表的需求。精工以脉冲星（Pulsar）品牌推出了一系列低价表，从而向下渗透，抢夺了低档产品市场；同时，它亦瞄准高价和豪华型手表市场向上渗透，所收购的一家瑞士子公司连续推出了一系列高档表，其中一种售价高达 5000 美元的超薄型手表直接打入最高档手表市场。

4. 产品序列更新策略

产品序列更新即产品序列现代化。在产品的广度和深度都比较合适的情况下，如果产品序列过时，技术水平和生产方式都远远落后于时代，就必然使产品在市场上缺乏竞争力，故而有必要对产品序列进行更新，使之现代化。

对产品进行序列更新，主要有两种做法：一是渐进式更新策略，逐渐地更换设备和技术，其优点是节省更新的资金消耗，但同行业的竞争对手会发现并调整竞争对策；二是闪电式更新策略，短时间内更新全部设备和技术。

6.2 产品市场生命周期

一、产品市场生命周期的概念

产品市场生命周期是指一种产品从投入市场开始到退出市场为止的周期性变化的过程。

产品的生命周期是产品的经济寿命，即在市场上销售的时间，而不是使用寿命。产品的使用寿命是指产品的自然寿命，即具体产品实体从开始使用到消耗磨损废弃为止所经历的时间。

从理论上分析，完整的产品市场生命周期可分为投入期、成长期、成熟期和衰退期四个阶段。销售额和利润随产品推进市场时间的变化而发生变化，通常表现为类似 S 型近似正态分布的曲线，被称为产品市场生命周期曲线图（如图 6-2 所示）。

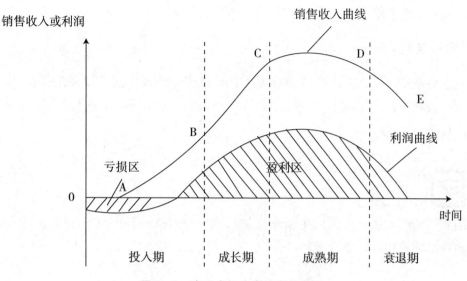

图6-2 产品市场生命周期曲线图

在图6-2中，A→B段为导入期，是新产品投入市场、销售量缓慢增长阶段；B→C段为成长期，是产品销售额迅速增长阶段；C→D段为成熟期，是产品销售额缓慢增长并到达高峰后开始下滑；D→E段为衰退期，销售额急剧下降，产品即将退出市场。

二、产品市场生命周期各阶段的特点

（一）导入期

导入期又称为介绍期或投入期。新产品研制成功投入市场后，便进入导入期。它的主要特点是：生产批量小，试制费用大，制造成本高；由于消费者对产品不熟悉，广告促销费较高；由于生产量小，成本高、广告促销费较高，导致产品销售价常常偏高；销售量增长缓慢，利润少甚至发生亏损。

（二）成长期

新产品经过导入期以后，消费者对该产品已经熟悉，消费习惯已形成，销售量迅速增长，这种新产品就进入成长期。成长期的主要特征是：销售额迅速增长；生产成本大幅度下降，产品设计和工艺定型，可以大批量生产；利润迅速增长；由于同类产品、仿制品和代用品开始出现，使市场竞争日趋激烈。

（三）成熟期

成熟期是指产品在市场上销售已经达到饱和的状态的阶段。成熟期的主要特征是：销售额虽然仍在增长，但速度趋于缓慢；市场需求趋向饱和，销售量和利润达到最高点，后期两者增长缓慢，甚至趋于零或负增长；竞争最为激烈。

（四）衰退期

衰退期是指产品已不能适应市场需求，将逐步被市场淘汰或更新换代。衰退期的主要特征表现为：产品需求量、销售量和利润迅速下降；新产品进入市场，竞争突出，表现为价格竞争。

随着科技的发展，产品的更新速度越来越快，怎样延长产品的生命周期呢？在产品生命周期的各阶段，怎样做好营销呢？

_____

_____

_____

三、生命周期各阶段的营销策略

（一）导入期的营销策略

处于导入期的产品，一般只有少数企业，甚至独家企业生产。因为产品刚刚投入市场，产量较小，使得产品成本高，售价也高。企业必须把销售力量直接投向最可能的购买等，尽量缩短介绍期的时间。介绍期产品的市场营销策略，一般以四种：

1. 快速掠取策略（快速撇脂策略）

快速掠取策略采用高价格、高促销费用，以求迅速提高销售量，取得较高的市场占有率。采取这种策略必须有一定的市场环境。如大多数潜在消费者还不了解这种新产品，或者已经了解这种新产品的人会急于求购，并且愿意按价购买；企业面临潜在的竞争者威胁，应该迅速使消费者建立起对自己产品的偏好。

2. 缓慢掠取策略（缓慢撇脂策略）

缓慢掠取策略以高价格、低促销费用的形式进行经营，以求得更多的利润。这种策略可以在市场面比较小，市场上大多数的消费者已熟悉该产品，购买者愿意出高价，潜在竞争者威胁不大的市场环境下使用。

3. 快速渗透策略

快速渗透策略是以低价格、高促销费用的策略，迅速打入市场，取得尽可能高的市场占有率。在市场容量很大、消费者对这种产品不熟悉但对价格非常敏感、潜在竞争激烈、随着生产规模的扩大企业可以降低单位生产成本的情况下适合采用这种策略，可以获得较高的市场占有率。

4. 缓慢渗透策略

缓慢渗透策略是以低价格、低促销费用来推出新产品。这种策略适用于市场容量很大、消费者熟悉这种新产品但对价格反应敏感，并且存在很多潜在竞争者的市场环境。如：可口可乐进入中国市场采用的就是缓慢渗透策略。

（二）成长期的营销策略

企业为维持市场的继续成长，需要保持或稍微增加促销费用，但由于销售量增加，平均促销费用有所下降。针对成长期的特点，企业为维持其市场增长率，使获取最大利润的时间得以延长，可以采取下面几种策略：

1. 改善产品品质策略

对产品进行改进，如增加新的功能，改变产品款式等，可以提高产品的竞争能力，满足顾客更广泛的需求，吸引更多的顾客。

2. 寻找新的细分市场策略

通过市场细分，找到新的尚未满足的细分市场，根据其需要组织生产，迅速进入这一新的市场。

3. 改变广告宣传的重点策略

把广告宣传的重心从介绍产品转到建立产品形象上来，树立产品品牌形象，维系老顾客，吸引新顾客，使产品形象深入顾客心中。

4. 在适当的时机，可以采取降价策略

在适当的时机采取降价策略，可以激发那些对价格比较敏感的消费者产生购买动机和采取购买行动。

（三）成熟期的营销策略

1. 市场改良策略

这种策略不是要改变产品本身，而是发现产品的新用途或改变推销方式等，以使产品销售量得以扩大。

2. 产品改良策略，也称"产品再推出"策略

整体产品概念的任何一个层次的改良都可称为产品再推出，包括提高产品质量，改变产品特性和款式，为顾客提供新的服务等。

3. 营销组合改良策略

市场营销组合改良策略是指通过对产品、定价、渠道、促销等四个市场营销组合因素加以综合改良，刺激销售量的回升。

（四）衰退期的营销策略

面对处于衰退期的产品，企业需要进行认真的研究分析，决定采取什么策略以及在什么时间退出市场。通常有以下几种策略可供选择：

1. 继续策略

继续策略即继续沿用过去的策略，仍按照原来的细分市场，使用相同的销售渠道、定价及促销方式，直到这种产品完全退出市场为止。

2. 集中策略

集中策略即把企业能力和资源集中在最有利的细分市场和销售渠道上，从中获利。这样有利于缩短产品退出市场的时间，同时能为企业创造更多的利润。

3. 收缩策略

收缩策略即大幅度降低促销水平，尽量减少销售和推销费用，以增加目前的利润。这样可能导致产品在市场上的衰退加速，但又能从忠实于这种产品的顾客中得到利润。

4. 放弃策略

放弃策略即对于衰落比较迅速的产品，应该当机立断，放弃经营。可采取完全放弃的形式，如把产品完全转移出去或立即停止生产，也可采取逐步放弃的方式，使其所拥有的资源逐步转向其他的产品。

综上所述，产品市场生命周期不同阶段有不同的特点，需要根据具体情况制定不同的市场营销策略。总而言之，在时间上，要做好产品规划；在产品上，要不断整合创新；在策略上，要明确所处阶段，适时调整营销组合策略。

6.3　新产品开发

一、新产品开发概述

从市场营销的角度来看，新产品不单指新发明的、从未出现过的产品，凡是能够给消费者带来某种新的满足、新的利益的产品都可以称为新产品。可见，新产品含义很广，它既包含由于科学技术在某一领域的重大突破所产生的新产品，也包括在产品功能或形态上发生改变所出现的产品，甚至只是从原有市场进入新的市场的产品都可视为新产品。

（一）新产品的基本特征

1. 先进性

新产品的设计必须更为合理或独到，在技术性能、结构、指标上必须具有一定的先进性。

2. 效益性

新产品对生产者和消费者都必须具有经济效益。

3. 实用性

实用性对新产品是不可缺少的性能。

4. 适应性

一种新产品试制出来以后，如果不能适应市场条件的变化，我们称之为该产品适应性差。新产品的适应性越强，其生命力也越强。

5. 创造性

创造性是新产品的一种本质特征。任何新产品与原有产品相比，都应具有新的特征，没有创新即无新产品可言。即使是对原有产品的部分改进，也是在原有产品基础上的创造性劳动的结果。

总之，现代市场营销观念下的新产品，是指凡是在产品整体概念中的任何一个部分有所创新、改革和改变，能够给消费者带来新的利益和满足的产品都是新产品。

（二）新产品的种类

按不同的划分标准，新产品可以分为不同的种类。根据产品开发创新程度的差别，新产品可以分为以下几类。

1. 全新产品

全新产品是指应用新原理、新技术、新材料制造出来的具有新结构、新功能的产品。全新产品常常伴随科学技术发展史上的新突破而产生，是科学技术新成果的应用，1876 年"电话"的发明、1903 年"飞机"的研制成功、1909 年"塑料"和 1937 年"尼龙"两种新材料产品的出现、1944 年"电子计算机"的诞生，都是近现代科学技术重大进步的产物。近年来受到广大家庭喜欢的，给人带来极大幸福感的小型家用电器的发明，如：可穿戴虚拟现实设备的 Google Glass、无线电遥控航拍无人机、仿生机器人、扫地拖地机器人、洗碗机、消毒烘干机等前所未有的新产品为开创全新的市场创造了条件。

2. 换代产品

换代产品也称革新产品，是指采用新技术、新材料、新工艺对原有产品进行革新而使产品在结构、品质、功能上具有新的特点和新突破的产品，如黑白电视改进为彩色电视、普通自行车革新为电动自行车、苹果手机从 iphone1.0（2007 年）到 iOS15（2022 年）版本等。通过革新而创造出来的新产品，其结构更加合理、功能更加齐全、品质更加优质，它有利于提高原有产品的质量或产品多样化，能更多地满足消费者不断变化的需要。

3. 改进型产品

改进型新产品是指对原有老产品在材料、款式、性能、型号、花色、包装等方面进行局部改进而制成的产品，如药物牙膏，果酒，保暖内衣，折叠屏手机，触屏笔记本电脑，支持蓝牙的键盘、鼠标，降噪耳机，无人驾驶汽车，电动汽车，电动牙刷，智能电子手表等。

4. 模仿型产品

模仿型产品是指企业对国内外市场上已有的产品进行模仿生产，形成本企业的新产品，其主要特征为仿造性、快速化、平民化，主要表现形式是从小作坊起步，通过模仿知名品牌迅速占领市场。

 **拓展阅读** 创新对一个企业来说到底有多重要？

纵观社会经济的发展，创新引导着人类文明的进化历程，创新蕴藏着人类发展的无限生机。就企业而言，创新是企业发展的根基，创新也是企业长盛不衰的源泉。

技术创新是企业创新的核心内容，它通常包括应用性创新、颠覆性创新和产品创新等。技术创新通常会通过一个完整的从生产到销售的运营模式为企业的发展注入活力。对企业而言，技术创新是创造名牌产品的保障，而生产适销对路、高附加值的产品，则是企业立足市场的基础。因此，技术创新从根本上来说就是企业生存和发展的基础。

课程思政

创新是一个民族进步的灵魂，是一个国家兴旺发达的不竭动力，也是中华民族最深沉的民族禀赋。在激烈的国际竞争中，唯创新者进，唯创新者强，唯创新者胜。

——2013年10月21日，习近平在欧美同学会成立100周年庆祝大会上的讲话

近年来，随着互联网的飞速发展，越来越多的企业在技术创新的同时，也通过数字化转型进行创新。数字化转型就是通过新兴技术，如5G、人工智能、区块链、大数

据、云计算等实现数字化转型。比如：海尔洗衣机由一种单纯的产品，升级为产品和服务的融合，这就是创新。互联网阿里云、华为云，都是以云、AI 为技术基础，与互联网技术创新型企业一起进行创新场景联合打造和创新应用联合开发。还有营销渠道的创新，比如：传统的电商有天猫、京东、拼多多，现作为营销新渠道广受欢迎的有抖音、快手，直播带货等等。

互联网时代不管是产品还是市场本身都在不断发生改变，与时俱进的创新精神就显得特别重要。创新可以改变原来较不合理的商业生态链条和整个市场环境，改变人们的消费习惯。企业要想持续发展下去，必须要持续创新，可以是技术上的、产品上的、服务上的，也可以是管理上或者商业模式上的。企业要通过不断的创新，通过自身的产品研发，让其产品更智能化、自动化。

讨　论

随着科技的发展，企业有哪些方法做好产品的创新呢？请分享你身边提升幸福感的新产品，并说说它是属于新产品 4 个种类中的哪一类创新。

_____

_____

_____

二、新产品的开发过程

新产品开发工作极其复杂，必须考虑到企业生产技术特点、新产品本身的复杂程度和开发的方式，按照科学的程序进行。新产品开发过程一般包括以下几个环节（见图 6 - 3）。

（一）构　思

从严格意义上讲，构思是开发新产品的基础与起点，没有构思就不可能生产出新产品实体。所谓构思是对潜在新产品的基本轮廓结构的设想。一般来说，企业可从以下四个方面收集新产品的构思：

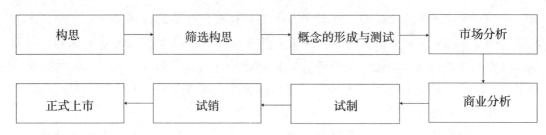

图6-3　新产品开发程序图

1. 发动企业内部职工提方案

企业内部职工对本企业的目标政策、产品的特点比较了解，且对本企业产品的市场动向、消费者需求的变动有一定的认识。因此，企业采取适当的鼓励措施，发动职工提设想和合理化建议，搞技术革新，是一种切实可行的方法。

2. 向外征集新产品的构思

向工业用户、消费者、流通部门及社会科研机构广泛征集构思，以发挥他们对市场、产品竞争和技术熟悉的优势，启发企业开发新产品的思路。

3. 组织专门研究和技术攻关

成立新产品开发小组、攻关小组等机构，集中对重大课题进行专门研究。这种构思既有先进性，又具实用性，成功的把握较大。

4. 分析其他企业的先进产品

分析国际、国内先进产品的经济技术指标等属性和结构，从中获得灵感和启发，再结合企业条件与市场需求，可构思出另一种完全不同的新产品。

（二）筛选构思

筛选构思的目的在于及时地剔除那些达不到预期目标或能达到目标而企业能力所不及的设想方案。筛选时要评估以下经济技术内容：

（1）新产品的主要性能和预期达到的经济技术指标。

（2）新产品的社会效益和给用户带来的经济效益。

（3）新产品预期达到的经营目标。

（4）新产品的主要用户和销售情况估计。

（5）新产品竞争能力的分析。

（6）新产品开发所需的资源条件和本企业能力的分析。

（7）新产品开发的财务可行性分析。

（8）新产品开发的进度表。

（三）概念的形成与测试

经过筛选后的构思仅仅是设计人员或管理者头脑中的概念，离产品还有相当的距离，还需要形成能够为消费者接受的、具体的产品概念。产品概念的形成过程实际上就是构思创意与消费者需求相结合的过程。

如一家食品厂打算生产一种口味鲜美的营养奶制品，这种产品既有较高的营养价值，又具有特别鲜美的味道，食用简单方便，只需要加水冲泡，这时你通过产品构思，形成了鲜明的产品形象，还需要进一步转化为产品概念。为此，企业在产品概念中应回答以下问题：

（1）目标市场是儿童、成人、病人还是老人？

（2）使用者从产品中得到的主要益处是营养、方便、美味、提神，还是健身？

（3）适合在早餐、午餐、晚餐还是夜宵时饮用？

根据这些问题，企业就可以形成这样几个明确的产品概念：①为中小学生提供的一种快速早餐，富含丰富的蛋白质、维生素等营养价值；②一种可口的快餐饮料，供成年人中午饮用提神，等等。

每一个产品概念都要进行定位，以了解同类产品的竞争状况，优选最佳的产品概念。选择的依据是未来市场的潜在容量、投资收益率、销售增长率、生产能力以及对企业设备、资源的充分利用等，可采用问卷方式进行调研，产品概念的问卷可以包括以下问题：您认为这种饮品与一般奶制品相比有什么优点？该产品是否能满足您的需要？与同类产品比较，您是否偏好此产品？您是否能对该产品属性提供某些改进建议？您认为该产品价格是否合理？该产品投入市场，您是否会购买？问卷调查可帮助企业确立吸引力最强的产品概念。

（四）市场分析（初拟营销规划）

企业选择了最佳的产品概念之后，必须制订把这种产品引入市场的初步市场销计划，并在未来的发展阶段中不断完善。初拟的营销计划包括三个部分：一是描述目标市场的规模、结构，消费者的购买行为，产品的市场定位以及短期（如 3 个月）的销售量、市场占有率、利润率预期等；二是概念产品预期价格、分销渠道及第一年的营销预算；三是分别阐述较长期（如 3~5 年）的销售额和投资收益率，以及不同时期的市场营销组合等。

（五）商业分析

商业分析即从经济效益角度分析新产品概念是否符合企业目标。包括两个具体步骤：预测销售额和推算成本与利润。

（六）试 制

新产品试制主要是将通过商业分析后的新产品概念交送研究开发部门或技术工艺

部门试制成为产品模型或样品，同时进行包装的研制和品牌的设计。这是新产品开发的一个重要步骤，只有通过产品试制，投入资金、设备和劳力，才能使产品概念实体化，发现不足与问题，改进设计，才能确定这种产品概念在技术、商业上的可行性。应当强调，新产品试制必须使模型或样品具有产品概念规定的所有特征。

（七）试　销

新产品试销应对以下问题作出决策：一是试销的地区范围，试销市场应是企目标市场的缩影；二是试销时间，试销时间长短一般根据该产品的平均重复购买情况决定，再购率高的新产品，试销时间应当长一些，因为只有重复购买才能真正说明消费者喜欢；三是试销中所要取得的资料，一般应了解首次购买情况（试用率）和重复购买情况（再购率）；四是试销所需要的开支；五是试销的营销策略及试销成功后应进一步采取的战略行动。

（八）正式上市

新产品试销成功后，就可以正式批量生产，全面推向市场。而新产品投放市场的初期往往利润微小，甚至亏损，因此，企业在此阶段应在产品投放市场的时机、区域、目标市场的选择和最初的营销组合等方面作出慎重决策。

新产品在正式上市前应做好以下准备工作：将该产品及包装的所有特点详细整理出来，以供有关部门作为检验等的依据；核定产品的出厂推销价格；制定经费预算；准备大量生产所需的物质技术设备和原料；确定产品推销代理机构、新产品配件供应点和维修点；对经销人员进行一定的推销技术训练；设计实施一套完整的广告宣传计划。

6.4　品牌策略

经济全球化进程的加速和品牌经营时代的到来，使得企业面临竞争更为激烈的市场环境，竞争的方式与手段已超越了产品本身和营销技术，品牌竞争成为市场竞争的主角。对于企业来说，品牌已成为企业财富与形象的象征，越来越多的企业已经把品牌运营作为其生存与发展的战略性选择。在这个意义上，选择相应的产品品牌化策略以适应新的市场竞争环境是大势所趋。

一、品牌的概念

菲利普·科特勒这样解释品牌："品牌是一种名称、术语、标记、符号或图案，或是它们的相互组合，用以识别某个消费者或某群消费者的产品或服务，并使之与竞争对手的产品或服务相区别。"

（一）品牌由品牌名称和品牌标志组成

品牌名称是指品牌中可以用语言称呼的部分，主要用于语音识别。例如，华为、可口可乐、小米、美的等，都是著名的品牌名称。品牌标志是指品牌中可以被认出但不能用言语称呼的部分，如符号（记号）、设计、与众不同的颜色或书写字体，主要用于视觉识别。

（二）商　标

品牌或品牌的一部分在政府有关部门注册后，称为商标。商标受到法律保护，注册者有专有权，其他任何企业都不得仿效使用。因此，商标实质上是一种法律名词，是指已获得专用权并受到法律保护的一个品牌或品牌的一部分。商标是企业的无形资产，驰名商标更是企业的巨大财富。

综上所述，品牌与商标是两个既有联系又有区别的概念。其联系在于：品牌包含商标；它们的对象都是商品；它们的功能都在于区别其他商品；其设计都是由名称、文字、图形、符号构成的；其价值都反映企业产品实力，是企业的无形资产。但两者又有细微区别：品牌侧重于名称，商标侧重于标志（或标记）；品牌与企业联系在一起，往往品牌与厂牌同一；而商标与具体商品联系在一起，经过商标注册活动与宣传，不同商标代表不同产品，有利于消费者从商标特征上分辨不同档次产品；品牌侧重于名称宣传，以提高企业知名度，而商标侧重于商标注册，取得商标专用权，防止他人侵权；品牌由来已久，而商标则是在近代商标法出现后才有的。

二、品牌的内涵和作用

（一）品牌的内涵

品牌之所以有价值，是因为它是销售者向购买者提供的一组特定的利益和服务，好的品牌传达了质量的保证。品牌蕴含了六层含义，以梅赛德斯－奔驰（Mercedes-Benz）（世界闻名的豪华汽车品牌，以下简称"梅赛德斯"）为例进行分析：

1. 属　性

一个品牌首先给人带来特定的属性。例如，梅赛德斯表现出昂贵、优良制造、工艺精良、耐用、高声誉的属性。

2. 利　益

属性需要转换成功能和情感利益。属性"耐用"可以转化为功能利益："我可以几年不买车了。"属性"昂贵"可以转化成情感利益:"这车帮助我体现了重要性和令人羡慕。"

3. 价 值

品牌还体现了该制造商的价值感。梅赛德斯体现了高性能、安全和威信。

4. 文 化

品牌象征了一定的文化。梅赛德斯蕴含了德国文化:有组织、有效率、高品质。

5. 个 性

品牌代表了一定的个性。梅赛德斯可以使人想起一位不会无聊的老板,一头有权势的狮子,或一座质朴的宫殿。

6. 使用者

品牌还体现了购买或使用这种产品的是哪一类型的消费者。梅赛德斯期望看到的是一位 55 岁的高级经理拥有该车,而非一位 20 几岁刚毕业的大学生。

(二)品牌的作用

1. 品牌为企业带来利益

菲利普·科特勒在其著作《营销管理》中强调,品牌暗示着特定的消费者,即暗示了购买或者使用产品的消费者类型,也即品牌的潜在顾客。品牌为产品的功能作了论述,让拥有高品牌资产的企业具有更多竞争优势:

(1)品牌有助于促进产品销售,帮助企业占领市场,并树立企业形象。

品牌一旦形成一定的知名度和美誉度,企业就可以利用品牌优势扩大市场,促成消费者品牌忠诚,并使企业在制定市场营销企划时具有较强的控制能力。

(2)品牌有助于保护品牌所有者的合法权益。

品牌经注册后获得商标专用权,其他任何未经许可的企业和个人都不得仿冒侵犯,从而为保护品牌所有者的合法权益奠定了客观基础。同时,品牌也是一把双刃剑,在保护企业利益的同时,品牌也能够约束企业的不良行为,督促其着眼于自身长远利益,着眼于消费者利益及社会利益,起到规范企业经营行为、督促企业遵守营销道德、尽到社会责任的作用。

(3)品牌有助于市场细分及产品的市场定位。

每个品牌都有自己的独特风格,除了有助于销售外,企业可以在不同的细分市场推出不同品牌,以适应消费者的个性差异,更好地满足市场需求。

(4)品牌有助于新产品开发,扩大产品组合,节约新产品市场投入成本。

为适应市场竞争的需要,企业需要同时生产多种产品。因此,依据市场变化,不断开发新产品、淘汰市场不能继续接受的老产品是企业产品策略的重要组成部分,而品牌则是支持其新产品组合(特别是扩大的产品组合)的无形力量。一个新产品进入市场，不仅面临着巨大的风险，而且投入成本也相当大，但是企业可以成功地进行品牌延伸，借助于已经成功或知名的品牌，扩大企业的产品组合或延伸产品线，推出新产品，能够大大减少推广成本。

（5）品牌有助于企业抵御竞争者的攻击，保持竞争优势。

新产品一经推出，如果在市场上畅销，很容易被竞争者模仿，但品牌是企业特有的一种资产，它可以通过注册得到法律保护，品牌忠诚是竞争者无法通过模仿达到的。当市场趋于成熟、市场份额相对稳定时，品牌忠诚是抵御同行竞争者进攻的最有力武器。另外，品牌忠诚也为阻挡其他企业进入市场构筑了壁垒。

2. 品牌为消费者带来利益

现代品牌理论特别重视和强调品牌是一个以消费者为中心的概念，没有消费者，就没有品牌。品牌的价值体现在品牌与消费者的关系之中。在现实生活中，品牌代表着特定的品质和价值。

（1）有利于消费者在面对琳琅满目的商品时明确找到想要选择商品的厂家及产地，更好地识别商品。如识别产品来源，宁夏的枸杞、江西的蜜橘等。

（2）借助于品牌的作用，消费者可以获得更多便利。品牌是记忆中有关产品的提取线索，只要知道是什么品牌，就可以直接由品牌提取出大量有关的信息，降低搜寻成本。

（3）消费者选择品牌也是选择权益，良好的品牌往往有着比较完善的售后服务。选择品牌商品，能够最大限度避免上当受骗，使得消费者能够降低精神风险和经济风险。当在产品的使用过程中出现不尽如人意的事时，消费者可以据此追究生产者的责任，如"三鹿奶粉事件"。

（4）品牌也是为消费者提供优质产品和服务的保障，减少购买风险。消费者如果信任一个品牌，就会对该品牌的产品长期购买，这样二者就会形成一种长期的契约关系。如：品牌是质量的标志，即无论何时、何地购买某一品牌的商品，都能够确保质量。

（5）品牌一旦形成，必定具有自身的个性。消费者选择某一种品牌，也是自身个性的展示，品牌帮助消费者体验生活、提升品位。

如果没有品牌，消费者即使购买一瓶饮料也会有相当的麻烦，比如要阅读大量饮料的标签和说明；花大量时间去比较和选择；要考虑购买后是否后悔等，有了品牌之后，选择就变得十分简单：我来一瓶"元气森林"，或者给我一罐"可口可乐"。概括地说，品牌给消费者带来的利益表现为8项功能（见表6-2），同时也向我们显示了品牌价值的来源。

表6-2　品牌为消费者带来的利益

功　能	消费者利益
识别	识别产品
切实可行	节省时间和精力，帮助选择
保证	无论何时何地购买同一种商品，确保质量
优化	购买该类产品中的最佳品牌
特色	代表特定的形象
连续性	多年使用同一品牌，熟悉并提高产品满意度
愉快感觉	感受产品的魅力
伦理	生态平衡、就业、公益广告

 **拓展阅读**　匠心百年："寻味"中华老字号①

根据商务部发布的《"中华老字号"认定规范（试行)》，中华老字号品牌应当创立于1956年（含）前，并传承了独特的产品、技艺或服务。商务部中华老字号信息管理平台显示，全国共有1128家获认定的中华老字号。

有学者在淘宝天猫平台上对1128家老字号品牌进行搜索，收集了各天猫旗舰店的粉丝数和开店时间。截至2019年5月31日，共有359家老字号在天猫开设旗舰店，入驻率为32%。粉丝数排名靠前的店铺包括回力、泸州老窖、剑南春等。

在1128家"中华老字号"中，仅有52家企业（共45支股票）实现上市，占总数的4.6%。从数量上看，酒类（12家）、医药（11家）、日用文体（10家）和食品餐饮（9家）不相上下，服饰鞋帽（3家）寥寥无几。要在新时代里讲好老品牌的故事，仍然道阻且长。

古往今来，中外品牌以人名、地名作为命名来源十分常见。经统计，1128家老字号中共有265家以人名命名，328家以地名命名。此外，还有部分老字号的名称来源于古诗，具有深厚的文化底蕴。比如：采芝林（创立于清朝嘉庆年末，中药名店）来自"留瀛洲而采芝兮，聊且以乎长生"（出自东汉张衡的《思玄赋》）；近水台（始创于1926年，近水台面馆，主营面点）来自"近水楼台先得月，向阳花木易为春"（出自宋朝俞文豹《清夜录》）；稻香村（始创于1773年，主营糕点）来自"稻花香里说丰年，听取蛙声一片"（出自宋朝辛弃疾《西江月·夜行黄沙道中》）。

这种品牌的命名方式充盈着隽永之气，中华古典诗词的精髓与寄托其中的民族精

---

① 资料来源：澎湃，https：//m.thepaper.cn/baijiahao_5480834，内容有删减。

神在数世纪后继续流传，而汉字会意、隐喻的独特功能也让老字号的名称别具特色。

传承还是变迁、转型还是坚守，都是代际更替下每一家老字号不得不面临的时代拷问。

讨 论

我们身边还有哪些老字号经久不衰？老字号的文化意义经历了哪些流转？怎样才能在新时代讲好老品牌的故事？

_____

_____

_____

品牌是生产者和消费者共同的追求，是供给侧和需求侧升级的方向，是企业乃至国家综合竞争力的重要体现。加强品牌建设，有利于推动经济大国向经济强国转变，有利于满足人们更高层次物质文化需求，有利于弘扬中华文化、提升中国形象。

课程思政

2014年5月10日，习近平总书记在河南考察中铁工程装备集团有限公司时提出"推动中国制造向中国创造转变、中国速度向中国质量转变、中国产品向中国品牌转变"，为推动我国产业结构转型升级、打造中国品牌指明了方向。自2017年起，我国将每年5月10日定为"中国品牌日"。

三、品牌的设计

品牌或商标是由文字、名称、图案、符号等构成的，其题材极其广泛，凡是花鸟虫鱼、飞禽走兽、人物事件、名胜古迹、神话传说、天文地理等，都可以作为品牌或商标的题材。设计一个较为完美的、合理的品牌，要符合以下要求：

（一）个性显著

品牌的首要作用就是区别于同类产品、企业或劳务。因此，在一定程度上讲，品牌的个性、特色是品牌的生命。雷同、平庸的品牌往往不能引人注目，在市场竞争激烈的情况下，某种产品要创品牌、某个企业要树立形象，不设计独具特色的商标就很难做到。

（二）简洁通俗

所谓简洁，就是要求品牌或商标图形线条简明，色彩单纯，易于理解，易于记忆。内容文字简练，不宜过长。所谓通俗，就是要求图形文字一目了然，主题明确，图案清晰，无须费劲猜想。通俗并非不如高雅易于传播，大白话往往能出奇制胜。

（三）新颖别致

造型别致、新颖、美观、大方，富有美感的品牌或商标更能够捕捉消费者的视觉，从而引起消费者的注意，产生兴趣，达到过目不忘的效果。

（四）寓意深刻，富有韵味

品牌或商标的设计应通过直接形象、间接形象或含蓄的文字等恰如其分地反映、表示，隐喻商品的特征和风格，以有利于消费者回味与想象。同时，品牌也是一种听觉符号。就品牌对听觉的刺激来说，品牌应该铿锵有力，富有节律感。

（五）严肃性

品牌的文字、名称、图案、符号要符合中国商标法的规定；不得同中国或外国的国家名称、国旗、国徽、军旗、勋章相同或相似；不得同国际组织的旗帜、徽记、名称相同或相似；不得同红十字会的标志、名称相同或相似；不得带有民族歧视性或欺骗性；不得有损社会主义道德风尚。

（六）差别多样性

一般情况下，企业的产品只有一个品牌或商标。这样，产品的市场生命与品牌或商标的好坏紧密联结在一起。品牌成功，产品也成功；品牌无人理会，产品也跟着受冷落。它们之间有一损俱损、一荣俱荣的关系。由于市场经济的激烈竞争，一个产品、品牌或商标能否成功，都是未知数。为了减少风险，创造成功的机会，生产多种产品的企业可以设计系列化的品牌或商标。它们各自成功与否，都互不能响，为企业产品选择留下余地。这样做有助于企业应对不同，乃至不断变化的市场需求，在竞争中处于优势地位。

讨 论

一个好的品牌设计应该包括哪些要素？请分享一个品牌设计的案例。

_____

_____

_____

四、品牌决策

企业的品牌决策，是指企业合理地使用品牌，以达到一定的销售目的。企业在进行品牌决策时，一般可以作以下选择：

（一）有品牌和无品牌决策

通常情况下，企业采用品牌策略对大部分产品来说，具有一定的积极作用，由于采用品牌耗费较大的费用，因此并不是所有产品都必须采用品牌策略进行营销。在激烈的市场竞争中，品牌可以收到多方面的效果。现代市场上几乎所有的产品都有品牌，但是，要使一个品牌成功地打入市场，往往要花费巨额的费用，导致成本的增加，万一经营失利，则弄巧成拙，会使企业信誉和其他产品销路都受到损失。在一些发达国家出现了非品牌化的趋势。有些产品，顾客对商品已有较多的认识，生产者不必提供辨认的标志等资料，如大米、食盐等；有的产品，本身的质量是相同或相似的，如电力、钢材、煤炭等；有的是企业临时性或一次性生产的产品，如一次性筷子、纸杯或纪念品等；有的是生产工艺简单，选择性不大的产品，如小农具、小工艺品等，这些产品都可以不使用品牌。不使用品牌，降低了宣传费用，使得这些产品在价格上有很大优势。如在美国超级市场上提供的无品牌、简易包装的产品，其售价比在全国范围做广告、有品牌的产品低30%～50%，比具有中间商品牌的产品低10%～15%，购买过这种产品的消费者中，有70%以上表示打算再次购买。

（二）品牌使用者决策

品牌使用者决策是指企业决定使用自主品牌，还是使用他人的品牌。如用他人品牌，一般而言，企业有3种选择（见图6-4）。

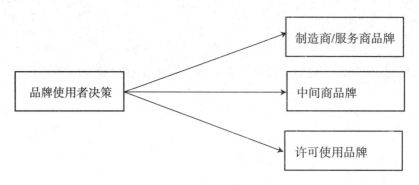

图6-4　品牌使用者决策内容

1. 使用制造商/服务商品牌

产品可以使用制造商或者服务商的品牌，目前大部分企业都使用制造商品牌，因为生产企业使用制造商品牌，可以为自己树立形象，建立长期的影响力，有利于企业的发展以及新产品的推广。在我国的品牌中，绝大部分是制造商品牌。如汽车类：吉利、长安、东风等；手机类：vivo、步步高、魅族等；服装类：七匹狼、美特斯邦威、雅戈尔等；电器类：九阳、苏泊尔、海尔、美的、长虹等。使用制造商或者服务商的品牌的案例比比皆是。

2. 使用中间商品牌（又称制造商品牌、自有品牌）

使用中间商品牌就是使用批发商或零售商开发并使用的自有品牌。一般而言，中间商品牌策略的使用者基本上是实力雄厚的大型零售商。在西方国家里，中间商品牌已成为生产者品牌的强有力竞争对手。如耐克作为一个全球品牌，它采用中间商品牌路线，没有去建立自己的生产基地，不自己生产耐克鞋，而是在全世界寻找最好条件的生产商为耐克生产。耐克选择成本低，交货及时，品质有保证的生产商合作。它与生产商的签约期限不长，这有利于耐克掌握主动权。这样，耐克规避了制造业公司的风险，专心于产品的研究与开发，大大缩短了产品的生命周期，快速推出新款式。

世界著名零售商沃尔玛、家乐福等，与许多制造商签订供货合同，虽然这些零售商什么东西都不生产，但在他们的商场里很多商品都贴着他们自己的商标出售，其价格要比同类品牌商品便宜20%～40%；中国许多大中城市的华联超市，当顾客走进时都会发现，从针线包、螺丝电线、文具用品、水暖配件到护手霜等一系列以"华联超市"为品牌的系列产品组合袋装小商品，这些商品不是华联超市自己生产的，其针线包来自江苏一家不知名的企业，而护手霜则产自上海高姿化妆品公司。目前，国内大多数的自有品牌商品还局限在技术含量较低的日用小百货商品上；随着零售业的连锁和大型化趋势，自有品牌发展也逐渐成熟。这不但缩短了消费者与制造商之间的距离，也改善了消费者、制造者和流通业者第三者的沟通方式。

总的来看，中间商品牌的优势表现在：一是中间商拥有独特的渠道资源；二是在消费者看来，以中间商品牌出售的产品相对可靠，因为中间商要维护自己的品牌形象，会建立严格的质量检测系统对品质加以控制；三是中间商品牌产品价格相对低，可以迎合许多对价格敏感的消费者的需要。

然而，企业究竟选择制造商品牌还是自有品牌，需要全面考虑各种相关因素，综合分析利益得失，最关键的是要看制造商和中间商谁在该产品的分销链上居优势地位、谁拥有更好的市场信誉和市场拓展潜能。

一般地，制造商市场信誉高，实力强，产品市场占有率高，宜采用制造商品牌；相反，制造商资金拮据，市场营销力量薄弱，应以中间商品牌为主或干脆全部使用中间商品牌；倘若中间商在某个目标市场拥有较高品牌忠诚度及完善的销售网络时，即使制造商有强大品牌自营能力，也应当考虑采用中间商品牌。这是企业进占国际市场实践中常有的品牌策略。

3. 使用许可使用品牌

许可使用品牌指通过付费形式，使（租）用其他人（企业）许可使用的品牌作为自己产品的品牌。供特许使用的品牌常常见于由其他制造商创建的名称符号、知名人士的姓名、流行影片及书籍中的人物等。"迪斯尼"就是一个著名的特许品牌，它通过特许经营发展起玩偶消费市场。这些消费品囊括了领衫、手表、书包、玩具，台灯、钥匙扣、蛋糕、冰激凌等领域，每年营销额超过 10 亿美元，利润超过 1 亿美元。

制造商的产品可以使用一个许可品牌名称，或者在使用许可品牌的同时，也使用制造商自己的品牌名称，以便在产品被广泛接受时改用自己的品牌。事实上，世界很多著名的品牌都是采用既使用许可使用品牌又使用制造商自己的品牌发展起来的。

另外，除了获得品牌的特许使用权外，越来越多的企业还倾向于购买或并购品牌。这也是快捷占领市场的一种好方法，但新品牌能否融入公司的运作，是否与公司形象、地位有冲突，公司是否具备管理这一品牌的能力及经营等，则是企业需要慎重考虑的。从现实的运作来看，购买品牌进行经营的情况将大行其道。

（三）品牌名称决策（又称品牌归属决策）

企业决定了使用品牌类型后就要决定使用什么样的品牌名称。不同品牌名称的使用，需要企业对诸多影响因素进行细致的考虑和分析。

1. 个别品牌

个别品牌即指企业决定其各种不同的产品分别使用不同的品牌名称。企业采取个别品牌名称策略的主要好处是：企业的整个声誉不致受其某种商品的影响。例如，如果某企业的某种产品失败了，不致给这家企业的形象抹黑（因为这种产品用自己的品牌名称），如图 6-5 所示。

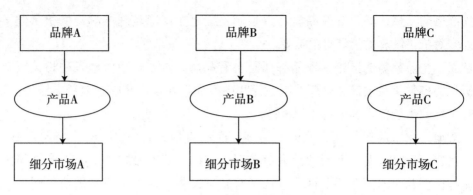

图 6 – 5　个别品牌名称决策示意图

联合利华模式是个别品牌名称决策的典型。联合利华的每项产品线都设有独立的品牌。如洗发水就有力士和夏士莲，各自有特定的品牌诉求，针对不同的细分市场；洗衣粉有奥妙；冰激凌有和路雪；红茶有立顿。

2. 统一品牌

统一品牌即指企业决定其所有的产品都统一使用一个品牌名称。例如，海尔公司的所有产品都统一用"海尔"这个品牌名称。企业采取统一品牌名称决策的主要好处是：企业宣传介绍新产品的费用开支较低，如果企业的名声好，其产品必然畅销。但企业的产品存在明显差异或企业原有声誉、形象一般或较差时，不宜采用这种策略。而且一旦某一产品失败，会影响其他产品的声誉，如图 6 – 6 所示。

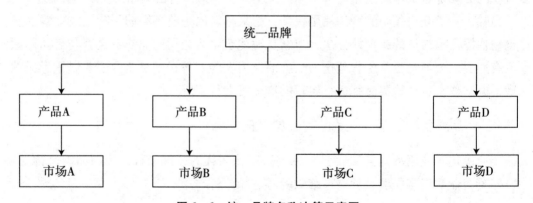

图 6 – 6　统一品牌名称决策示意图

3. 分类品牌名称决策

分类品牌名称决策是指对所有产品使用不同类别的家族品牌名称，给一个具有相同功能水平的产品群以一个单独的名称和承诺，也就是说，针对同一类消费者需求的产品使用同一个品牌，而不属于该类消费需求的产品则使用其他品牌名称，见图 6 – 7。

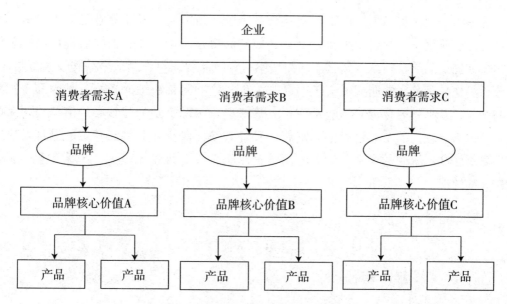

图6-7　分类品牌名称决策示意图

分类品牌名称决策的优点在于：众多的产品分担品牌建设成本，有利于做大品牌；品牌内各产品消费者群需求相近，利于整合传播品牌的核心价值；各产品知名度能为所有产品共享，推动品牌成长和促进品牌麾下其他产品销售，降低营销费用。其缺点是分类品牌决策会模糊品牌核心价值，对进行品牌延伸有限制；品牌内若存在某种强势品牌产品，将不利于其他产品的销售。使用分类品牌名称决策首先要求其品牌大类中的产品有鲜明的细分特点，才有易于利用分类品牌突出其差异性；品牌下的产品应该保持面对相同或相近的消费需求，不能盲目进行品牌延伸。

4. 统一的个别品牌名称决策

统一的个别品牌名称决策（又称公司名称加个别品牌名称）是指把公司的商号名称和单个产品名称组合起来。其做法是对企业的各种不同的产品使用不同的品牌，但在各产品的品牌前面加上企业名称，见图6-8。

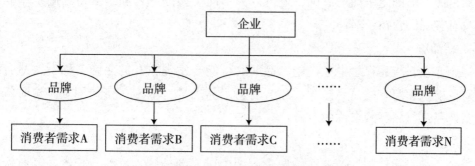

图6-8　统一的个别品牌名称决策示意图

统一的个别品牌名称决策的优点是使新老产品统一化，共享企业已有的声誉，利于销售；企业统一品牌后跟上个别品牌，使产品更富于个性化；公司名称使品牌利用公司名称提供品质、技术、信誉上的信任感；分散品牌风险，当某个品牌发生危机时，对公司其他品牌的影响明显低于统一品牌名称。这种名称决策兼备统一品牌和个别品牌的优点，在品牌名称策略中经常使用。其缺点是协调个别品牌核心价值与公司品牌核心价值需要较高的专业性思考和高超的管理智慧，对企业品牌经营者的管理及决策水平要求较高。统一的个别品牌名称决策适用于企业的规模比较大、产品涉及的领域比较广的情况。

（四）品牌扩展决策

当企业决定品牌扩展时，有几种方案可供选择。其中包括：产品线扩展、品牌延伸、多品牌、新品牌、复合品牌等。

1. 产品线扩展

产品线扩展是指企业在同样的品牌名称下面，在相同的产品名称中引进增加的项目内容，如新的口味、形式、颜色、成分包装规格等。产品线扩展可以是创新、仿制或填补空缺等。企业要充分利用自己的制造能力扩大产品生产，或是满足新的消费需求，或是与竞争者进行竞争，因此，企业大部分的产品开发活动都是围绕产品线扩展进行的。

2. 品牌延伸

品牌延伸是指企业对新投资的产品沿用过去的品牌。使用品牌延伸战略可以使新产品较快地打入市场，消费者容易接受；可以节约新产品的推广费用。使用品牌延伸战略的弊端也不少，倘若原有品牌名称不适合新产品，将会引起消费者的误解以及对品牌核心价值产生稀释作用。

3. 多品牌

多品牌是指企业在相同的产品目录中引进多个品牌。使用多品牌战略不但可以为不同质量的产品确定不同的品牌，还可以为不同类型的顾客和细分市场确定不同的品牌，具有较强的营销针对性。

4. 新品牌

当企业在新产品目录中推出新产品时，可能会发现原有的品牌名称不太适合新产品，有可能折损原有的品牌形象，还会对新产品的推广带来一定的困难。这时就有可能为新产品进行新品牌名称的命名。

5. 复合品牌

复合品牌是指对同种产品赋予两个或两个以上的品牌，也即一种产品同时使用两个或两个以上的品牌。根据品牌间的关系，复合品牌可以细分为注释品牌和合作品牌。

 **拓展阅读**　安踏多品牌策略布局全民健身计划①

安踏集团是一家专门从事设计、生产、销售运动鞋服、配饰等运动装备的综合性、多品牌的体育用品集团，一直以便宜好用的小镇品牌形象陪在消费者身边。

但安踏一直在思考，要跟上中国市场的消费升级，就要靠发展多品牌策略，做成有影响力的运动品牌。它借助并购，成为拥有了 20 多个全球体育用品品牌，中国市场规模最大、全球第三的体育用品集团，销售规模位列中国体育品牌的第一阵列。

2009 年，安踏从女鞋品牌百丽集团手中，用 6 亿港元的总价，买下了 FILA 这个意大利品牌在中国的商标使用权和运营权，用 FILA 这个国际品牌，完成安踏的消费升级市场。在安踏收购 FILA 中国之前的 2008 年，FILA 在中国一年亏损将近 4000 万港元。而在安踏旗下，在启动了"回归时尚"这个战略之后，FILA 在 2014 年扭亏为盈。FILA 中国因为定位高端，毛利率还常年保持在 70%。从 2015 年开始，FILA 又裂变出了子品牌 FILA Kids 和 FILA Fusion，主打儿童和青少年的运动时尚市场。

接下来的几年，安踏参照对 FILA 的收购和运营经验，又收购了不少国际品牌，如日本的迪桑特（DESCENTE）。迪桑特是做专业滑雪服出身的，安踏在 2016 年收购了它，同样套用了 FILA 的独立团队独立运营的逻辑，迪桑特在收购之后的三年，也就是 2019 年，它在中国就已经实现了接近 10 亿的营收规模而且盈利了。

2018 年，安踏又联手其他一些财团，收购亚玛芬。亚玛芬是全球非常有影响力的户外运动品牌集团，它旗下有做顶级户外服装的始祖鸟；给 NBA 做比赛用球，还给世界顶级网球选手们做网球拍的威尔逊（Wilson）；做顶尖越野跑鞋的萨洛蒙（Solomon）；做运动腕表和精密仪器的松拓（Suunto）等。安踏收了亚玛芬就相当于收了一大堆品牌，它计划在大中华区，重点把始祖鸟、萨洛蒙和威尔逊这三个品牌也打造成年销售额百亿人民币级别的品牌。归纳安踏集团的三条增长曲线：

第一，安踏这个主品牌，走大众、专业、新国货路线，让它变成大家想买、又买得起的品牌；第二，FILA、FILA Kids 和 FILA Fusion 这个品牌阵列，继续稳住时尚运动市场；第三，借助迪桑特、始祖鸟和萨洛蒙这样的专业户外品牌，布局户外市场，切入滑雪、网球、高尔夫这样的细分赛道，成为安踏的下一个增长引擎。

在未来，安踏还将紧扣国务院发布的《全民健身计划（2021—2025）》，抓住三股风潮：新国货风潮、奥运会冬奥会风潮和未来 5 年的全民健身风潮。此外，安踏还将关注女性品类的运动产品等。

---

① 资料来源：蔡钰《为什么不是安踏 pro，而是 FILA 中国》和《跟进：安踏怎样布局全民健身计划》，得到 APP。

（五）品牌重新定位策略

某一个品牌在市场上的最初定位即使很好，随着时间的推移可能需要重新定位。一些企业的品牌思考见表6-3。

表6-3　企业的品牌思考

品　牌	品牌口号	品牌思考
苹果电脑	非同凡响（Think Different）	争夺被微软系统绝对主导的个人电脑市场
麦当劳	我就喜欢（I'm lovin'it）；永远年轻（Forever Young）	把品牌失去的年轻客群找回来
可口可乐	这感觉，够爽（Taste the Feeling）	抵御全球碳酸饮料下滑颓势，吸引年轻一代
小米	为发烧而生	以"发烧友"的光环肯定并吸引负担不起苹果手机的年轻玩家
王老吉	怕上火喝王老吉	给原本没有使用凉茶习惯的消费者赋予使用时机与动机

在上面的案例里面，我们能清楚地看见各个企业在其所处时代背景之下，关于品牌建设的思考。相反，一个无法投射品牌策略的品牌主张或口号，就会给人一种"虚"的感觉。你不妨找身边的例子看看，并尝试找几个案例续写该表格，思考如何让品牌的发展更精准高效。

但消费者的需求是不断变化的，市场形势也变化莫测。因此，每经过一段时间之后，企业就有必要重新思考自己的品牌运作情况，看看是否符合目标市场的要求、是否需要对品牌进行重新定位。

1. 对品牌重新定位的判断

企业判断品牌是否需要重新定位一般从以下情况进行：

竞争者推出了新品牌，且定位于本企业品牌的附近，影响了企业品牌的市场份额，致使本企业品牌的市场占有率下降；有新产品问世，消费者的品牌偏好发生变化，企业品牌的市场需求下降；经济环境变化，人们对产品的要求发生变化，该定位的产品市场缩小等。总之，当宏观或微观环境发生变化，且这种变化与企业品牌相关时，品牌经营者就应当及时考虑是否要对原有品牌定位进行调整。

品牌重新定位一般从两个角度进行：一是利用竞争者的品牌定位为自己的品牌重新定位，以获得本企业品牌的发展空间；二是通过市场调查，研究消费者需求，为本企业品牌重新定位。应当注意的是，品牌重新定位并不意味着品牌的更新，也不意味着品牌经营者要完全放弃现有品牌的定位，而是要通过解决一些实际问题，获得品牌的稳定和继续发展。

2. 品牌再定位的步骤

企业再定位时，不能盲目地进行，必须按照一定的程序及步骤来操作。一般来说，品牌定位的基本步骤如图 6-9 所示。

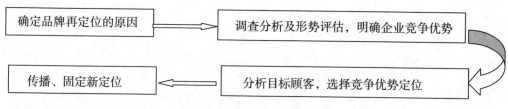

图 6-9　品牌再定位的步骤

五、品牌决策的基本流程

品牌决策就是决定企业是否使用品牌、使用哪种类型的品牌，以及使用什么形式的品牌等一系列决策的过程。品牌决策过程应当概括所有相关的品牌决策，见图 6-10。

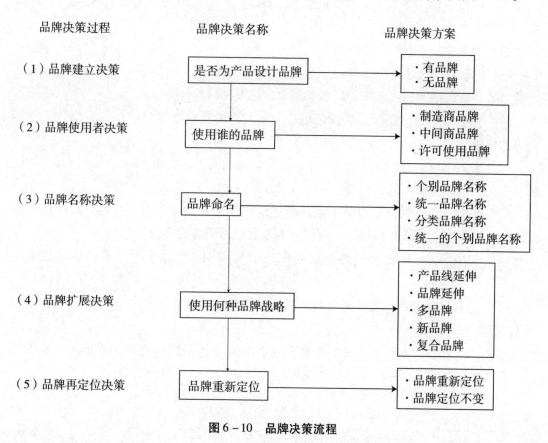

图 6-10　品牌决策流程

6.5 包装策略

一、包装的概念与作用

（一）包装的概念

1. 包装概念

包装是指为在流通过程中保护产品，方便储运，促进销售，按一定的技术方法所用的容器、材料和辅助物等的总体名称。产品包装一般包括三个部分，即：

（1）首要包装，是产品紧靠着的包装容器，如酒瓶子。

（2）次要包装，是保护首要包装的包装物，又称销售包装，如酒瓶子外部的长方体小纸盒子。

（3）运输包装，是为了储存和运输的需要而形成的大包装，如集 12 瓶为一箱的大箱子。

2. 包装要素

包装要素有：包装对象、材料、造型、结构、防护技术、视觉传达等。一般来说，商品包装应该包括商标或品牌、形状、颜色、图案和材料等要素。

（1）商标或品牌：商标或品牌是包装中最主要的构成要素，应在包装整体上占据突出的位置。

（2）包装形状：适宜的包装形状有利于储运和陈列，也有利于产品销售，因此，形状是包装中不可缺少的组合要素。

（3）包装颜色：颜色是包装中最具刺激销售作用的构成元素。突出商品特性的色调组合，不仅能够加强品牌特征，而且对顾客有强烈的感召力。

（4）包装图案：图案在包装中如同广告中的画面，其重要性、不可或缺性不言而喻。

（5）包装材料选择：包装材料的选择不仅影响包装成本，而且也影响这商品的市场竞争力。

（6）产品标签：在标签上一般都印有包装内容和产品所包含的主要成分，品牌标志，产品质量等级，产品厂家，生产日期和有效期，以及使用方法等。

讨　论

包装上的条形码代表什么？有什么作用？

_____

_____

_____

（二）包装的作用

包装是产品的外衣，在市场营销中可发挥以下作用：

1. 保护产品

包装保证产品在生产过程结束后直至被消费掉以前，产品的使用价值不受外来影响，产品实体不会损坏、散失和变质。如易腐、易碎、易燃、易蒸发的产品，有了完善的包装，就能保护其使用价值。这是包装的基本作用。

2. 提供方便

运输包装，有利于商品的合理堆码、装卸、存储；销售包装，便于经营者陈列、清点、售卖，也方便消费者购买、携带、消费和保管。

3. 易于识别

包装是商品的外壳，是消费者和营销人员较先熟知的部分。包装时注明产品型号、数量、品牌及制造厂的名称，不仅能帮助库房保管人员准确找到产品，防止错发，也可以帮助售货人员与购买者从包装外形上区别同类企业产品，从而节省商品买卖时间，加速商品购买过程，还有利于消费者对商品的回忆和再认，增加重复购买。

4. 增加利润

有许多商品本身并不能使人产生美感，通过精心设计的包装可美化产品，提高档次，吸引消费者青睐，促进销售，增加收益。同时，合理的包装，可减少产品损耗，降低储运费用，增加企业利润。

二、包装设计的原则

（一）遵守国家的法律、法规

申请专利的包装设计，是作为知识产权受法律保护的。好的企业包装应尽早申请专利，避免被侵权。包装作为"无声的推销员"，有介绍商品的义务。我国保护消费者权益的法律法规规定一些商品的包装上必须注明商品名称、成分、用法、用量以及生产企业的名称、地址等；对食品、化妆品等与群众身体健康密切相关的产品，必须注明生产日期和保质期等。

（二）美观大方，突出特色

商品包装除了应保证安全功能和适于储运、便于携带和使用外，还应该具有美感。美观大方的包装能够给人以美的感受，有艺术感染力，从而成为激发消费者购买欲望的主要诱因。因此，商品包装设计要体现艺术性和产品个性，有助于实现产品差异化，满足消费者的某种心理要求。

（三）保护生态环境

随着消费者环保意识的增强，在包装的材料运用以及包装设计上要注意保护生态环境，节约资源。努力减轻消费者的负担，节约社会资源，禁止使用有害包装材料，实施绿色包装战略。

（四）心理、文化适应原则

销往不同地区的商品，要注意使包装与当地的文化相适应。尤其在国际市场营销中要特别注意，切忌出现有损消费者宗教情感、容易引起消费者反感的颜色、图案和文字。消费者对商品包装的不同偏好，直接影响其购买行为，久而久之还会形成习惯性的购买心理。因此，在商品包装的造型、体积、重量、色彩、图案等方面，应力求与消费者的个性心理相吻合，以取得包装与商品的协调，并使消费者在某种意象上去认识商品的特质。

如按性别分，女性用品包装要柔和雅洁、精巧别致，突出艺术性和流行性；男性用品包装则要刚劲粗犷、豪放潇洒，突出实用性和科学性。按年龄段分，儿童用品包装要形象生动、色彩艳丽，突出趣味性和知识性，以引发儿童的好奇心和求知欲；青年用品包装要美观大方、新颖别致，突出流行性和新颖性，以满足青年人求新求异心理；老年用品包装则要朴实庄重、安全方便，突出实用性和传统性，尽量满足老年人的求实心理和习惯心理。

随着消费者的小家庭化趋势越来越明显，独立小包装的零食。如：早期的三只松鼠、良品铺子、洽洽、每日坚果等，"小而美"成为包装新趋势。这种小包装食品，干净易保存、方便携带，既精致又可以控制摄入量，越来越受到消费者喜欢。

 **拓展阅读** 色彩在包装设计中的运用

在商品的包装设计中，色彩的运用也十分重要，这是因为不同的色彩能引起人们

不同的视觉反应，从而引起不同的心理活动。例如，黑色、红色、橙色给人以重的感觉，绿色、蓝色给人以轻的感觉，所以笨重的物品采取浅色包装，会使人觉得轻巧、大方；分量轻的物品采用浓重颜色的包装，给人以庄重结实的感觉。美国色彩研究中心曾经做过一个试验，研究人员将煮好的咖啡分别装在红、黄、绿三种颜色的咖啡杯内，让十几个人品尝比较。结果品尝者们一致认为咖啡的味道不同——绿色杯内的咖啡味酸，红色杯内的咖啡味美，黄色杯内的咖啡味淡。在系列试验的基础上专家们得出结论，包装的颜色能左右人们对商品的看法。药品适用以白色为主的文字图案包装，表示干净、卫生、疗效可靠；化妆品宜于用中间色（如米黄、乳白、粉红等）包装，表示高雅富丽、质量上乘；食品适于用红色、黄色和橙色包装，表示色香味美、加工精细。另外，还需要指出的是，包装的色彩图案要考虑各民族不同的偏好和禁忌，特别是进入国际市场的商品更应如此。

（五）包装与产品本身相适宜

包装要力求经济实用，不同档次的商品配以不同的包装。要做到表里如一，既要防止"金玉其中，败絮其外"，也要防止"金玉其外，败絮其中"，避免过度包装。

三、包装策略

包装策略是指企业对其生产的产品采用相同的图案、近似的色彩、相同的包装材料和相同的造型进行包装，便于顾客识别出本企业产品。对于忠实于本企业的顾客，类似包装无疑具有促销的作用，企业还可因此而节省包装的设计、制作费用。但类似包装策略只能适宜于质量相同的产品，对于品种差异大、质量水平悬殊的产品则不宜采用。

常用的包装策略有：

（一）系列式包装策略

系列式包装策略是指企业将用途相同或相似、品质相近的商品设计成图案、形状、色彩等相同或类似的包装。系列式包装能适应具有同一性心理消费者的需要，消费者根据对某系列中某商品的印象，即可对系列中其他商品产生连带感受和认识，从而缩短对同一企业商品的认识过程。

（二）连带式包装策略

连带式包装策略是指将具有消费连带性的产品包装在一起，其目的在于给消费者以便利感和整体感。

（三）分量式包装策略

分量式包装策略是指对于一些称重产品，根据消费者的需求，在不同时间、地点、使用量下，采用重量大小不同的包装。也有一些价格较贵的产品，实行小包装给消费者以便宜感。还有一些新产品，为让消费者试用而采用小包装，其目的在于给消费者以便利感、便宜感、安全感。

（四）等级式包装策略

等级式包装策略是指为了区别不同产品的不同质量，按其质量等级采用相应包装。这是一种常用的包装形式。其目的在于满足不同需求层次的消费者，区分产品档次。

（五）复用式包装策略

复用式包装策略是指为了节约包装材料或刺激消费者需求，采用可重复使用的或转作他用的包装，其目的在于给消费者一种便宜感、节约感。

（六）开窗式包装策略

开窗式包装策略是指在包装物上留有"窗口"，让消费者透过"窗口"来直接认识和了解产品。其目的在于直接让消费者体会、认识产品的品质。

（七）密封式包装策略

密封式包装策略是指将产品严实地包裹起来，接口处以胶、蜡等密封。常见于防潮、防晒、防尘等易损易变质的产品，其目的在于确保商品质量。

（八）名贵式包装策略

名贵式包装策略专用于包装名贵产品。其包装设计精良，具有一定的艺术价值。常见于名贵的药材、文物、工艺品、金银制品、高档服装等，给消费者一种荣华、高雅感。

（九）赠品式包装策略

赠品式包装策略是指在包装物内装有赠品或奖券。这种包装有较强的促销作用。其目的在于给消费者一种便宜感、机会感。

（十）礼品式包装策略

礼品式包装装饰华丽，富有欢乐色彩。包装物上常冠以"禄""福""寿""喜"

等字样及问候语。其目的在于增添节日气氛和欢乐，满足人们交往、礼仪之需要。借物寓情，以情达意。

小　结

在任务六中，我们首先学习了产品的整体概念，即核心产品、形式产品、附加产品，以及产品组合的概念、要素、意义和优化策略；然后，学习了产品市场生命周期的概念和特点，产品市场生命周期分为导入期、成长期、成熟期和衰退期，不同的生命周期阶段，营销策略不同；接着，学习了新产品开发的概述、开发过程等；之后又学习了品牌的概念、内涵和作用、品牌的设计和品牌决策等；最后，学习了包装策略，如包装的作用、概念、策略等。

课后思考

1. 顾客在酒店、家电市场、商超等场景中所购买的产品或服务，想获得的利益是什么？

2. 一款产品好不好，不是生产者说了算，也不是中间商说了算，而是看市场的反馈，看消费者的实际反应。好产品自己会说话，能让消费者主动分享。你会主动分享某个产品到你的朋友圈或推荐给你的朋友吗？假设你是生产者，请思考如何让消费者喜爱你的产品并主动分享。

3. 选一个你熟悉的品牌，讲讲它的品牌故事。

4. 请谈谈品牌是如何征服年轻消费者的？品牌发展总是很难避免老化这一问题，如何征服当今的年轻消费者，是营销者要面对的一大难题。作为品牌年轻化的先行者，"故宫""李宁"等品牌做了很多尝试，比如"王老吉"推出了包含"国潮"元素的新包装等。请思考究竟什么形式、内容的营销，能成功俘获年轻消费者的心？可通过列举企业案例说明。

任务七　制定价格策略

学习目标

（1）了解价格的定义、作用，影响价格的主要因素；

（2）掌握定价的步骤和方法；

（3）掌握定价的主要策略；

（4）掌握产品定价调整策略；

（5）了解企业如何定价才能使产品组合利润最大化。

引　言　　**正确认识和评价价格在市场营销中的作用，遵守行业规制**

价格是商品的交换价值在流通过程中所取得的转化形式，其水平由市场供需关系决定。价格具有标度、调节、信息、表价、核算和分配职能。价格也是实现国家宏观调控的一个重要手段，如通过强化"菜篮子"市长负责制、市场动态监测对肉蛋菜和其他生活必需品的保供稳价措施等。

2021年初，市场监管总局在回答网民关于"互联网社区团购平台以低价倾销市场"的留言中指出，针对当前社区团购存在的低价倾销扰乱市场秩序等突出问题，对互联网平台企业社区团购经营行为提出了明确要求，要求严格遵守"九个不得"，其中包括不得通过低价倾销、价格串通、哄抬价格、价格欺诈等方式滥用自主定价权等。并表示将及时研判掌握社区团购市场动态，加大对互联网平台的监管力度，密切关注并严肃查处社区电商领域违反《中华人民共和国价格法》《中华人民共和国电子商务法》等法律法规的行为。加大执法办案力度，依法维护社区团购市场秩序。

讨　论

价格怎样促进产品/服务的市场营销？怎样才能在遵守行业规制的前提下，发挥价格的作用？

7.1　影响价格的主要因素

一、价　格

价格是指企业通过对客户需求的估量和成本分析，根据购买者不同的支付能力和产品成本进行定价，选择能吸引客户、实现销售，从而实现最大利润的定价办法。

价格是一个既敏感又活跃的因素。产品定价，到底是应该定高价还是定低价？营销专家菲利普·科特勒曾说："对于一家公司来说最难办的事情之一就是给一种产品或服务制订适当的价格。"（见图 7 - 1）价格是市场营销组合的一个元

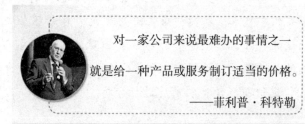

对一家公司来说最难办的事情之一就是给一种产品或服务制订适当的价格。

——菲利普·科特勒

图 7 - 1　菲利普·科特勒对于产品定价的理解

素，它带来收入，而其他市场营销组合元素则生产成本。价格也传达了公司预期的产品或品牌的价值定位。一个设计精良的营销产品仍然可以获得价格议价，收获丰厚的利润。

价格并不只是标签上的一个数字，它有多种形式，发挥着多项功能，租金、学费、交通费、定金、佣金等都可能是你购买产品或服务时支付的价格。价格也由多个部分组成，如你要购买一辆新车，标价可能是经过退税和经销商优惠调整后的价格。

从狭义上说，价格是为产品或服务收取的货币总额。从广义上说，价格是顾客为获得、拥有或使用某种产品或服务的利益而支付的价值。长期以来，价格一直是影响购买决策的重要因素。纵观历史，价格在大多数情况下是由买卖双方协商制定的。

由于新的经济现状导致非价格因素越来越受重视，许多消费者重新评估他们所愿意支付的产品和服务，而企业也不得不认真审视自己的定价策略。如随着数字经济的到来，互联网已经改变了买家和卖家的互动方式。买方可以使用智能手机从成千上万的供应商中获得即时的价格比较，找出成百上千条有关商家的产品信息、价格和评论，进而进行线上价格比较，最终选择自己心仪的产品，实现交易。同时，买方还可以获得一些免费产品；而卖家也可以监控顾客行为，并且为个人制定价格，给予某些顾客特价，通过在线拍卖和交易系统协商价格。另外，租赁、借贷和共享经济的出现，也改变了传统的定价环境。但即使这样，价格始终是决定企业市场份额和盈利性的最重

要的因素之一。

 **拓展阅读** 定价的奥秘

你在购物时根据什么来做出购买决定呢？是自己的需求、爱好，还是商品的价值、设计、价格等等？

当看到"全场大减价""第二杯半价""提前一个月预订可享半价优惠""满100减50""办理会员即积分"等宣传广告时，你会为之心动吗？

能买到物美价廉的商品，对消费者来说是一件开心的事情。那么，这对店铺意味着什么呢？是赚还是赔？

细想一下，关于价格还有很多不可思议的事情。比如，在普通超市售价为1.5元一瓶的矿泉水，在便利店售价为2元，在景区、机场却可以卖到5元。这些价格背后的设置有什么意义呢？为什么会出现"便宜也能赚钱""昂贵却能畅销"的现象？解谜的关键在于"边际利润"，不仅要重点关注"价值"与"价格"之间的平衡，还要从"定价即经营"的角度进行分析。

定价策略是复杂的，必须考虑许多因素，如企业自身、顾客、竞争者和营销环境。定价要符合企业的营销策略、目标市场与品牌定位等，在这一章节的学习当中，我们将提供概念和工具，以帮助制定初始价格，以及随着时间和市场的变化进行价格调整。

二、影响价格制定的主要因素

（一）影响定价决策的内部因素

1. 产品成本

产品成本是企业进行产品定价的基础，也是产品价格的下限。

2. 企业目标

企业目标是影响产品定价的第二个主要内部因素。一般来说，企业长远的整体的目标是获取尽可能高的利润，但具体到某一时期为某一产品定价时，企业的目标却有很大差异。归纳起来，企业有利润导向定价目标、销售导向定价目标、生存导向定价目标和竞争导向定价目标。

（1）利润导向定价目标。

①最大利润目标。

最大利润目标是指以追求利润最大化为企业的定价目标，企业在制定能使利润最大化的价格时，要充分估计市场需求情况。一般来说，采取利润最大化目标，适合市

场销售前景看好、市场容量很大、在市场上占据明显的优势，甚至具有某种垄断优势的产品。但是这种目标不可能长期维持，必然遭到多方抵制、竞争、对抗，甚至政府干预。

②投资收益率目标。

投资收益率目标，即企业以其投入资金的预期收益作为定价目标。计算投资收益率的公式为：投资收益率＝（投资总额÷投资回收年）/总投资额。为达到这一目标，定价时需在产品成本的基础上加上预期收益。一般来讲，以下两种情况下采用投资收益率作为定价目标：一是企业在行业中实力雄厚，处于主导地位；二是新产品、独家产品以及低价高质量的标准化产品。

③适当利润目标。

适当利润目标是指在激烈的市场竞争中，企业为了保全自己，减少市场风险，或者限于实力不足，把取得适当的基本满意的利润作为定价目标。也就是企业不追求最大利润，而是根据行业状况追求适当的利润，这种情况更多见于处于市场追随者地位的企业。适当的利润目标一方面可以使企业避免不必要的竞争，另一方面由于价格适中，顾客愿意接受，可使企业获得长期的利润。

（2）销售导向定价目标。

企业以提高市场占有率和销售量为定价目标。企业只有提高了市场占有率，占据更多的市场份额，才能增加产品的销售量，从而获取更多的利润。为了提高市场占有率，企业一般采用低价策略，以吸引更多的顾客。

（3）生存导向定价目标。

如果企业因生产能力过剩，或面临激烈的市场竞争，或由于经营管理不善等原因，造成产品销路不畅，大量积压，甚至濒临倒闭时，则需要把维持生存作为企业的基本定价目标。

（4）竞争导向定价目标。

在定价以前，一般要广泛搜集资料，把本企业产品的质量、特点和成本与竞争对手的产品进行权衡比较，然后再制定产品价格。以对产品价格有决定影响的竞争对手或市场领导者的价格为基础，采取高于、等于或低于竞争对手的价格出售本企业的产品。

3. 营销组合

营销组合中的其他要素是影响价格的内部要素。例如，不同品牌的同类产品，即使质量差异不大，但价格可能会差异较大，这是因为企业在品牌策略上的差异。同一品牌的产品，在不同的地方购买，价格也可能有差异，这是渠道策略对价格的影响。因此，营销组合中的产品策略、渠道策略和促销策略都会影响产品的定价。

（二）影响定价决策的外部因素

1. 市场需求

市场需求是影响企业定价的最重要的外部因素，它决定着产品价格的上限，即价格不能高到无人问津的程度。市场需求对定价的影响主要考虑供求关系和需求弹性两方面。

（1）供求关系。供求规律是一切市场经济的客观规律，即商品供过于求时价格下降，供不应求时价格上升。在完全竞争的市场条件下，价格完全在供求规律的自发调节下形成，企业只能随行就市定价；在不完全竞争条件下，企业才有选择定价方法和策略的必要和可能。

（2）需求弹性。需求弹性又称为需求价格弹性，它反映需求量对价格的敏感程度，以需求变动的百分比与价格变动的百分比之比值来计算，亦即价格变动百分之一会使需求变动百分之几。

营销人员需要知道需求对价格变化的反应或弹性是多少。分析图7-2中的两条曲线。在需求曲线（a）中，当价格从10元提高到15元时，需求量仅从105降到100；而在需求曲线（b）中，同样的价格变化却使需求量发生很大变化，从150降到50。当价格发生小的变化时，如果需求量变化幅度很小，我们称缺乏需求弹性；如果需求量变化幅度很大，则说明富有需求弹性。

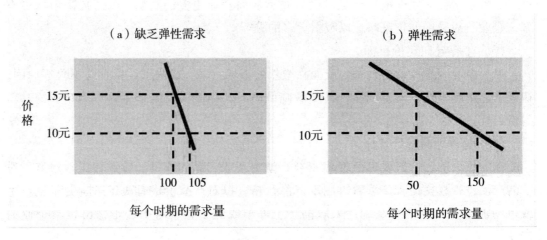

图7-2　缺乏弹性需求和弹性需求分析

富有弹性的产品，价格只要略有变动，就会引起需求量的明显变动，即需求量的变动幅度大于价格变动的幅度，反应非常灵敏。对于富有弹性的产品，稍微降低一点价格，就会大幅度增加销售量，从而使总收入增加；相反，稍微提高价格就会使销售量大幅减少，总收入也随之减少。因此，对这类产品，企业可采取降价策略，薄利多销达到增加利润的目的。前提是生产和销售更多产品的成本不会不成比例地增长。

　　缺乏弹性的产品，当价格做出较大的变动时，需求量的变动却并不显著，即需求量的变动幅度小于价格变动的幅度，反应很迟钝。对于缺乏弹性的产品，如果提高产品价格只会引起销售量较小的减少，因而提价使总收入增加；相反，降低价格，销售量却不会增加很多，而总收入反而减少了。所以对这类产品，低价对需求量的刺激不大，薄利未必能多销，往往较高的定价却是有利的。

　　一般情况下，生活必需品的需求弹性小，奢侈品的需求弹性大；替代品少或替代性弱的产品需求弹性小，替代品多或替代性强的产品需求弹性大；用途单一的产品，需求弹性越小，用途越广泛的产品，其需求弹性越大。因此，企业给产品定价时应考虑不同产品的不同需求弹性，以切实提高价格决策的有效性。

　　长期需求价格弹性可能会和短期需求价格弹性不一致。当价格提高时，消费者可能会继续购买同一供应商的产品，但是最终他们可能会转换品牌。在这里，长期需求比短期需求更具有弹性。但是也可能出现相反的状况：购买者得知涨价后可能更换品牌，但是过一段时间会换回来。长期需求弹性和短期需求弹性的区别在于，销售者无法知道价格随时间变化的总效应。

　　某产品以20元/件，月销售量为5000件；以25元/件，月销售量为4500件。请计算该产品需求的价格弹性系数，并说明此类产品是否是富有需求价格弹性的商品，宜使用高/低哪种定价方式，为什么。

_____

_____

_____

　　2. 竞争状况

　　产品成本和市场需求决定了产品价格的上限和下限，而竞争对手的多少和竞争的强度对企业确定合适的价格也有着重要的影响。竞争越激烈，对价格的影响也就越大，企业必须采取适当的方式，了解竞争对手的价格和产品质量。

　　3. 政策法规

　　由于产品价格不仅关系到国家、企业和个人三者之间的物质利益，而且牵涉到各行各业和千家万户，因此，虽然是市场经济，各个国家仍会制定有关产品价格方面的各种政策和法律法规，对产品价格进行管理，或利用税收、金融、海关等手段间接地调控价格。

7.2 产品定价的步骤和方法

一、制定价格策略的步骤

（一）选择定价目标

企业应该首先确定市场供应物的定位。企业的目标越清晰，就越容易制定价格。企业定价的四大主要目标是：利润、销售、生存、竞争。

（二）确定需求

不同的价格导致不同的需求量，从而对企业的营销目标产生不同的影响。企业根据价格敏感性和需求价格弹性两个因素来确定需求。

1. 价格敏感性

价格敏感性反映了不同价格水平下市场可能的购买量，汇总了不同价格敏感度的许多个体消费者的反应。估计需求量的第一步是明确影响价格敏感度的因素。一般来说，消费者对价格低的或不经常购买的产品较不敏感。他们的价格敏感度在以下情况也会降低：①替代品或竞争者较少；②还未注意到价格变高；③改变购买习惯的速度很慢；④认为提高价格是有道理的；⑤价格只是获得、使用和保养产品的总支出中很小的一部分。许多企业采用市场调研的方法估计需求曲线，并对影响需求的因素加以控制。

2. 需求价格弹性

价格越高，需求越低。对于一些知名产品，需求曲线有时候会向上倾斜。如一家香水公司提高其产品售价后，反而，卖出了更多香水。一些消费者认为更高的价格，代表更好的产品。然而，如果价格过高，需求可能降低。

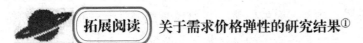 **拓展阅读** 关于需求价格弹性的研究结果①

研究表明，消费者在经济困难时期往往对价格更敏感，但这并非存在于所有商品类别，在过去几十年关于价格弹性的学术研究中发现了一些有趣的结果：

（1）所有产品、市场和时间段的平均价格弹性为 −2.62；也就是说，价格降低 1%

---

① 菲利普·科特勒，凯文·莱恩·凯勒. 营销管理 [M]. 上海：格致出版社，2019.

会导致销售增长 2. 62%。

（2）耐用消费品的价格弹性比其他产品高，处于导入期或增长期的产品价格弹性比处于成熟期和衰退期的产品价格弹性高。

（3）通货膨胀实际上会提高需求价格弹性，尤其在短期内效果显著。

（4）促销品价格弹性在短期内比实际的价格弹性高（尽管在长期内可能情况相反）。

（5）单品或最小存货单位水平的价格弹性比整个品牌产品的价格弹性高。

（三）估计成本

需求是公司对其产品价格设置了上限，而成本是其下限，企业希望制定一个价格，不仅能弥补生产、分销和销售成本，还可以为其付出的努力和承受的风险提供合理的利润。

企业的成本按性质分有两种形式，固定成本和可变成本。

（1）固定成本，是指不随产量或销售收入变化的成本，不管产量高低，每月企业都必须支付租金、利息、工资等费用。

（2）可变成本是指随着产量的变化而变化的成本。比如苹果公司生产的每一台平板电脑都需要包括塑料玻璃、微处理器芯片、其他电子产品和包装的成本，这些成本对每一单量产量是固定的，之所以被称为可变成本的原因是总可变成本随产量而变化。

成本按统计要求分可以分为总成本和平均成本。

（1）总成本指的是一定产量下可变成本和固定成本之和。

（2）平均成本是该产量水平下的单位成本，它等于总成本除以产量。

（四）分析竞争者的成本、价格和产品

在由市场需求和企业成本所决定的价格范围内，企业必须考虑竞争者的成本价格和可能的价格反应。如果企业所提供的产品具有最相似竞争者所没有的特征，那么就应该评价该特征对消费者的价值，并将其加到竞争者的价格上；如果竞争者的产品具有本企业产品所不具备的特征，企业就应该从自身价格中减去这一价值，这是企业决定制定比竞争对手更高相同还是更低的价格的依据。

（五）选择定价方法

在了解了顾客的需求水平，分析竞争者的价格等后，企业就可以开始制定自己的产品价格了。企业制定价格时需要重点考虑三个问题：一是成本是价格的下限；二是竞争品的价格和替代品的价格为定价提供了参照点；三是顾客对产品特性的评价是价格的上限。企业应选择一个将这三个考虑因素中的一种或多种包含在内的定价方法，即我们主要学习以下三种定价法：

1. 成本导向定价法

所谓成本，是指制造产品所必需的材料费和人工费、销售产品所必需的销售费用，以及制造产品后为了促销而花费的各种费用的总称。

（1）成本加成定价法。

企业生产的成本往往由很多部分组成，成本加成定价法是以全部成本（固定成本加变动成本）作为基础的一种最常用的定价方法。

假设一个烤炉制造商有以下成本和销售预期：

单位可变成本为10元，固定成本为300000元，预计销售量为50000万台。

该制造商产品的单位成本为：

单位成本 = 可变成本 + 固定成本/销售量 = 10 + 300000/50000 = 16（元）

现假设制造商希望获得20%的利润，则该制造商的加成价格应为：

加成价格 = 单位成本/（1 - 期望利润）= 16 ÷（1 - 0.2）= 20（元）

该制造商会向分销商收取每台烤炉20元，并从中获得4元的利润，如果分销商又希望从售价中得到50%的利润，则他们会将烤炉的价格提高100%，增至40元。季节性商品（补偿滞销风险）、特殊商品、难以移动的商品、存储和管理成本很高的商品、需求缺乏弹性的商品（如处方药）的成本加成一般较高。

成本加成定价法的优点是：有利于价格稳定，变动价格经常诱发竞争者不利反应，所以它更多地用于平均成本变动不大的产品；所用的信息、数据比较少，为价格变动提供正当理由。缺点是：定价只是考虑成本，没有考虑需求条件；使用的常常是会计或历史成本，而非增量或机会成本；共同成本均摊不能真实反映成本状况。

（2）目标利润定价法。

目标利润定价法即企业试图确定能带来它正在追求的目标投资收益，其目标利润定价的价格用以下公式来表示：

目标利润价格 = 单位成本 + 目标利润 × 投资成本/单位销售量

目标利润定价法的价格是按预测销售量确定的，只要预测销量较为准确，价格也就较为准确，这种方法如果使用得当能够保证企业目标利润的实现，但这种方法也有一个重要的缺陷，即企业是以估计的销售量得出应制定的价格，殊不知价格恰恰是影响销售量的重要因素，因此为了确保用所定价格来实现预期销量的目标，企业应将价格、销售量与需求因素结合起来。

例如：接上一个案例，假设一个烤炉制造商的单位可变成本为10元，固定成本为300000元，预计销售量为50000万台。假如该烤炉制造商一共投资了100万元，并希望制定一个价格能使投资回报率达到20%，即20万的投资回报，那么目标收益价格为多少?

可以通过以下公式得到:

目标收益价格 = 单位成本 + (期望回报率×投入的资金)/销售量 = 16 + (0.2 × 1000000)/50000 = 20(元)

(3)盈亏平衡定价法。

盈亏平衡定价法又叫收支平衡定价法,它是应用损益平衡原理进行一种保本定价的方法。接上面案例,继续思考,在成本和估计销量都是准确的情况下,制造商将实现20%的投资回报率,但是如果销量达不到5万台会怎么样呢?因此,制造商可以绘制一个盈亏平衡图,详见图7-3,图中不管销量如何固定成本都是30万元,可变成本没有在图上表示出来,它会随着销量的增加而增加总成本等于固定成本和可变成本之和,总收入经过原点,然后随销量增加而提高。

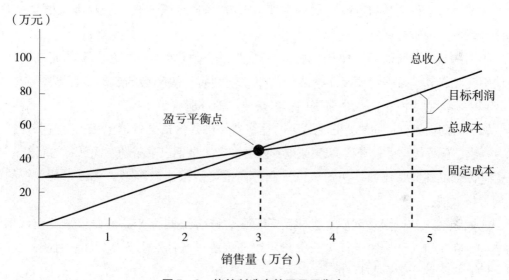

图7-3　烤炉制造商的盈亏平衡点

由图7-3我们可以发现,总收入曲线和总成本曲线交于3万台这一点上,这就是盈亏平衡的销量。我们可以用以下公式计算:

盈亏平衡销量 = 固定成本/(价格 - 单位可变成本)

= 300000 ÷ (20 - 10) = 30000(台)

制造商当然希望在20元的价格上能卖出5万台,这样它原先100万元的投资就能获得20万元的回报,但是,这还要依赖价格弹性和竞争者的价格。成本导向定价法恰好忽略了这两点,企业需要考虑不同的价格,并估计他们对销量和利润的可能影响。

2. 需求导向定价法

(1)认知价值定价法。

认知价值定价法,也称"感受价值定价法""理解价值定价法",也就是企业按照消费者在主观上对该产品所理解的价值，而不是产品的成本费用水平来定价。这种定价方法认为，某一产品的性能、质量、服务、品牌、包装和价格等，在消费者心目中都有一定的认识和评价。消费者往往根据他们对产品的认识、感受或理解的价值水平，综合购物经验、对市场行情和同类产品的了解而对价格作出评判。当商品价格水平与消费者对商品价值的理解水平大体一致时，消费者就会接受这种价格；反之，消费者就不会接受这个价格，商品就卖不出去。

企业为了顺利销售产品并获得满意的利润，一方面必须进行市场调研，以准确地预测产品认知价值；另一方面，企业要利用营销策略中的非价格变数来影响购买者，在他们的头脑中形成认知价值，然后据此来定价，企业在运用此法时，需要正确估计购买者所承认的价值。

（2）需求差异定价法。

需求差异定价法是指以购买欲（需求）和消费者意愿的强弱为标准来制定价格。具体有以下几种做法：

①因地点、场所而异，比如在机场、高铁站、景区等，向顾客售卖的瓶装水、方便面等食品，其定价普遍要高于一般的超市或便利店；演唱会的票价根据席位（S席、A席）的不同而不同；同一个航班中，经济舱和商务舱票价不同。

②因时间而异，比如旅游旺季酒店的住宿费、机票价格会普遍上涨；有些餐厅推出深夜福利、早餐优惠等；有些KTV或电影院会推出"星期三下午场有优惠"的服务。

③因商品而异，比如一些知名汽车制造商推出的限量版车型，会因为其独特的设计而价格大涨。

④因顾客而异，因顾客职业、年龄等原因，顾客对同类产品的需求强度或认知价值不同，在定价时分别给予优惠或提价。比如旅游景区针对1.3米以下的小孩、60岁以上的老年人给予票价的折扣。

3. 竞争导向定价法

竞争导向定价法是指关注竞争公司制定的价格，以竞争公司的价格为标准而制定价格的方法，或以行业平均价格为准，随行就市。其目的是向竞争公司发起价格竞争以获得客户或应对竞争。如：在竞争激烈的电子产品商店、食品超市、药妆店等，以及在大宗商品交易领域，其商品和服务与其他公司没有差异，在竞争中获胜的最后手段是通过薄利多销、低价竞争扩大市场份额。基于竞争的定价中，还有一种密封投标竞价法，是指在招标竞标的情况下，企业根据对竞争者定价的估算来定价，如果企业要赢得标的合同，价格就必须比竞争者低。

以上列举了定价的三种基本方法，但是对于服务业来说，因为服务的内容不同而存在差异，所以不能一概而论。对软件制造企业而言，有的使用成本导向定价法，有的通过竞争价格定价。游乐场一般会先计算盈亏平衡点，再设定门票的价格（目标销售额÷预计入场人数）。此外，企业要从整体上考虑产品的定价，使用产品组合定价策略，以取得最大利润。

二、制定最终价格策略

企业在确定产品的最终价格时，还需要考虑一些其他因素，具体有：

1. 其他营销活动影响

企业产品最终价格的确定，必须考虑该品牌相对于竞争者的质量和广告的支出。如：具有相对平均质量但广告预算较高的品牌能获得溢价，消费者愿意为知名产品支付更高的价格；具有相对高的质量和相对高的广告预算的品牌能制定高价。相反，质量最低，广告预算最少的产品售价最低；对市场领先者来说，高价和高广告支出之间的正相关关系在产品生命周期的后几个阶段最明显。

2. 企业定价政策

价格必须和公司的定价政策一致，同时，在某些情况下，企业也可以实施定价惩罚。比如航空公司对于更改折扣机票预订的顾客收取200元，银行对一个月内经常取款或提前取出定期存款的人收取相应的费用，宾馆、租车公司和其他服务性企业在顾客失约时会向顾客收取放空费等，虽然这是理所当然的，但市场营销人员还是要慎重的使用此政策一面，以免造成客户流失。

3. 收益—风险分担定价

顾客可能因为风险过高而拒绝接受销售者的建议，如在大型计算机硬件购买或企业大型项目采购中，当产品没有实现全部承诺价值时，销售者可以选择为顾客承担部分或全部风险。

4. 定价对其他各方的影响

企业还要考虑其他各方对定价的反应，如分销商和经销商对企业制定的价格有什么反应？（如果他们得不到足够的利润，他们是否会选择把产品推向市场）销售人员是否愿意以这个价格出售商品？竞争者会做出什么反应？当供应商看到企业的价格时是否会提高他们的价格？政府是否会干预和阻止企业制定这个价格？

7.3　产品定价策略

一、新产品定价策略

（一）市场撇脂定价

许多公司将发明的新产品推向市场时，制定很高的初始价格，在市场上一层一层地"掠夺"收益，这被称为市场撇脂定价或价格撇脂策略。

只有在特定条件下，市场撇脂定价法才是可取的。首先，产品的质量和形象必须支持其高昂的定价，并且有足够的购买者愿意在高价位购买。其次，小批量生产的成本不会太高，以至于抵消高价带来的收益。最后，竞争对手不能轻易地进入市场和降低价格。

（二）市场渗透定价

有些公司不采用在规模较小但利润率较高的细分市场中以高价格迅速获得厚利的撇脂定价方法，而是选择市场渗透定价。它们制定一个较低的初始价格，旨在迅速和深入地渗透市场，短时间内吸引大量购买者，赢得较高的市场份额。高销售量可以降低成本，允许公司进一步降低价格。

这种低价战略要生效，必须符合一些条件。首先，市场必须对价格高度敏感，从而低价格会产生更大的销售量和市场份额。其次，产品的生产和分销成本必须随着销售量的增加而降低。最后，低价必须有助于排斥竞争者，而且采取渗透定价的公司必须保持其低价定位。否则，价格优势仅仅是暂时的。

 **拓展阅读** 华为手机定价策略

2019 年 9 月，华为召开了 Mate30 系列新品发布会。开售之后，在华为商城，新品系列 1 分钟销售额就破了 5 亿元。比起惊人的销量，华为对于新品的定价才是"稳、准、狠"。不少人看完华为价格的人都在为其他手机品牌捏了把汗。那么华为在 Mate30 新品的价格上到底有什么策略，为什么能让竞争对手如此为难？

（1）利用 5G 技术实现价格新突破。

华为 Mate30 发布会后，很多消费者都表示动摇了买苹果和买小米的决心，这其实和华为巧妙的市场定价策略有很大的关系。

2019 年 8 月，华为发布了它的首款 5G 手机——华为 Mate 20X，起售价 6199 元。6000 元价位的手机是华为的一次尝试，这个价格对于普通用户来说并不低，为什么华为敢定这么高的价格？其实，华为是想利用 5G 的新技术完成一次价格区间的跨越。

由于 5G 对消费者来说是新鲜事物，当制造商把新的产品（5G 手机）推向市场的时候，会利用一部分消费者的求新心理，先定一个相对来说比较高的价格，从对购买力强、价格不敏感、追求高品质产品的一部分消费者那里获取高额利润，同时观察市场的反应。这就是撇脂定价策略，即制定很高的初始价格，在市场上快速获取收益。等到市场上的 5G 手机逐渐普遍的时候，再降低价格，来适应普通大众的需求水平。

（2）控制价格占领高端市场。

根据撇脂定价法，华为本可以凭借5G技术将价格定得更高，但是为什么华为没有这样做呢？一方面是为了提供大众普遍可接受的价格，另一方面则是为了分享苹果手机市场。5000元左右的价格，一些用户本来会选择iPhone11，但是现在华为不仅推出了5G版本，价格还比iPhone11还便宜。这样一来，那些并不是非要ios系统的用户，可能就会去买"更划算"的华为了。

（3）最低配置价格压制小米、OPPO、vivo。

之前华为的Mate低配系列价格一直是4499元，这次却"加量降价"，便宜了500元，这是什么道理呢？因为Mate系列是安卓的高端机型，在各个方面的性能都比较突出。所以华为把价格定到3999元时，相当于把小米、OPPO、vivo价格往上突破4000元制造了很大的屏障。大部分人都会想：花4000元就能买到华为旗舰机，为什么还要去买小米、OPPO、vivo呢？这种定价策略叫作渗透定价策略，制定一个较低的初始价格，旨在迅速和深入地渗透市场，短时间内吸引大量购买者，赢得较高的市场份额。这种策略被戏称为"把自己逼疯，把对手逼死"。因为对于企业自身来说，采用渗透定价策略在与对手的竞争中，它有两个非常显著的好处：一是能够快速占领市场，并借助大销量来降低成本；二是微利能阻止竞争者进入，提升产品的市场竞争力。

小米在创业初期就把渗透定价策略利用到了极致。在当时所有的智能手机都不低于2000元的年代，小米推出了小米1代，定价1999元，在当时是性价比最高的手机，小米借此快速崛起。眼看小米凭借着渗透定价的策略打下了市场，华为推出了荣耀系列的第一款手机Honor U8860，对标的就是小米。

当时媒体报道，Honor U8860在硬件配置上不及小米，但小米1的全球销售量只有30万台。所以，当时买不到小米1的用户，不少人都买了Honor U8860。而当年的荣耀系列，也凭借这款手机收获了不少好名声，成了一代神机。在华为的竞争之下，小米于2013年推出了更为低价的红米系列，继续自己的渗透定价策略。华为不甘示弱，在2013年底，华为将荣耀系列独立为一个品牌，"高性价比"荣耀，市场定位对标的是红米，主攻千元市场，采取低价渗透的定价策略。华为的定价策略你学会了吗？

讨　论

华为在手机定价中采用了哪些策略？这对华为销售手机起到了什么作用？

_____

_____

_____

二、产品组合定价策略

产品组合定价策略是为了实现企业整个产品组合的利益最大化，而对不同组合产品之间的关系和市场表现进行灵活定价的策略。一般是对相关商品按一定的综合毛利率联合定价，对于互替商品，适当提高畅销品价格，降低滞销品价格，以扩大后者的销售，使两者销售相互得益，增加企业总盈利。对于互补商品，有意识降低购买率低、需求价格弹性高的商品价格，同时提高购买率高而需求价格弹性低的商品价格，会取得各种商品销售量同时增加的良好效果。具体来说，产品组合定价策略有以下五种：产品线定价、备选产品定价、附属产品定价、副产品定价以及一揽子定价，详见表7-1。

表7-1　产品组合定价战略

定价策略	描　述
产品线定价	对同一产品线内的不同产品差别定价
备选产品定价	为与主要产品一起出售的选择性产品或附加产品定价
附属产品定价	为必须与主要产品一起使用的产品定价
副产品定价	为低价值的副产品定价，以弥补处理它们所费的成本
一揽子定价	为共同出售的产品组合定价

（一）产品线定价

企业常常会开发产品线，而非单一的产品。在产品线定价中，管理者必须确定同一条产品线中不同产品的价格差距，考虑不同产品之间的成本差异，如企业根据产品项目在质量、性能、档次、款式、成本、顾客认知、需求强度等方面的不同，参考竞争对手的产品与价格，更重要的是反映顾客对不同产品属性的感知价值，精选设计几种不同档次的产品和价格点，以扩大产品销路，争取实现更多的利润。

在具体实施过程中，企业在进行产品系列定价时，首先应该确定最低价格的产品项，吸引消费者购买；其次，确定最高价格的产品项，它在产品线中充当品牌质量和收回投资的角色；最后，对其他产品依据其在产品线中的角色分别制定不同的价格。比如，苹果手机 iPhone13 分为 iPhone13mini 和 iPhone13 等 4 种机型，以内存容量的大小不同，又分为 128GB、256GB 和 512GB 三个版本，售价不同。

（二）备选产品定价

备选产品，又被称作任选产品、选择品，即在提供主要产品的同时，还附带提供任选品或附件与之搭配，比如：一位购买汽车的顾客可能会配置 GPS 装置和高级娱乐系统；购买手机的顾客，可能会随手购买耳机、无线充电器或手机保护壳、贴膜等产品。又如，消费者在某一餐厅用餐，有时会点酒水，而餐厅食品价格较低、酒水价格较高，该餐厅依靠酒类收入获取利润。

许多企业在销售与主要产品配套的备选产品（任选品、选择品）时，运用备选产品定价。由于备选品，属于非必须附带品，所以顾客的自主选择余地较大，只有当提供的选择品能够满足消费者的特定需求时，消费者才会乐于接受较高的价格。

（三）附属产品定价

出售必须与主要产品一起使用的产品时，公司会运用附属产品定价法。通常，附属产品定价策略是将主产品的价格定得很低，利用附属产品的高额加成或大量消费来增加利润。在服务行业中，这种策略叫两部分定价，即将服务分成固定费用和可变的使用费。其定价策略是使固定的费用低到足以吸引人使用其服务，从可变使用费中获取利润。如游乐园通常收取较低的入场费，期望通过场内的各种可选消费获利。

（四）副产品定价

对于许多行业，在生产主产品的过程中，常常有副产品产生。如果这些副产品没有价值，而且处理成本很高，就会影响到主要产品的定价。企业通常会积极挖掘副产品的价值，这些副产品找到一个市场，可以用于销售，弥补储存和运输成本，将使企业更容易把主产品的价格定得更低，以便在市场上更有竞争力。比如：某白酒厂，将酿完酒以后的酒糟卖给生产饲料的企业，变废为宝。另外像石油、化工等行业，也常常伴有副产品产生。

（五）一揽子定价

一揽子定价法是指企业常常将几种产品组合在一起，以低于各项单品价格之和的价格出售。例如，快餐店将汉堡包、薯条和软饮料打包，以"套餐"价格出售。这种一揽子定价可以促进消费者购买一些原本不会购买的产品，但是组合的产品价格必须有吸引力，才能让消费者购买。

 **拓展阅读** 统一定价策略

日本人盛行穿布袜子，石桥便专门生产经销布袜子。当时由于大小、布料和颜色的不同，袜子的品种多达 100 多种，价格也是一式一价，买卖很不方便。有一次，石桥乘电车时，发现无论远近，车费一律都是 500 日元。由此他产生灵感，如果袜子都

以同样的价格出售，必定能大开销路。然而当他试行这种方法时，同行全都嘲笑他。认为如果价格一样，大家便会买大号袜子，小号的则会滞销，那么石桥必赔本无疑。但石桥胸有成竹，力排众议，仍然坚持统一定价。由于统一定价方便了买卖双方，深受顾客欢迎，布袜子的销量达到空前的数额。

企业一般不会只设定一个单一的价格，而是会制定一个考虑了区域需求、成本差异、细分市场要求、购买时间、订单量、交货频率和其他因素的定价系统，由于存在折扣、折价、促销等活动，企业几乎不可能从销售的每一个单元商品中获得等量的利润，这就是我们本节学习的产品组合价格策略。

三、折扣定价策略

企业为了鼓励顾客及早付款、大量购买、淡季购买，而酌情降低价格的策略，称为价格折扣或折让。主要有以下几种形式：

（一）现金折扣

现金折扣是一种主要的折扣形式，是对及时付款的购买者的价格减让。典型的例子是"2/10，n/30"，意思是30天之内应该付清货款，如果购买者在10天之内付清的话，可以得到2个百分点的折扣；超过10天则必须全额付款。

（二）数量折扣

数量折扣是企业给予大批量购买者的价格减让。这种折扣激励购买者更多地从某个特定的销售商那里购买，而不要寻求其他采购源。典型的例子是"少于100件则每件10元，100件及以上，则每件9元"。数量折扣必须公平地提供给所有顾客，而且不能超过销售者的成本节省。数量折扣可以针对每一笔订单，也可以针对一定时期内的所有订单。

（三）功能折扣

功能折扣又称为交易折扣，指由卖者提供给执行特定职能（例如促销、仓储、记账等）的渠道成员的价格折扣，促使他们愿意执行某种市场营销职能。制造商必须对每个渠道成员提供相同的职能折扣。

（四）季节折扣

季节折扣是对购买过季商品或服务的顾客提供的一种价格折让。酒店、航空公司、服装公司等在淡季时都提供季节折扣。

（五）折　让

折让是另一种类型的价格减让。如以旧换新是对购买新产品时返还旧商品的顾客提供的价格减让方式。这在汽车行业最为普遍，但也适用于家电等其他耐用品。促销折让是为回报经销商对广告和促销活动的参与而提供的报酬或价格减让。

四、心理定价策略

消费者的购买行为受到消费心理的支配，而消费心理是非常复杂的，它受社会地位、收入水平、兴趣爱好等诸多因素的影响和制约。采用心理定价的企业认为，价格不仅具有经济意义，而且具有心理作用。

消费者的心理价格倾向一般有以下几种：

一是求廉心理倾向，即以追求廉价商品为主要目标购买心理，比如买差不多的商品，一般是哪家价格便宜买哪家，特别是网络购物，价格比较起来就更容易了，只要排序价格，很快就能区分。

二是自尊求荣心理倾向，即以追求荣耀为主要目标的购买心理，比如买车，特别是高端的车，很多时候就是开给别人看的。

三是求实心理倾向，即以追求产品的使用价值和经济实惠为主要目标的购买心理。

四是求新、求异的心理倾向，即以追求款式新颖、造型独特等罕见商品为主要目标的购买心理，比如很多人特别热衷于买耐克限量版篮球鞋。

五是求同心理倾向，以追随与模仿他人和追赶时髦为主要目标的购买心理。

根据上面的五种心理特征，常用的心理定价策略有如下几种：

（一）尾数定价策略

尾数定价策略是利用消费者求廉的心理，制定非整数价格，使用户在心理上有一种便宜的感觉，或者是价格尾数取吉利数，从而激起消费者的购买欲望，促进商品销售。

尾数定价使消费者产生特殊的心理效应：首先是感觉便宜。标价99.95元的商品和100.05元的商品，虽仅相差0.1元，但前者给购买者的感觉是还不到100元，后者却使人认为是100多元，因此前者给消费者一种价格偏低、商品便宜的感觉，使之易于接受。其次是精确。带有尾数的定价可以使消费者认为商品定价是非常认真、精确的，连几角几分都算得清清楚楚，进而产生一种信任感。再次，还图个吉利。某些数字常被赋予一些独特的含义。例如，我国消费者普遍喜欢尾数为6和8的价格，认为这样的数字比较吉利，如果经营者将某产品价格定价148元，销售效果就会比定价150元更好。尾数定价适用于中低档商品。一般也都是需求弹性大、价格定位不高、消费者容易把握或了解的日用消费品、食品、家电等，被超市、便利店等广泛采用。

（二）整数定价策略

整数定价与尾数定价正好相反，有一些公司就意将产品的价格定为整数，以显示产品的品质。这种"舍零凑整"的策略实质上是利用了消费者按质论价的心理、自尊心理与炫耀心理。如：6000 元一台的彩电；10000 元一台的笔记本电脑等。一般来说，整数定价策略适用于那些名牌优质商品。整数定价多用于价格较贵的耐用品或礼品，以及消费者不太了解的产品。对于价格较贵的高档产品，顾客对质量较为重视，往往把价格高低作为衡量产品质量的标准之一，容易产生"一分价钱一分货"的感觉。

（三）声望定价策略

声望定价策略是指企业针对消费者"便宜无好货、价高质必优"的心理，对有较高信誉的产品制定高价。如豪华轿车、高档手表、名牌时装、名人字画、珠宝古董等，在消费者心目中享有极高的声望价值。产品必须有明确的目标顾客，品质确有过人之处。购买这些产品的人，往往不在乎产品价格，而最关心的是产品能否显示其身份和地位，一般价格越高，心理满足的程度也就越大。因此，可以按照消费者对这类商品的期望价值，制定出高于其他同类产品的声望价格。这样既可以满足消费者的心理需要，又能增加企业盈利，促进销售。

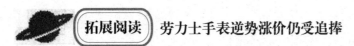

拓展阅读 劳力士手表逆势涨价仍受追捧

劳力士作为奢华腕表的领导品牌，在过去一个世纪以来都是卓越质量与声望的象征。它在奢侈品家族中占据重要的影响力，在腕表领域，有着举足轻重的地位。比如：在知名拍卖网站 eBay 公布的 2020 年奢华腕表趋势排行榜上，劳力士以 25% 的超高市场占有率位居第一名。在 2020 年瑞士钟表业出口已降至近 40 年来最低水平的背景下，劳力士手表却逆势涨价，其以质量好、做工好、设计经典、保值受到消费者欢迎。消费者将购买劳力士手表作为成功的标志，以彰显他们的身份和地位，获得极大的心理满足。

（四）招徕定价

招徕定价又称特价商品定价，是指一种有意将少数商品降价以招徕吸引顾客的定价方式。商品的价格定得低于市场价，一般都能引起消费者的注意，这是适合消费者"求廉"心理的。比如：某餐厅推出周二龙虾半价，但限购一份活动；某超市推出周六前一百名进店购物顾客享受购物满 100 元减 50 元等活动。这种方式会让人认为商品的价格都很便宜，目的就是吸引消费者在来购买该商品时也购买其他商品，从而带动其他商品的销售。当然也可以反其道而行之，把价格定得很高来吸引顾客的眼球。

（五）对比定价

对比定价是指对同一商品的不同价格对比标价，以促进和刺激消费者的购买欲的策略。对比定价策略的方法主要有四种：①原价与现价对比定价；②优惠价与零售价对比定价；③不同花色、质量对比定价；④不同顾客对比定价。

 **讨　论**

星巴克咖啡的杯型，有中杯、大杯、超大杯，唯独没有小杯。为什么会这样设置？在购买时，你一般会做出如何选择？为什么？尝试利用"价格锚点"理论进行解释。

_____

_____

_____

五、差别定价策略

企业常常会根据不同的顾客、产品和销售地点，调整其基础价格。在细分市场定价法中，公司以两种或更多价格出售某种产品或服务，价格差异并不以成本为基础。

实行差别定价需要有一定的条件：一是存在不同细分市场，且细分市场之间的需求程度有着明显的差别；二是防止采取低价细分市场向高价细分市场转售的措施；三是在高价市场的竞争中，竞争对手不可能采取低价竞争策略；四是差别定价要符合法律法规等相关政策，且不会引起顾客的不满。

 **拓展阅读**　价格歧视

当企业以两个或两个以上的价格出售同一服务或产品，而不同价格的相同产品或服务彼此之间的成本差异小于价格差异时，就存在价格歧视，又叫价格差别。一般说来，在完全竞争市场上，所有的购买者都对同质产品支付相同的价格。如果所有消费者都具有充分的知识，那么每一固定质量单位的产品之间的价格差别就不存在了。因为任何试图比现有市场价格要价更高的产品销售者都将发现，没有人会向他们购买产品。然而，在卖主为垄断者或寡头的市场中，价格歧视则是很常见的。一级价格歧视下，销售者根据每个顾客的需求强度单独制定价格；二级价格歧视下，销售者对购买

数量大的顾客收取较低的价格；三级价格歧视下，销售者对不同层次的顾客收取不同的价格。

（一）顾客细分市场定价

顾客细分市场定价指不同的顾客群对同样的产品或服务支付不同的价格，比如将客户分为：男性和女性、儿童和成人、残疾人和健康人，学生和非学生等，分别采取不一样的定价。又如：旅游景区对学生和老人收取的门票价格较低。商店针对老客户和新客户是不一样的价格。每逢三八女神节时候，各大商场推出的女性购物优惠活动等。

（二）产品形式差别定价

产品形式差别定价指对同样质量、同样成本，而不同花色、不同款式、不同包装的产品制定不同的价格。比如：同一型号的手机，因为颜色不同而制定不同的价格；同一内容的书籍或礼品，精装版和简装版的价格不同。

（三）位置定价

位置定价指即使成本相同，同样的产品在不同的位置定价也可能不同。音乐会根据观众对座位位置的偏好制定不同的座位价格。同一航班飞同样的路程，头等舱、商务舱与经济舱之间的价格差别天壤之别。虽然名义上能够享受到不同级别的服务，但作为出行产品本质上得到的产品是不变的。

（四）时间定价①

基于时间的定价策略（也属于动态定价）的关键在于把握顾客在不同时间对价格承受的心理差异。例如，超前型购买者对新款时装、电脑、创新电子产品及新版精装图书趋之若鹜，他们愿意为此支付较高的价格；相反，滞后型购买者（那些持币观望，不到最后一刻不掏钱的消费者）则表现出愿意为机票、酒店住宿支付更多费用的特点。高峰负荷定价和清理定价是两种最为常见的时间定价策略。高峰负荷定价最适合于供应缺乏弹性的产品。供应商预测到需求增长，因而进行系统化的价格上调。而清理定价则最适合于需求状况不确定和容易贬值的产品。贬值的原因很简单：产品过时或季节性差异。生命周期较短的易腐商品和季节性、节日性商品就属此类产品。针对这种情况，企业就必须降低价格，及时清理多余库存，以应对需求的不同要求。如：一些服装公司对季节性产品采取清理定价，对常年适用的贴身牛仔服实行稳定的市场价格，对沙滩服装采取夏末降价的措施。

----

① 陈志轩，马琦. 大数据营销［M］. 北京：电子工业出版社，2019.

（五）用途差别定价

用途差别定价指同一种商品，因用途不同，也可以制定不同的价格，以鼓励或限制某一种需求。例如，电价对工业用户与居民用户有所不同，自来水公司对工业用水、特种用水和居民用水的收费也有差别，这种定价策略称作用途差别定价。

（六）动态定价

动态定价是指根据市场对产品的需求以及顾客的购买力来对产品进行定价。越来越多的商家和企业看到了最优动态定价法的巨大优势，认为它的使用，将会使市场竞争发生巨大变化。

基于市场细分与限量配给策略的基本原理：利用不同渠道、不同时间、不同花销情况下，顾客表现出来的差异性价格承受心理进行动态定价。对于企业来说，高水平的收益管理和动态定价技巧必将带来复杂的计算过程，企业唯有运用现代化的信息技术和计算技术，通过数据收集、需求预测和最优定价决策，建立完善而有效的动态定价系统，才能实现真正意义上的动态定价，并使其发挥功效。

例如在亚马逊网上书店，每当回头客户登录网站，书店都会根据他的消费记录，给予个性化的购书建议，迅速、频繁地实施价格调整，如各种促销优惠、多种交货方式以及差异化的产品定价等。这样做的好处是，既清理了库存积压，又满足了顾客的个人兴趣，同时还增加了销售收入。

 **拓展阅读** 超市动态定价策略[①]

高频购买物品——天天平价法

顾客购买率最高的商品，如牛奶、纸巾，因为经常买，对这些商品的价格记得比较清楚，这些被称为敏感性商品，一般采用天天平价法，只要比其他超市价格低，一般就能赢得客户。

生鲜——动态定价法

生鲜类敏感性商品，要换着花样做平价促销。生鲜，保质期特别短，且因为一日三餐，要换着花样做，所以适合用动态定价法。在保质期内，生鲜商品的价格随着新鲜度的变化而降价。以葡萄为例，一家超市，刚进了一批葡萄，假如：进价约为 5 元，总共进了 200 斤的货。早上，葡萄晶莹饱满、颗颗诱人，市场普遍卖 10 元一斤，超市

---

① 资料来源：黄碧云《定价：敏感商品天天平价，生鲜商品动态定价》，得到 APP，2020 年 6 月 14 日。

可以降个阶梯，定价 8.8 元，就能卖得很不错。到了下午 5 点前，当天进的货 60% 都已经卖出了，但货架上还有一些卖相一般的货，这个时候，就可以把价格改成 6 元每斤，这样，在晚市的 8 点高峰期前又可以卖出 30%。最后，留在货架上的商品卖相已经不是很好看了，因为反复挑拣的关系，很多都已经掉粒了。这时候，就要把烂掉的挑出来报损，价格也要改成一斤 2 元钱，尽快清仓卖出去。当然，最后不可能把剩余的 10% 全部卖完，有部分变质一定是会产生损耗的，一般会损耗 3%，那总体就是卖出去了 97%。虽然后面有损耗和促销降价，但因为随着商品的质量变化而变动价格，及时处理掉了库存，还是实打实地赚到了 400 多元。这就是动态变价法的作用，一方面，它能降低损耗；另一方面，它根据商品质量在实时调动价格，顾客就会觉得这家店特别实在，不占顾客便宜。

六、地理定价策略

地理定价策略是指企业根据产销地的远近，决定如何为销往国内或全球不同地区的产品定价。企业是否应该因为为远距离顾客提供产品需要较高的运费而制定较高的价格，还是应该不论顾客所在地域的远近，制定统一的价格？具体有以下有几种不同的地理定价策略。

（一）产地定价

产地定价也叫装运港船上交货定价，也称"离岸价"，用 FOB 表示。这种策略是货物在指定的装运港越过船舷，卖方即完成交货。从这一刻起，货物和责任就都转交给购买者，由顾客支付从工厂到目的地的运费。这意味着买方必须从该点起承担货物灭失或损坏的一切风险。

（二）买主所在地定价

买主所在地定价又称为成本费加保险费加运费定价，用 CIF 表示（CIF 通常是指 FOB + 运费 + 保险费）。这种策略是指企业的产品不管卖向何方，也不管对方的远近，一律实行统一运送价格，即把商品运到买方指定的目的地，到达目的地前的一切运费、保险费等费用均由卖方负担。这种策略对卖方的风险大，但利润也大。我国出口业务中多选择这种方式。

（三）成本加运费定价

成本加运费定价又称为 CFR，内容与买主所在地价格类似，只是卖主不负担保险费。

（四）分区定价

分区定价就是企业把全国（或全球或某些地区）分为若干价格区，对于卖给不同价格区域顾客的某种产品，分别制定不同的地区价格。例如出口到美洲各国用一种价，在欧洲各国用另一种价，在亚太地区用第三种价格。距离企业远的价格区，价格定得较高；距离企业近的价格区，价格定得较低。在各个价格区范围内实行一个价。如我们经常在线上购物中看到"苏浙沪包邮"，其他地区根据距离，价格不同。

（五）运费补贴定价

运费补贴定价是指卖方对距离远的买方给予适当的价格补贴，即由卖方承担部分或全部实际运费，以补偿买方较高的运输费用，以争取到所期望的交易。这实际上是一种运费折让。运费补贴价格适用于市场渗透，以及竞争日益激烈的市场。

7.4　产品价格调整策略

价格调整策略是指企业在市场营销活动中，根据市场状况、企业条件等价格影响因素的变化，适时修订和调整产品基本价格的手段。其目的在于促使产品价格适应供求变化并与营销组合的其他因素更加协调，发挥最佳促销作用，提高营销效益。产品价格调整，虽然表面上看只有降价和提价，但是在变动的原因和时机选择上，应有周密的安排和考虑。

一、企业进行价格调整的原因

企业主动降价或提价，一方面要把握市场先机，占据竞争的主动性；另一方面，产品价格要与营销战略紧密结合。一般来说企业主动进行价格调整的原因有以下几种：

（一）产品生命周期的变化

根据产品生命周期理论，产品进入市场到被淘汰，其经历的每个阶段的市场需求和竞争状况各不相同，产品价格也必须随之进行相应的调整，才能达到理想的效果。

在导入期，产品刚刚投入市场，消费者对产品并不了解，此时企业定价的自主权较大，可完全依据战略目标和市场定位，采用新产品定价策略制定价格，同时可以进行折扣定价及其他营销组合策略定价，对消费者进行引导；在成长期，产品已经有了一定的市场知名度，消费者对产品也已经形成了自己的评价，逐步有竞争者进入，此时企业应在不影响产品形象的前提下，适当降低产品价格，以提升市场占有率，应对竞争；在成熟期，产品普及率较高，市场需求趋于饱和，大量竞争者加入进来，此时企业应按市场价格保持"趋中略降"，集中精力进行产品、市场和营销组合的改进调整；在衰退期，产品技术落后，款式过时，逐步被市场所淘汰，很多竞争者退出市场。此时，生产企业应进行存货清理，降低价格，回收资金，并逐步转产。

（二）企业、市场环境和竞争态势发生变化

除了产品原因外，企业自身的状况、外界环境和市场需求的变化，以及竞争的激烈程度，同样可能导致企业主动进行价格调整。企业进行价格调整的方向，不外乎两个：降价或提价。

1. 企业降价的原因

（1）企业的生产能力过剩，需要扩大销售额，挤占竞争对手的市场份额。如：在中国家电企业快速发展的过程中，曾有多家家电生产厂家为了占领市场份额而进行降价，开展价格战。

（2）在企业的成本费用比竞争者低的情况下，企业通过主动降价来扩大产销量，以提高市场占有率。

（3）经济不景气，消费者实际收入或者预期收入下降，导致购买意愿下降。这种情况尤其对选择类商品或者奢侈消费品的销售影响较大，顾客往往会推迟购买或者低价购买替代商品，此时企业应根据目标市场需求状况适度降低产品价格。

2. 企业提价的原因

（1）由于通货膨胀，物价上涨导致成本上升，为确保企业目标利润，不得不采取直接提高市场价格或降低产品成本的策略。此时，企业可以通过以下方法维持利润：一是推迟报价，也就是暂时不规定最后价格到产品制成或交货时才给出最后价格；二是在合同上规定在一定时间内可以按某种价格指数调整价格；三是不改变产品价格，但价格中原来包括的某些产品或服务要另行计价；四是减少价格折扣，消减正常的现金折扣和数量折扣，并限制销售人员以低于价格表的价格吸引顾客；五是停止供应微利产品；六是降低产品供应数量或减少产品特色。

（2）企业的产品供不应求，无法满足所有顾客的需要。在这种情况下提价的方式包括：一是取消价格折扣，二是直接提高产品或服务的价格；三是在产品大类中增加高价项目或减少低价项目；四是增加收费项目。如：因新型冠状病毒影响，全球芯片生产短缺，导致手机、汽车等行业因芯片供应不足，而出现涨价的情况。

（3）产品的包装、款式、性能等有所改进。比如产品更换了包装的变相提价，如：特仑苏有机纯牛奶改包装，由原来的84元/箱，每箱12瓶，每瓶价格为7元；在进行包装升级后，改为75元/箱，每箱10瓶，每瓶价格为7.5元。这样看似总价降低了，实为每瓶涨价0.5元。再者，使用了新型的技术，对产品进行了改进、升级，新产品价格也可能会提高。

（4）由于政策扶持力度降低或政策红利消失而引起的产品价格上涨。如：进入2022年初，随着国家对新能源汽车补贴退坡政策的发布，汽车企业为了抵消由于补贴退坡带来的成本上升，对新能源汽车的价格进行了上浮调整。又比如近年来，因劳动力成本增加，提高了产品的成本，商家因此对商品进行提价。

二、企业价格调整带来的影响

企业主动调价，会对消费者、竞争者、中间商等产生影响。

（一）顾客对价格变动的反应

消费者一般对价值较高、购买频率也较高的商品价格变动反应较敏感，而对价值低、不经常购买的小商品价格变动反应不太敏感。此外，对降价或提价的反应还依赖于具体的商品及市场条件。

一般来说，对于降价，虽然会给消费者带来利益，但可能会引发消费者对品牌形象的怀疑，并会猜测：这个产品样式是陈旧的、品质是有缺陷的、销量是不佳的、将被新产品所取代、企业陷入财务危机、价格在未来会更低，或者产品质量降低了。

对于提价，会使企业利润大幅度增加。在一定范围内的提价是可以被消费者接受的，但提价幅度一旦超过可接受价格的上限，则会引起消费者不满，产生抵触情绪，而不愿购买企业产品。此外，在产品知名度因广告而提高、收入增加、通货膨胀等条件下，消费者可接受的价格上限会提高。此外，消费者对于某种产品的提价则可能这样理解：很多人购买这种产品，我也应赶快购买，以免价格继续上涨；提价意味着产品质量的改进；企业将高价作为一种策略，以树立名牌形象；卖主想尽量取得更多利润；各种商品价格都在上涨，提价很正常。

（二）竞争者对价格变动的反应

竞争对手的反应要比顾客的反应方式复杂得多。而且行业中竞争者数目越少，提供产品的同质性越强，购买者越是具有充分的产品知识，竞争对手的反应也就越重要。企业面临的竞争对手可能只有一两个，也可能有很多个，竞争者对企业调价可能有全面的对策，也可能每次采取不同的反应。

如果市场中所有竞争者行为较为相似，那么只要对一个典型竞争者作出分析就可以了。如果竞争者在政策、规模、市场份额、销售目标或经营风格方面有较大差异，则不同的竞争者会作出不同的反应。此时，应该就不同的竞争者分别予以分析。无论何种情况，企业应该先搜集有关情报，通过与该竞争对手接触较多的顾客、供应商、代理商、金融机构等进行情况了解，模仿竞争者的立场、观点、方法思考问题，预测其可能的反应，然后再进行针对性的评估。其中，最关键的问题是要弄清楚竞争者的营销目标：如果竞争者的目标是实现企业的长期最大利润，那么，本企业降低价格，它往往不会在价格上作相应反应，而在其他方面作出努力，如加强广告宣传、提高产品质量和服务水平等；如果竞争者的目标是提高市场占有率，它就可能跟随本企业的价格变动，而相应调整价格。

实践中，可以通过以下问题清单来明晰企业价格调整的整体状况。

（1）本行业产品有何特点？本企业在行业中处于何种地位？

（2）主要竞争者是谁？竞争对手会怎样理解我方的价格调整？

（3）针对本企业的价格调整，竞争者会采取什么对策？这些对策是价格性的还是非价格性的？它们是否会联合作出反应？

（4）针对竞争者可能的反应，企业的对策是什么？

（5）企业有几种可行的应对方案？

在对以上问题细致分析的基础上，企业方可确定价格调整的幅度和时机，做出应对决策。总之，企业在价格变动时应尽可能加强与利益相关者的沟通，争取更多的理解，同时还应预先评估消费者和竞争者可能做出的反应，提前做好应对措施。

三、应对竞争者的价格变化

企业降价或提价调整的动力可能源于内部，也可能源于外部。企业有可能是主动对价格进行调整，将价格作为竞争的利器；也有可能是出于应付竞争的需要，被动进行调整价格。

同质产品市场上，如果一个企业降价，其他很多企业可能随之降价，否则顾客就将流向降价的企业；一家企业体提价，而其他企业都未必会随之提价，那么提价的企业就不得不取消提价，否则顾客将会流向没有提价的企业。

而异质产品市场上，由于各家企业的产品存在着差异，购买者在选择产品时不仅要考虑价格的高低，还要考虑产品质量、服务、可靠性等因素，因而在异质产品市场上，购买者对较小的价格差异反应并不敏感，对竞争者价格变动的反应有更大的自由度。

企业面对竞争者精心准备的价格调整行为（主指降价），通常会有以下几种应对措施：

（一）维持原有的营销组合不变

维持原有的营销组合不变主要适用于以下几种情况：一是市场对价格并不敏感；二是保持价格不变，企业的市场份额不会明显下降；三是跟进降价，可能会过多损失企业利润等。

（二）保持价格不变，调整其他营销组合策略

保持价格不变，调整其他营销组合策略主要是指企业运用非价格策略改进产品、

提高服务与加强沟通等手段来应对竞争者。这种方式适合于那些需求价格弹性较低的商品。这样有助于减少企业利润损失，还能提升品牌形象。

（三）以相同或不同幅度降低价格

以相同或不同幅度降低价格策略适用于：一是市场对价格很敏感，维持原价会使产品失去大批顾客；二是降价可能使产品的销量和产量大幅度增加，从而形成规模效应；三是市场份额减少后将来很难恢复；四是降价可以保持原有的竞争格局。

降价的方法：一是直截了当降低企业产品的价格或标价；二是采用各种折扣形式来降低价格，如数量折扣、现金折扣等形式；三是变相的削价，如：送样品和优惠券、实行有奖销售、给中间商提取推销奖金、允许顾客分期付款、赊销、免费或优惠送货上门、技术培训、赠送维修咨询、提高产品质量、改进产品性能、增加产品用途等，可灵活叠加使用。

降价需要注意的事项：要综合考虑企业实力、产品在市场生命周期所处的阶段、销售季节、消费者对产品的态度等因素。比如，进入衰退期的产品，由于消费者失去了消费兴趣，需求弹性变大、产品逐渐被市场淘汰，为了吸引对价格比较敏感的购买者和低收入需求者，维持一定的销量，降价就可能是唯一的选择。由于影响降价的因素较多，企业决策者必须审慎分析和判断，并根据降价的原因选择适当的方式和时机，制定最优的降价策略。

（四）提高价格

提高价格是一种"反其道而行之"的应对策略，虽然有可能会导致市场份额进一步丧失，但引导得当，也容易使消费者更加认同企业的品牌价值。

企业在进行提高价格前，一般都要经过长时间的深思，仔细权衡调价的利害，但是，一旦调价成为现实，就要迅速实施，并且在调价之前大多要采取保密措施，以保证发动价格竞争的突然性。

这一策略适用于：一是产品具有明显的特色；二是产品品牌已有一定的知名度和美誉度；三是在行业中处于领先地位的企业；四是需求价格弹性不充分的商品。

 **拓展阅读** 根据产品的生命周期调整价格策略

1. 导入期的价格策略

可以根据产品的市场定位而采取高、中、低三种价格。

（1）高价撇脂策略。

在短期利润最大化的目标下，以远远高于成本的价格推出新产品。好处是不仅在

短期内迅速获取盈利，缺点是较高的价格会抑制潜在需求。

（2）低价渗透定价。

以较低的价格投放新产品，目的是通过广泛的市场渗透迅速提高企业的市场占有率。优点是能迅速打开新产品的销路，缺点是投资回收期较长。

（3）满意定价。

介于撇脂和渗透策略之间的中等价格策略，优点是价格比较稳定，缺点是比较保守。

2. 成长期的价格策略

通常的做法是在不损害企业和产品形象的前提下适当降价。

3. 成熟期的价格策略

总体而言，成熟期的价格策略呈现出低价的特点。

4. 衰退期的价格策略

这一阶段的价格策略主要以保持营业为定价目标，通过更低的价格，一方面驱逐竞争对手，另一方面快速收回资金。

在任务七中，我们学习了制定价格策略的相关知识点：影响价格的主要因素、产品定价的步骤和方法、产品定价策略、产品价格调整策略，详细了解了价格的定义、影响价格的主要因素、主要的新产品定价战略、公司如何定价才能使产品组合利润最大化、公司如何调整价格以适应不同的顾客和环境等等。如果说企业通过有效的产品开发、促销和分销播撒了成功的种子，那么有效的定价就是收获，必须通过定价获得回报。

1. 举例说明"产品组合定价"在生活中的应用。

2. 星巴克成功地把原来只卖 40 美分一杯的咖啡卖到 4 美元一杯，这 4 美元正是包含了"体验"的价值；海底捞火锅人均消费 100 ~ 150 元，但是生意却很火爆，核心原因就在于除了好吃的火锅，还提供了很多增值服务。请同学们思考：如何让顾客感觉"物超所值"。

3. 某服装公司在男装市场中属于营销出色的企业，他们生产的衬衣市场占有率达30%。此时，另一家公司推出了一种新款男士衬衣，其质量不比甲公司衬衣差，而每件的价格却比甲公司低 50 元。按照惯例，甲公司面前有三条对策可用：第一，降价 50 元，以保住市场占有率。第二，维持原价，通过增加广告费用和推销支出与竞争对手竞争。第三，维持原价，听任市场占有率降低。但是，该公司的市场人员经过深思熟虑后，却采取了让人意想不到的第四种策略，那就是将甲公司的衬衣再提高 50 元，同时推出一种与竞争对手的新款衬衣价格一样的时尚衬衣和另一种价格更低的休闲衬衣。

根据以上资料回答下列问题：

（1）该服装公司采取的应对策略是否恰当？为什么？

（2）这一策略会使该服装公司的目标市场策略发生什么样的变化？

任务八　制定渠道策略

 学习目标

（1）掌握分销渠道的定义与职能；

（2）了解渠道策略的不同类型；

（3）了解主要的分销中介及其特征；

（4）掌握分销渠道策略。

引 言　以"一带一路"建设为渠道，创新国际经济合作新模式

渠道建设主要是统筹渠道上下游的利益，充分发挥渠道成员各自的优势和协同效应，使渠道价值链的价值最大化，使渠道成员合作利益最大化。

"一带一路"是"丝绸之路经济带"和"21世纪海上丝绸之路"的简称，2013年9月和10月中国国家主席习近平分别提出建设"新丝绸之路经济带"和"21世纪海上丝绸之路"的合作倡议。"一带一路"以共建、共享、共商为原则，加大开放包容的国际经济合作新模式，积极发展与沿线国家的经济合作伙伴关系，共同打造政治互信、经济融合、文化包容的利益共同体、命运共同体和责任共同体。借助区域合作平台，带动周围各国经济的发展。近年来，在"一带一路"倡议下，"五通"（政策沟通、设施联通、贸易畅通、资金融通、民心相通）、"六廊"（六大国际经济合作走廊，即新亚欧大陆桥、中蒙俄、中国—中亚—西亚、中国—中南半岛、中巴、孟中印缅经济走廊）、"六路"（铁路、公路、水路、空路、管路、信息高速路）建设成果丰硕，朝着和平、繁荣、开放、绿色、创新、文明的目标不断迈出坚实步伐。

面对全球新冠肺炎疫情的延宕反复，"一带一路"作为对外开放、加强国际合作的重要渠道，以基础设施"硬联通"为重要方向，以规则标准"软联通"为重要支撑，以同共建国家人民"心联通"为重要基础，实现了良好的发展态势，不断为世界经济复苏注入动力、释放红利。

讨　论

请结合"一带一路"建设，谈谈你对渠道的看法，思考渠道建设在市场营销中发挥哪些作用？

_____

_____

_____

8.1　渠道的职能与类型

一、渠道的含义

（一）渠道的含义

在市场上，大多数产品都不是由生产者直接供应给最终顾客或用户的。在生产者和最终用户之间有大量执行不同功能和具有不同名称的分销中介机构存在，这些中介机构就是渠道。所谓渠道，也叫分销渠道，是指产品或劳务，从生产者向消费者转移时，取得这种产品或劳务的所有权，或者帮助所有权转移的所有组织和个人。如某家电企业的渠道，起点是制造商，终点是消费者，参与者就是中间商，这个渠道体系中的中间商是以零售为主，通过信息流、产品流、服务流、货币流、促销流，形成包括大商场、专卖店和个体经营者在内的产品销售网络系统。

许多制造商开设自己的门店从成本上来说很不划算，他们最佳的选择是利用已有的经销商和零售商网络进行销售，这样会有更好的效果和更高的效率。如：箭牌公司发现，在世界各处建立口香糖小零售店或者通过网络销售，都是不现实的，只有通过分销机构组成庞大的分销网络进行销售才更容易。又如福特公司，想凭一己之力取代全球大约 8500 个经销商网点来完成销售任务也是困难重重的。

 **拓展阅读**　**云南白药的渠道建设**

云南白药跨界生产的云南白药牙膏，自 2005 年面市以来，因含云南白药活性成分，有效减轻牙龈问题（出血、疼痛），修复口腔黏膜损伤，以显著的预防牙龈出血等

疗效快速被消费者所认可。2009年销售额突破7个亿，2015年销售额超过20亿，2020年销售额超过51亿，作为是牙膏第一品牌，已远远超越高露洁、佳洁士、黑人等主流品牌，2020年在中国牙膏销售额市场占比22.2%，成为国货品牌之光。

云南白药牙膏在销售之初，建立的是医药渠道，没有大众消费渠道，无奈之下，云南白药集团干脆就把牙膏放到原有的医药渠道中去卖，也就是放在药店里卖，由于消费者对云南白药的认可和喜爱，销售情况尚为可观，在得到消费者的认可之后，顺理成章地与大型商店和超市进行合作，完成了销售渠道的转变，一度占据了大型商店和超市牙膏销售量大量份额。为了彰显云南白药牙膏的独特功效，云南白药牙膏制定了"医药渠道树影响，日化渠道产销量"的指导方针，此举进一步强化了白药牙膏具有独特功效的高端形象。

通过拓展阅读我们体会到企业要实现营销，一是要把产品卖到消费者心里，使其乐于购买；二是要把产品送到消费者面前，让他们能够方便购买。要让消费者了解产品、乐于购买，靠的是市场定位品牌和传播；要把产品送到消费者面前，实现将产品从生产企业送到消费者面前，这就是渠道的任务。

讨　论

什么是渠道？渠道有什么作用？

_____

_____

_____

（二）渠道的特征

1. 渠道是由一系列的组织结合起来的网络系统

渠道的起点是制造商，终点是消费者。渠道中的主要成员有：制造商、批发商、零售商、代理商、消费者，以及一些营销支持机构，比如物流公司、仓储企业、金融机构、保险公司。为了使产品到达消费者手中，中间机构会通力合作，同时也会因为不同的利益发生矛盾和冲突，需要进行协调和管理。

2. 渠道的核心业务是购销

产品在由生产者向消费者转移的过程中，通常要发生：一是作为买卖结果的价值形式运动，即商流。它是产品的所有权从一个所有者转移到另一个所有者，直至到消费者手中。二是伴随着商流所有发生的产品实体的空间移动，即物流。两种形式的运动都会围绕着产品价值的最终实现，形成从生产到消费者的一定路线或通道。产品在渠道中通过一次或多次购销，转移所有权和使用权，最终形成或长或短的渠道。

3. 渠道是一个多功能的系统

制造商将一部分的销售工作交给渠道伙伴来完成，是因为中间商在为目标市场提供产品服务方面具有更高的效率，它能够凭借所拥有的关系、经验、专业知识和经营规模，做到许多制造商无法达成的事情，经销商和下线客户的关系，就像一个已经建好的高速公路站点和站点之间的结算流程，信任程度比较稳定。同时经销商在当地已建立起和工商、税务、质检等部门的畅通的关系网，这些工作企业自己从头再来，既需要时间也需要成本，另外经销商能够使产品进入更广泛的目标市场获得更大的经济效益。经销商将企业的生产分类转换成消费者的购买分类，在协调供给和需求上发挥重要的作用，比如零售商、大型超市，在采购娃哈哈的同时采购了大量的其他产品，这样消费者可以在超市购买一瓶水的同时还可以购买牙膏、洗发水、牛奶等其他所需要的产品。

（三）渠道的职能

建设、管理和控制好渠道可以说是做好营销的必要手段，甚至有渠道为王的说法。渠道的根本任务就是把生产经营者与消费者或用户联系起来，使生产经营者生产的产品或是提供的服务能够在恰当的时间、恰当的地点，以恰当的形式、送给恰当的人。

此外，渠道成员还承担了许多的关键职能，包括研究、促销、接洽、配合、谈判、实体分销、融资、风险承担等。具体如下：

（1）研究，即收集并分析制订计划和进行交换时所必需的信息；

（2）促销，即设计和传播有关商品的信息，鼓励消费者购买；

（3）接洽，即为生产商寻找、物色潜在买主，并和买主进行沟通；

（4）配合，即按照买主的要求调整供应的产品，包括分等、分类和包装等活动；

（5）谈判，即代表买方或者卖方参加有关价格和其他交易条件的谈判，以促成最终协议的签订，实现产品所有权的转移；

（6）实体分销，即储藏和运输产品；

（7）融资，即收集和分散资金，负担分销工作所需的部分费用或全部费用；

（8）风险承担，即承担与从事渠道工作有关的全部风险。

现代渠道的发展是实体店、电商和物流的高度融合，不管是基于销售视角的：从百货商场、超级市场，到连锁商店的兴起，再到电子商务和移动购物模式的发展；还是基于生产视角的：从大规模、标准化生产到定制化、小批量的生产方式转变；再到消费者视角的：单渠道购物阶段、多渠道购物阶段、跨渠道购物阶段和全渠道购物阶段，渠道的作用就是让传统的人、货、场在物理空间和时间维度得到最大化的延展。

这也是随着社会的发展和互联网行业的兴起，渠道被赋予的新含义。

(四) 渠道的流程

渠道由 5 种流程构成，即：实体转移流程、所有权转移流程、付款转移流程、信息转移流程及促销转移流程。

1. 实体转移流程

实体转移流程是指实体原料及成品，从制造商转移到最终顾客的过程，如图 8 - 1 所示。

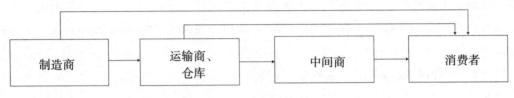

图 8 - 1　实体转移流程

2. 所有权转移流程

所有权转移流程是指货物所有权从一个市场营销机构到另一个市场营销机构的转移过程，如图 8 - 2 所示。

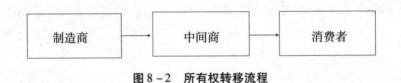

图 8 - 2　所有权转移流程

3. 付款转移流程

付款流程是指款项在各市场营销中间机构之间的流动过程，如图 8 - 3 所示。

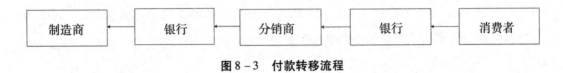

图 8 - 3　付款转移流程

4. 信息转移流程

信息转移流程是指在市场营销渠道中，各市场营销中间机构相互传递信息的过程，如图 8 - 4 所示。

图 8 - 4　信息转移流程

5. 促销转移流程

促销流程是指由一单位运用广告、人员推销、公共关系、促销等活动对另一单位施加影响的过程，如图 8 - 5 所示。

图 8 - 5　促销转移流程

二、渠道的结构

由于我国个人消费者与生产性团体用户消费的主要商品不同，消费目的与购买特点等具有差异性，客观上使我国企业的销售渠道分为两种基本模式：企业对生产性团体用户的销售渠道模式和企业对个人消费者销售渠道模式。

（1）企业对生产性团体用户的销售渠道模式有如下几种：制造商—用户、制造商—零售商—用户、制造商—批发商—用户、制造商—批发商—零售商—用户、制造商—代理商—批发商—零售商—用户。

（2）企业对个人消费者销售渠道模式有如下几种：制造商—消费者、制造商—零售商—消费者、制造商—批发商—零售商—消费者、制造商—代理商—零售商—消费者、制造商—代理商—批发商—零售商—消费者。

根据有无中间商参与交换活动，可以将上述两种模式中的所有通道，归纳为几种最基本的销售渠道类型：直接渠道和间接渠道、长渠道和短渠道、宽渠道和窄渠道。

（一）直接渠道和间接渠道

1. 直接渠道

直接渠道是指制造商将产品直接供应给消费者，没有中间商介入，其形式是：制造商—用户。直接渠道是工业品的主要渠道类型。大型设备、专用工具及技术复杂等需要提供专门服务的产品，多采用直接分销。

2. 间接渠道

间接渠道是指制造者利用中间商将商品供应给消费者或用户，中间商介入交换活动，典型形式是：制造者—批发商—零售商—个人消费者（少数为团体用户）。现阶段，我国消费品需求总量和市场潜力很大，且多数商品的市场正逐渐由卖方市场向买方市场转化。与此同时，对于生活资料商品的销售，市场调节的比重已显著增加，工商企业之间的协作已日趋广泛、密切。因此，如何利用间接渠道使自己的产品广泛分销，已成为现代企业进行市场营销时所研究的重要课题之一。

（二）长渠道和短渠道

渠道的长短一般是按照流通环节（也叫渠道级数）的多少来划分，具体分为以下4级（具体见图8-6）：

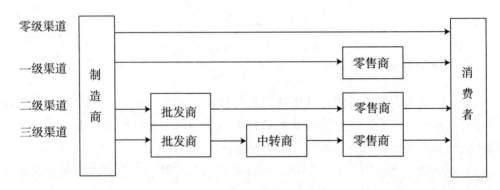

图8-6　渠道级数类型图

1. 零级渠道

零级渠道是由制造商直接销售给消费者，有时又称为直销。直接分销的主要方式是上门推销、邮购、制造商自设商店、电视直销和电子通信营销。

2. 一级渠道

一级渠道包括一个销售中介机构。在消费者市场，这个中介机构通常是零售商。在工业市场，它常常是一个销售代理商或经销商。

3. 二级渠道

二级渠道包括两个中介机构。在消费者市场，它们一般是一个批发商和一个零售商。在工业市场，它们可能是一个工业分销商和一些经销商。

4. 三级渠道

三级渠道包括三个中介机构。通常由一个批发商，一个中转商（专业批发商）和一个零售商组成。

级数更高的分销渠道也还有，但是不多。从制造商的观点看，渠道级数越高，控制也越困难，制造商一般总是和最近的一级中间商打交道。

渠道的长度策略即是指企业根据产品特点、市场状况和企业自身条件等因素来决定渠道的级数。一般来说，技术性强的产品，需要较多的售前、售后服务水平，保鲜要求高的产品都需要较短的渠道；而单价低、标准化的日用品需要长渠道。从市场状况来看，顾客数量少，而且在地理上比较集中时，宜用短渠道；反之，则宜用长渠道。如果企业自身的规模较大，拥有一定的推销力量，则可以使用较短的渠道；反之，如果企业的规模较小，就有必要使用较多的中间商，渠道就会较长。

（三）宽渠道与窄渠道

渠道宽窄取决于渠道的每个环节中使用同类型中间商数目的多少。

企业使用的同类中间商多，产品在市场上的分销面广，称为宽渠道。如一般的日用消费品（如：毛巾、牙刷等），有多家批发商经销，又转卖给更多的零售商，能大量地接触消费者，大批量地销售产品。

企业使用的同类中间商少，分销渠道窄，称为窄渠道，它一般适用于专业性强的产品，或贵重耐用消费品，由一家中间商统包，几家经销。它使生产企业容易控制分销，但市场分销面受到限制。

三、渠道建设

企业在进行渠道建设的时候，首先要确定与企业发展、自身优势有关的渠道形式的选择，然后根据市场覆盖的人群、范围，开展渠道设计，最终选择合适的渠道合作伙伴，通过设定共同的绩效预期，提高渠道效率，并监控渠道表现，根据需要进行调整（见图8-7）。如：企业可以选择直播、短视频、线下实体店等多重渠道，实现产品从生产到用户的畅通。现代渠道的发展中，企业渠道的建设中呈现出由原来的长线渠道逐渐变得扁平化发展，越来越多的企业舍弃中间商，直接对终端销售进行掌控。如：卖车的瓜子二手车网、房屋销售和租赁的链家等，这样有利于产品的分销及价格让利。

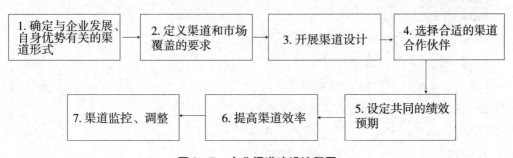

图8-7　企业渠道建设流程图

 **拓展阅读** 新零售环境下，生鲜品类渠道建设案例①

在新零售环境下，渠道需要通过新的技术手段去实现商品（控货）、交付方式（渠道）、用户体验的改造，更高效、更友好地完成消费过程。生鲜运营的最大难点是冷链物流成本高、损耗率高，采购共享、仓储系统共享、客流订单共享是降低成本的主要手段，因此行业的整合并购仍会持续。生鲜品类目前主要有3类运营模式：线上线下结合以盒马鲜生为代表；线上运营为主，以易果生鲜为代表；线下社区店为主，以百果园为代表。盒马鲜生基于实体店将线上线下订单合并，双线共享门店固定成本；百果园并购果多美提高采购量和终端网点；易果生鲜投资联华超市意在实现采购和物流体系的合并。有线下基础的盒马鲜生和百果园在仓储物流成本和损耗控制上有一定优势，所以能实现盈利，而纯线上的易果生鲜目前仍在亏损，其投资联华超市意在加大联合采购量、共享物流体系以降低成本，进而实现盈利。

四、渠道的发展

互联网和移动网络的普及，推动了以云计算、物联网、大数据为代表的新一代信息技术的飞跃发展，推动了电子商务与实体经济的融合，传统产业的生产体系、流通体系、销售体系、融资体系和支付体系，都在新互联经济的冲击下，发生了变革。渠道的建设也在发生变化，如企业可以根据自身产品特色和用户画像来选择不同的营销推广平台，通过利用视频平台、社交平台、自媒体平台等不同平台的特点和内容流量倾斜来达到企业产品的推广效果。

 **讨 论**

以某一产品或服务为例，进行渠道设计：

1. 想要找到该产品或服务首个打开渠道是什么？

（搜索、导航站、微信、某 APP 等）

2. 可能找到该产品或服务的渠道有哪些？

（微信、携程、淘宝、点评、地图、网易音乐、Youtube 等）

3. 完成该产品或服务的获取的渠道有哪些？

（产品内搜索、信息流、功能页面、通知等）

----

① 周建波. 市场营销学：理论、方法与案例 [M]. 北京：人民邮电出版社，2019.

4. 完成对于该产品或服务的付费的渠道有哪些？

（产品内付费、支付宝、某 APP 等）

在进行渠道建设中要注意，要么在一个纵向完成上述四个渠道整个链条，要么在横向垄断了某一渠道对于一切内容的获取，"互联网直卖"成为颠覆传统代理商的新模式。企业除了要打造有价值的产品和服务，还要做好渠道设计与管理，发掘企业的产品到达目标市场的最佳途径，分析顾客需要，制定渠道目标，选择渠道成员，确定渠道方案，管理和激励渠道成员，实现产品或服务顺利的销售。

8.2 中间商

在互联网时代，似乎一切都在去除中间商，比如瓜子二手车的广告就明确提出"没有中间商赚差价"。互联网的强大信息传递作用，似乎预示着"中间人"的终结和直接交易的前景。毕竟，如果买方和卖方能直接沟通，谁还会需要"中间人"？可是，大量中间人的行业仍然存在，那些被替代掉的只是用信息不对称赚钱的"中间人"，而不是那些让买卖双方都受益的"中间人"。美国知名记者玛丽娜·克拉科夫斯基（Marina Krakovsky）在《中间人经济》中，从"搭桥者、认证者、强制者、风险承担者、隔离者"5 个角色的作用，分析了不同的中间商给买卖双方创造的价值，说明了中间商存在的价值和意义。

一、中间商含义

中间商是指在制造商与最终顾客之间参与交易业务，促使买卖行为发生和实现的、具有法人资格的经济组织和个人。中间商在商品由生产领域到消费领域的转移过程中，起到桥梁和纽带的作用。由于中间商的存在，不仅简化了销售手续，节约了销售费用，而且扩大了销售范围，提高了销售效率。

二、中间商的作用

在我们的日常经济活动中，制造商为何愿意把企业全部或部分销售工作委托给分销中介机构呢？从某种意义上说，公司管理当局的这种委托意味着放弃部分经营控制权；等于把公司的一半命运放在他人手中。然而这样做是有其经济效益的。事实上，我们只要简单地将使用分销中介机构和不使用分销中介机构做一个简单的比较，就可以得出结论。中间商的作用主要表现在以下几个方面。

（一）提高销售效率

中间商可以同时销售不同品牌制造商的产品，消费者在一个中间商那里就能比较很多厂家的商品，比没有中间商而要跑到各个厂家观察商品要节约大量时间。如图8－8是中间商的经济效果图，如果不使用中间商，三个制造商和三个顾客之间将发生总共九次的交易行为，而使用了中间商，交易行为只有六次，节省了交易成本，因而后者更为经济，更有效率。从中我们便可以直观地感受到中间商的介入为生产企业带来的好处。

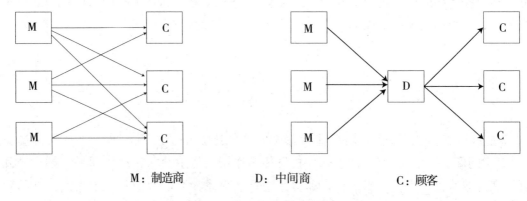

M：制造商　　　　D：中间商　　　　C：顾客

图8－8　中间商经济效果图

中间商的构成虽然极其复杂，但由于它强有力的执行功能，帮助企业把商品转移到消费者手里，提供包括更多的花色品种、合适的时间地点、灵活的付款条件，周到的售后服务等各种方便，弥合了产品、服务和其使用者之间的缺口，使企业的销路有了保证。

（二）储存和分销产品

中间商从不同的生产厂家购买产品，再将产品分销到消费者手中，在这个过程中，中间商要储存、保护和运输产品。中间商的存在可以缓和产需之间在时间、地点和商品数量和种类方面的矛盾。另外，中间商通过存货、赊销等方式为生产和零售企业减轻了资金负担，从而有利于这些企业资金的周转和融通，促进产品分销。

（三）监督检查产品

中间商在订购商品时就考察了厂家在产品方面的设计、工艺、生产、服务等质量保证体系，或者根据生产厂家的信誉、产品的名牌效应来选择产品；进货时，将按有关标准严格检查产品；销售产品时，一般会将产品划出等级。这一系列的工作起到了监督检查产品的作用。中间商还可以利用自己在当地市场上多年经营形成的商誉为企业的产品提供无形保证。

（四）传递信息

中间商是企业和市场之间信息沟通的桥梁。中间商在从生产厂家购买产品和向消费者销售产品中，可以向企业反馈市场信息，向厂家介绍消费者的需求、市场的信息、同类产品各厂家的情况；同时，也会向消费者介绍各厂家的特点。无形中传递了信息，促进了竞争，有利于产品质量的提高。

三、中间商的主要类型

按照不同的归类方法，我们可以将中间商分成不同的类型。

（一）批发商

1. 批发商的含义及特点

批发商是指向生产企业购进产品，然后转售给零售商、产业用户或各种非营利组织，是不直接服务于个人消费者的商业机构，位于商品流通的中间环节。批发商的特点是：拥有大量的货物；只大量的出售，不提供零售业务；出售的物品的价格会比一般市面上的低；通过采购活动取得商品的所有权。

2. 批发商的功能

批发商提供转售、进一步加工或变化商业用途而销售商品的各种交易活动。批发商处于商品流通的起点和中间阶段，交易对象是生产企业和零售商，一方面它向生产企业收购商品，另一方面，它向零售商业批销商品，并且是按批发价格经营大宗商品。其业务活动结束后，商品仍处于流通领域中，并不直接服务于最终消费者。批发商是商品流通的大动脉，是关键性的环节，它是连接生产企业和商业零售企业的枢纽，是调节商品供应的蓄水池，是沟通产需的重要桥梁，对企业改善经营管理及提高经济效益、满足市场需求、稳定市场具有重要作用。

3. 批发商的类型

按照批发商在进行商品交易时是否拥有所有权，可以将批发商分为经销商、代理商和辅助机构三大类。

（1）经销商。

经销商是指在商品流通过程中，取得商品所有权，然后再出售商品的分销中介机构。经销商的形式多种多样，常见的有以下这些：

①批发中间商，批发中间商主要向零售商销售，并提供全面服务。在其下面又可以细分为综合批发商、专线经营批发商和专业批发商。综合批发商一般都经营几条各有特色、花色品种较为齐全的产品线，并且往往雇佣自己的推销员。而专线经营批发商则经营一条或两条产品线，但是品种深度较大。专业批发商则是专门经营一条产品

线中的部分专业产品的批发商。

②工业品经销商，主要是指将工业品或耐用消费品出售给制造商的中间商。工业品经销商通常同他们的供应者之间建有持久的关系，并在某个特定的区域内拥有独家经销的权利。

③现销批发商，又叫现销交易批发商，他们经营一些周转快的商品，卖给小型零售商，收取现款，一般不负责送货。由购货单位到批发商那里挑选商品、支付现款，自行负责提货和运输。

④货车批发商，主要执行销售和送货职能，他们经营一些容易变质的商品，如牛奶、面包和快餐等，现货现卖。

⑤承运批发商，承运批发商具有产品所有权，但他们不存货，而是代替制造商完成运输的功能，并承担其中的风险。他们专门经营一些笨重的工业产品，如煤、木材和重型设备等。

⑥邮购批发商，邮购批发商是指向较为边远地区的零售商、工业用户、相关顾客寄送商品目录，获得订货后以邮寄或用其他的运输方式交货。

（2）代理商。

代理商是指不拥有经营商品的所有权，代制造商进行经销活动的批发商业企业。因此也无须垫付商品资金，他们的报酬一般是按照商品销售量的多少，抽取一定比例的佣金。比较常见的有企业代理商、销售代理商、采购代理商、佣金代理商和经纪人。

①企业代理商，也叫区域代理商，是指在某一区域范围内，为多家制造商代理销售业务的代理商，是代理商的主要形式，一般小企业和新开辟市场的大企业都愿意雇佣这样的企业代理商，他们代表一家或几家制造商推销商品，制造商和代理商就价格、承接订单程序、运输服务方法、质量保证以及佣金标准等签订书面协议。

②销售代理商，是指在协议规定的时间和范围内，为某一制造商独家代理销售业务的代理商，他们代理制造商销售全部产品，并为制造商提供很多服务。从某种意义上讲，销售代理商就是企业的一个销售部门，他们的命运和制造商紧密连接在一起，这种形式的代理商常用于工业机器和设备、煤和焦炭、化学品和金属制品等领域。

③采购代理商，一般和买主建有长期关系，为其采购商品，经常为买主收货、验货、储存和送货，常见于服装市场。

④佣金代理商，是指为企业临时代理销售业务的代理商，通常是以每一笔生意为单位，同制造商建立委托代理关系，生意做完，委托代理关系也就结束，然后按销售额的多少提取佣金。

⑤经纪人，针对业务进行代理，为买卖双方牵线搭桥，协助谈判。比如：房地产经纪人、保险经纪人和证券经纪人等。

（3）辅助机构。

在分销中介机构中，还有这样一种类型的机构——它们既不参与买或卖的谈判，也不取得商品的所有权，只是起到支持产品分配的作用。我们把这类机构称为辅助机构。比如：配送中心、运输公司、独立仓库、银行和广告代理商等。配送中心是这类辅助机构中的重要形式之一。配送中心主要是对商品进行集中储存，然后根据销售网点的需要，定期或不定期地对所需商品进行组配和发送的机构。在现代连锁业广泛发展的今天，配送中心的作用显得尤为重要，不少批发企业实际上是以配送中心为外壳而存在的，他们集商流、物流、信息流于一体，大大提高了批发流通的效率。

（二）零售商

1. 零售商的含义及特点

零售商是指将商品直接销售给最终消费者的中间商，是相对于制造者和批发商而言的，处于商品流通的最终阶段。

零售商的特点：①在经营特点上呈现出少量多次进货、低库存和重视现场促销服务等。这是因为终端顾客每次购买数量小，要求商品档次、花色品种齐全，提供购买与消费的方便服务。零售经营者为此通常要多品种小批量进货，以加快销售过程，提高资金的周转率。②业态多元，为解决顾客需求多样、快速变化与零售经营规模效益之间的矛盾，适应不同消费者群体需要，零售业的经营方式呈现多元化特点。如商店就有百货商店、超级市场、专业商店、折扣商店、便利店等各具特色的多种业态，而且还在不断创新。③所服务的地域范围小。与批发销售不同，零售商的顾客主要是营业点附近的居民和流动人口。因此，零售经营地点的选择就成为决定经营成败的一个关键。④竞争激烈。零售商要不断加强商店整体设计、形象宣传、特色定位，对商店位置、营业时间、商品结构、服务项目、广告宣传、促销手段等各种因素进行综合战略策划，实施差异化营销。

2. 零售商的功能

零售商的任务是直接为最终消费者服务，它的功能包括购、销、调、存、加工、拆零、分包、传递信息、提供销售服务等。在地点、时间与服务方面，方便消费者购买。零售商是联系生产企业、批发商与消费者的桥梁，在分销途径中具有重要作用。

3. 零售商的类型

①百货商店。指综合各类商品品种的零售商店，其特点是商品种类齐全、客流量大、资金雄厚，人员齐全、重视商誉和企业形象、注重购物环境和商品陈列。

②专业商店。指专门经营某一类商品或某一类商品中的某一品牌的商店，突出"专"，其特点是经营富有特色、个性、专业性强。

③超级市场。指以主、副食及家庭日用商品为主要经营范围，实行顾客自我服务

的零售商店。特点是：薄利多销，商品周转快、商品包装规格化，条码化，明码标价等。

④便利商店。指接近居民生活区的小型商店。营业时间长，以经营方便品、应急品等周转快的商品为主，并提供优质服务。如饮料、食品、日用杂品、报纸杂志、快递服务等。商品品种有限，但因方便，仍受消费者欢迎。

⑤折扣商店。指以低价、薄利多销的方式销售商品的商店。其特点是设在租金便宜但交通繁忙的地段、经营商品品种齐全，多为知名度高的品牌、设施投入少，费用低。

⑥仓储商店。是一种折扣商店，特点是位于郊区低租金地区、建筑物装修简单，货仓面积很大，一般不低于1万平方米、以零售的方式运作批发，又称量贩商店、通常采取会员制销售来锁定顾客。

 **拓展阅读** **仓储式购物超市的发展**

作为一种不算新的零售业态，开市客（美国最大的连锁会员制仓储量贩店，福布斯2020全球品牌价值100强排名第79位）、山姆等国际巨头早已将仓储式购物超市模式覆盖到了全球各地。仓储会员店的运营方式为：以199~699元不等的价格收纳会员，只有会员有资格进入超市购物；超市精准选品，提供物美价廉的商品。

仓储会员超市在近几年的时间里出尽了风头。而引爆这场零售业态升级的开市客，2019年在中国开出了上海首店后，短短两年时间里，已在苏州、深圳等地"敲定"10家新店。本土品牌盒马、永辉等新势力也纷纷进入仓储会员领域。

网红美妆店话梅，致力于打造"美妆游乐园"，从2017年首家店开业，到开遍北京、上海、成都和香港，话梅几乎每一家店都能成为令消费者疯狂的店。并凭借5家门店，拿下50亿元的估值，单个门店价值10个亿。

与传统美妆店不同，话梅更像一个"美妆游乐园"，仓储式购物场景、"黑、白、灰"主色调、网红打卡风、汇集国内外大牌和潮流品牌、随意试妆、无推销……迎合了新消费人群的心理需求，成为新时代的年轻女孩的新宠。话梅早已成为新晋网红圣地，许多消费者甚至不惜排队两小时，只为去店里打个卡。

零食、美妆、生鲜、服装、潮玩，"仓储+零售"的业态形式似乎已经成为线下零售的流量钥匙，似乎只要把商品从精致的商店货架上搬到仓库里高耸直达天花板的大型仓储货架上，就能引起关注并在市场大卖。仓储式零售的流量虹吸能力能和商业地产碰撞出火花吗？

讨　论

仓储式零售究竟为什么吸引人？仓储式零售能成为下一代主力店吗？

_____

_____

_____

除此之外还有综合商店、样品目录陈列室、邮购目录营销、自动售货机、购物服务、流动售货。

8.3　渠道策略

一、影响渠道设计的因素

企业在渠道选择中要综合考虑渠道目标和各种限制因素或影响因素，主要制约因素有：

（一）市场因素

目标市场的大小，如果目标市场范围大，渠道则较长，反之，渠道则较短；目标顾客的集中程度，如果顾客分散，宜采用长而宽的渠道，反之，宜采用短而窄的渠道。

（二）产品因素

根据产品的特性进行渠道设计：产品的易毁性或易腐性，如果产品易毁、易腐，则采用直接或较短的渠道；产品的单价，如果产品单价高可采用短渠道或直接渠道，反之，如果产品价值小、产品数量大，则宜采取长渠道；一般对以扩大销售面，式样、款式变化快的商品，宜采取直接营销渠道；为了较快地把新产品投入市场、占领市场，企业应组织推销力量，直接向消费者推销或利用原有营销路线展销；在衰退期的产品要压缩营销渠道；产品的体积与重量，体积大而重的产品，宜选择短渠道，体积小而轻的产品，宜采取间接渠道；技术性复杂、需要安装及维修服务的产品，可采取直接渠道，反之则宜采取间接渠道。

（三）企业自身因素

一是企业实力的强弱。企业实力主要包括：人力、物力、财力等，如果企业的实力强，可以建立自己的分销网络，进行直接销售，反之，则选择中间商推销产品。二是企业管理能力的强弱。如果企业管理能力强，又有丰富的营销经验，则可以选择直接营销渠道，反之，则采用中间商渠道。三是企业控制渠道的能力。企业为了有效地控制分销渠道，多半选择短渠道，反之，如果企业不希望控制渠道，则可以选择长渠道。

（四）中间商因素

首先，各类各家中间商实力、特点不同，如广告、运输、存储、信用、训练人员、送货频率等方面具有不同的特点，从而影响生产企业对分销渠道的选择。

其次，中间商的数目不同、消费者的购买数量对生产企业分销渠道的影响。如果消费者购买数量少、次数多，可采用长渠道，反之，购买数量大，次数少，则可采用短渠道。最后，类型不同的中间商也会对制造企业分销渠道产生影响。例如汽车收音机制造商在考虑分销渠道时有以下方案：一是与汽车厂家签订独家合同，让汽车厂家只安装该品牌的收音机；二是借助通常使用的渠道，让批发商将收音机转卖给零售商；三是寻找一些愿意经销其品牌的汽车经销商；四是在加油站设立汽车收音机装配站，直接销售给汽车使用者；五是与当地的电台合作，为其推销产品，并支付相应的佣金。

（五）竞争者因素

企业有时会避免和竞争者使用一样的分销渠道，如果竞争者使用和控制着传统的渠道，企业可以通过其他不同的渠道或途径推销其产品。

（六）环境因素

影响渠道结构和行为的环境因素可概括为政策环境、社会文化环境、经济环境、竞争环境等，像有关立法及政策（如专卖制度、反垄断法、进出口规定、税收政策、价格政策等）因素都影响企业对分销渠道的选择，如烟酒实行专卖制度，相关企业就应当依法选择分销渠道。

讨　论

以某一企业为例，谈谈其采用了哪些渠道策略，优势是什么。

二、渠道设计

渠道设计是在细分市场、渠道定位和确定目标市场之后，建立新渠道或改善现有渠道的一系列过程。其核心是确认顾客的需求，分析企业当前的渠道流效率，并在此基础上探究服务产出供应和需求之间的差距，从而通过渠道形式的设计或优化，达到渠道协调的目的。

（一）分析顾客的需求和欲望

消费者会基于价格、产品品类、便利程度和他们自己的购物目标（基于经济考虑、社交用途或尝试性购买）来选择喜欢的渠道，就像产品存在细分一样，营销者必须注意到不同的消费者在购物过程中有着不同的需求。

渠道提供的服务有：一是批量大小，即营销渠道允许顾客一次购买的单位数量。二是等候和交货时间、等候时间是顾客等待收到货物的平均时间，交货越快的渠道越受顾客青睐。三是空间便利，空间便利是营销渠道为顾客购买商品所提供的便利程度，经销商越多，顾客在购买的时候就越能够节省运输和寻找的成本。四是服务支持，渠道提供的附加服务又叫服务支持，如：信贷、交货、安装、维修等，渠道提供的服务工作越多，就越受消费者喜欢。

（二）确立渠道目标

渠道目标是指企业为了总体战略和销售战略的顺利实施，需要通过渠道管理活动，在一定时间内所要达成的确定性成果。企业在确定渠道目标时要考虑其服务、产出水平、相关成本，以及顾客、中间商、竞争者、企业政策和环境等因素。

确定目标市场主要是回答：企业通过渠道管理活动为谁服务和怎样服务的问题。确定渠道目标主要是回答：确定企业通过渠道管理活动要达到的经济利益指标，如销售额、市场占有率、市场覆盖范围等；确定难以用量化方式来准确度量的目标，如目标顾客与渠道成员的满意度、渠道发展、渠道合作、渠道氛围等。不可量化目标虽然难以准确计算和衡量，然而它们对于渠道运作来说也非常重要。

（三）设计渠道方案

每一种渠道类型都有各自的优势和劣势，如人员可以处理复杂的商品交易，但费用高昂；互联网成本很低，但却无法处理复杂的商品交易；分销商可以显著提高销售额，但企业失去了与顾客直接联系的机会。怎样设计渠道方案实现渠道目标，对于企业营销工作非常关键。

如何设计渠道方案主要由三个方面因素决定：中间商的类型、所需要中间商的数量、渠道成员的条款和责任。

1. 中间商的类型

比如一家生产卫星收音机的电子产品制造商所面临的渠道选择，可以将收音机作为汽车元件卖给汽车生产商、经销商、租赁公司；可以通过直接销售或分销商卖给卫星收音机专营商；可以通过企业的门店、在线零售、邮购目录售卖；还可以通过大型商场进行售卖。

有时候由于运用主要渠道会遇到成本方面的困难，或者效果不佳，公司会选择一个全新或者非常规的渠道。

2. 所需要中间商的数量

有三种基于中间商数量的渠道战略，分别是：专营性分销、选择性分销和密集性分销。

（1）专营性分销意味着严格限制中间商数量。它适用于制造商试图提高中间商的服务水平和努力水平，而且要求企业和中间商保持更紧密的合作关系，专营性分销商用于销售汽车、某些常用的家用电器和女性服装品牌等。

（2）选择性分销只依赖于愿意销售某种特定产品的某些中间商，无论是成立已久还是刚成立的公司，使用选择性分销都无须担心分销机构过多。相较于密集性分销，这种分销方法可以通过更大的控制权和更低的成本，获得足够的市场覆盖率。

（3）密集性分销是指制造商尽可能多地在销售网点中销售商品或服务，这种战略适用于零食、软饮料、糖果等消费者经常购买的产品。如：加油站内的商店，就是靠地点和时间上的便利性得以生存和发展。

3. 渠道成员的条款和责任

每个渠道成员都必须受到尊重并获得盈利。贸易关系组合中的主要因素有：价格策略、销售条件、地区权力以及双方的服务与责任。

（1）价格政策。

要求企业制定中间商认为公平且充分的价目表和折扣与补贴明细表。

（2）销售条件。

销售条件是指付款条款和企业担保。大多数企业对较早付款的分销商会给予现金折扣。它们也可以向分销商提供有关产品质量缺陷或降价等方面的担保，以此激励分销商订购更多的商品。

（3）分销商地区权力。

确定分销商的管辖地区，并规定企业允许其他分销商进入的条件。

（4）双方的服务与责任。

对双方的服务与责任必须十分谨慎地加以确认，尤其是在采用特许经营和独家代理等渠道形式时。如麦当劳向加盟的特许经销商提供店面、促销、记账制度、人员培训、一般行政管理与技术协助等支持。又如，特许经销商必须在设施设备方面符合企业标准，配合企业的促销方案，提供企业所需信息，向特定供应商进货，还要支付加盟费等。

（四）评估主要渠道方案

对每一种渠道方案都需要对其经济性、可控性、适应性进行评估。

1. 经济性

每一种渠道都会产生不同水平的销量和成本，那么企业就需要估计不同的渠道方式选择能够创造多少销售额，接着估计每一种渠道实现不同的销售额的成本，最后比较销售额与成本。在对上述情况进行权衡后，从中选择最佳分销方式。如图 8 - 9 所示，两种渠道的销售成本在某一水平（S_B）上是相同的。当销量小于 S_B 时，利用销售代理商是更明智之选；当销量大于 S_B 时，利用企业自建的销售团队更为适宜。据此，小企业或大企业在某一销售量很低的较小区域都倾向于使用销售代理商就不足为奇了。

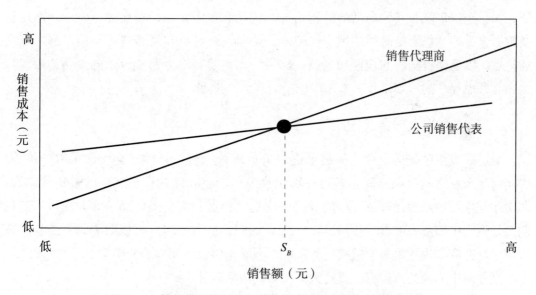

图 8 - 9　销售代理商和公司销售代表两种选择的平衡盈亏图

2. 可控性和适应性

使用销售代理商就会引发可控性问题。代理商会关注那些购物量最大的顾客，而非那些购买本公司产品的顾客。此外，代理商的推销人员可能没有掌握公司产品的技术细节，或是无法有效地利用促销材料。

为了发展渠道，渠道成员必须在一个特定时期内对彼此做出承诺，但这些承诺势必会降低企业对变化和不确定性的能力，企业需要寻求适应性高的渠道结构和政策。

三、渠道管理

渠道管理是指企业为实现销售目标而对现有渠道进行管理，以确保渠道成员间、企业和渠道成员间相互协调合作，共同谋求最大化的长远利益。渠道管理包括选择渠道成员、激励渠道成员、评价渠道成员、改进渠道设计和安排。

（一）选择渠道成员

渠道成员的选择，就是从众多的相同类型的分销成员中选出适合公司渠道结构、能有效帮助完成公司分销目标的分销伙伴的过程。

营销渠道设计的关键是着手选择营销渠道成员。如果渠道设计结果是采用直销的营销方式，就不存在对分销成员的需求，也就无所谓对分销成员进行选择了。

对于顾客来说渠道就是企业，如果麦当劳或者是梅赛德斯奔驰有一个或多个分支机构在服务上一直表现得邋邋遢遢，效率低下或令人不快，就会给顾客留下非常恶劣的影响。所以，为了更好地挑选渠道成员，制造商应该确定用以甄别优秀中间商的特征，如：经销年限、其他产品的经营情况、成长和盈利记录、资金优势、合作态度以及服务声誉等。如果中间商是销售代理商，企业还要评价其所经销的其他产品的数量和特点，以及销售队伍的规模和素质，如果中间商是要求专营性分销的百货商店，那么还要考虑商店的地理位置、未来增长潜力和客户类型。

（二）激励渠道成员

渠道成员激励是指企业为促进渠道成员达成企业营销目标的合作而采取的措施。中间商与企业之间存在不同利益目标和思维模式。中间商首先是客户的采购代理商，其次才是企业的销售代理商。中间商关心的是销售客户需要的产品。除非提供一定的刺激，否则中间商一般是不会保留单一品牌的销售的。所以，为使渠道高效运作，在管理中制造商必须注重对渠道成员的激励，不断正向强化双方的合作关系。

企业对中间商的激励有：直接激励和间接激励两种方式。

1. 直接激励

直接激励是指通过给予中间商物质或金钱上的奖励来肯定中间商在销售量和市场规范操作方面的成绩。如：企业按照每月、每季度或每年，采用返利给中间商的形式，予以直接激励。返利又分为：过程返利和销量返利。

（1）过程返利是指通过考察市场运作的规范性以确保市场的健康培育的一种直接管理销售过程的激励方式。过程奖励包括：铺货率、售点气氛（即商品陈列生动化）、开户率、全品项进货、安全库存、指定区域销售、规范价格、专销（即不销售竞品）、积极配送、守约付款。过程返利既可以提高经销商的利润，增强其盈利能力，调动其合作积极性，又能够防止经销商不规范操作，维持市场秩序，保障企业正常经营。

（2）销量返利是指为了提高销售量和利润，直接刺激渠道成员的进货力度而设立的一种奖励。销量返利有三种形式：一是对于在规定的区域和时段内销量第一的经销商给予丰厚的奖励的销售竞赛；二是对于进货达到不同等级数量的经销商给予一定的奖励的等级进货奖励；三是若经销商达到一定数量的进货，给予一定的奖励的定额返利。

在实际商业活动中，企业要注重对过程返利和销量返利的综合运用，避免对销量返利的不当应用。因为，销量返利，尤其是明返，使经销商在短期利益驱动下，可能会产生窜货、扰乱市场价格等短期行为。

2. 间接激励

间接激励指的是通过帮助渠道成员进行销售管理，以提高销售的效率和效果来激发渠道成员的积极性和销售热情的一种激励手段。通常的做法有：

（1）帮助经销商建立进销存报表，做好安全库存数和先进先出库存管理。进销存报表的建立，可以帮助经销商了解某一周期的实际销货数量和利润；安全库存数的建立，可以帮助经销商进行库存管理，合理安排进货，降低库存成本；先进先出的库存管理，可以减少即期品（即将过期的商品）的出现。

（2）帮助零售商进行销售终端管理。终端管理的内容包括铺货和商品陈列等。比如通过定期拜访，帮助零售商整理货架，设计商品陈列形式，在举办促销活动时做一个吸引顾客的陈列。

（3）帮助经销商管理其客户网，来加强经销商的销售管理工作。帮助经销商建立包括客户的店名、地址、电话在内的客户档案，并根据客户的销售量将它们分成等级，并据此告诉经销商对待不同等级的客户应采用不同的支持方式，从而更好地服务于不同性质的客户，提高客户的忠诚度。

（4）伙伴关系建立和信息共享。企业可以通过建立与经销商之间的信任关系，通过告知其计划、详细目标等方式来确立双方共同愿景，建立长期稳定的合作关系。企业与经销商之间或经销商之间通过定期会商，共享信息：一方面企业可以分享其掌握的商业信息、研究分销政策，为营销策略提意见；另一方面经销商可以对政策发表意见，并对渠道管理享有一定程度的参与权和决策权。

（三）评价渠道成员

企业必须定期按照一定的标准评价中间商的表现。企业与中间商合作之初，就可以签订有关绩效标准与奖惩条件的合同或约定，以对双方行为起到约束和指导作用。如：销售配额完成情况、平均存货水平、向顾客交货时间、对损坏和遗失货品的处理方式，以及对公司促进促销培训项目的合作情况。企业还可以定期发布销售配额，明确当前的成绩和预期销售量。基于不同环境变数、产品在各中间商全部产品组合中的相对程度，对中间商的销售绩效进行排名：一方面，将每一中间商的销售绩效与上一期的绩效进行纵向比较，并以整个群体的升降百分比作为评价；另一方面，将各中间商的绩效与该地区基于销售潜量分析所设立的配额相比较。

企业应该建立起职能性折扣，这样可以根据渠道成员对每项约定服务的表现向他们支付特定的报酬。表现不佳的渠道成员需要接受辅导、重新培训、激励或终止合作。

（四）改进渠道设计和安排

没有一种渠道策略，在产品的整个生命周期都是奏效的。渠道结构会随着时间的推移而发生变化。比如新技术已经创造了数年前无法想象的电子渠道，这就意味着增加或减少个别渠道或渠道成员，或者是开拓崭新的销售方式，渠道都在不断地演进当中。总而言之，渠道体系的演进受制于当地的市场需求和条件、潜在的威胁与机遇以及企业的资源和实力。

因此，企业必须定期检查和改进渠道设计和安排，对于分销渠道不能够按原计划运转、消费者购买方式发生了变化、市场要扩张、新的竞争出现、创新分销渠道兴起，以及产品生命周期中不同阶段的变化情况，要及时、恰当地做出渠道调整和改进。

四、渠道冲突、合作和竞争

无论渠道设计和管理得如何好，冲突总是会存在的，最根本的原因是在于各个独立的企业实体的利益很难达成一致，当一个渠道成员的行为妨碍其他成员实现目标时，渠道冲突就会产生。

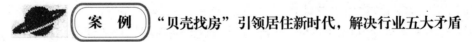

案 例 "贝壳找房"引领居住新时代，解决行业五大矛盾

在国内的房地产行业，经历了几十年的变迁，无论是线下的服务体验，还是线上的信息化程度都得到了飞速的发展，但拨开表象的层层迷雾，探寻行业本源，仍存在着五大矛盾点，这些矛盾点集中爆发在经纪人与消费者、经纪人之间、经纪人与经纪机构、经纪人与行业发展周期规律、前台与后台之间的矛盾，而贝壳找房CEO成立这家居住服务平台最初的信念，就是要消灭这五大矛盾。

2018年，链家网宣布将全面升级为贝壳找房，并开展了一系列大动作，比如租赁品质联盟、VR大规模应用、真房源全面开放。这些举措对整个房地产行业有推动效果，但也让人不解，为何贝壳找房会实现全行业的资源共享。贝壳找房解释，贝壳找房的创立初衷是为了建立全行业基础设施，真房源与合作共赢。因此，开放与共享是必不可少的。

而面对行业存在的五大矛盾点，贝壳找房也在积极探索着解决的方案。

在经纪人与消费者之间的矛盾中，普遍存在的问题发生在真房源、用户体验等方面，所以贝壳找房决定首先将真房源推行出去来改善矛盾。贝壳找房先期开拓的徐州市场，运用了开放平台模式，对当地经纪品牌赋能，一方面将贝壳的真房源系统分享出去，并对接入进来的房源进行快速鉴别，建立起评价机制，为优质房源提供更大的投放力度；另一方面，贝壳找房为真房源设立了保障基金，让经纪品牌和消费者没有后顾之忧。这两个方法很快在徐州经纪市场获得了成效，贝壳找房的真房源理念也在中小品牌身上取得了成功实践。除了对真房源的推进外，贝壳找房也对用户体验方面进行了很多尝试，比如推进"品质联盟"的建设。以品质为导向，携手同行建立起更好的服务标准，建立起更多优秀的品质房源。

在经纪人与经纪人之间的矛盾中，贝壳给出的答案是"合作共赢"。入驻贝壳的经纪机构都将加入平台的 ACN 经纪人合作网络，在一单交易中，在不同环节参与服务的相关方都将实现利益分享，从而解决跨品牌间房源、用户、经纪人之间的联动难题，构建合作共赢的良性生态。

在时间周期的矛盾中，这个矛盾对房地产这个行业的影响非常大，因为房地产行业是周期性的，单一性的服务在市场下行时将面临很大的经营压力。贝壳找房认为，在未来经纪人与经纪品牌都要实现多元化、多样性的服务才能更好地立足于市场中。

在后端到前端的矛盾中，经纪平台的前端部门与后端部门像是两座孤岛，互相脱节，没有形成服务的生态体系。因此贝壳找房将坚决推动生态化，把整个团队全都推到前端，让每个人都变成服务体。

对于经纪人与经纪机构之间的矛盾，这是一个需要花费大力气去解决的矛盾，贝壳找房正在探索，希望优秀的经纪人通过平台的服务和优势能够成就自己的一番事业，有可能是自己开店甚至是创建品牌。

在未来，贝壳找房计划进入全中国超过 300 个城市，赋能超过 100 个品牌，连接 10 万家门店和 100 万职业经纪人，服务超过 2 亿家庭，作为基础设施推动行业正循环发展。

 **讨 论**

渠道中出现冲突的类型有哪些？造成渠道冲突的原因是什么？作为营销管理营销者，应该如何化解这些冲突？

（一）冲突和竞争的类型

假设一个企业建立了包括批发商零售商在内的垂直渠道，力求实现渠道合作，并且为每一个渠道成员带来更丰厚的利润，但是水平垂直和多渠道的冲突总会发生。

1. 水平渠道冲突是指存在于同一层次的渠道成员间的冲突

比如：A 市 B 区的麦当劳特许经营店抱怨 A 市 C 区的某些特许经营店，在配料上弄虚作假、服务质量低劣，损害了整个麦当劳的品牌形象。

2. 垂直渠道冲突是指同一渠道中不同层次之间的冲突

比如：雅诗兰黛为了销售倩碧和 Bobbi Brown 这两个品牌而新建了一家网店后，某百货商店马上减少了摆放雅诗兰黛产品的空间。这就出现了线上网点与线下百货商店的冲突。

3. 多渠道冲突

多渠道冲突产生的情况是企业已经建立了两个或更多的渠道向同一市场销售同样的产品，当某个渠道获得更低的价格时或毛利较低时，多渠道冲突就会特别激烈。

（二）渠道冲突的原因

有些渠道冲突的原因容易解决，也有一些十分棘手，渠道冲突产生的原因有：

1. 目标不一致

企业想要通过低价策略快速渗透，而经销商则恰恰相反，他们追求高毛利和短期盈利。

2. 角色和权利不明晰

比如：惠普公司通过自己的销售人员向大客户销售个人电脑，但他授权的经销商也试图向大客户推销，区域边界和销售额的归属常常是冲突的根源。

3. 认知差异

企业可能对短期经济前景持乐观态度，因此希望经销商提高存货量。但经销商对经济前景则较为悲观。比如：在饮料行业企业和经销商对于最佳广告战略常常发生争论。

4. 中间商对企业的过度依赖

特许经销商（如汽车经销商）的利益与企业的产品、价格、决策息息相关，这就为冲突埋下了隐患。

（三）管理渠道冲突

一些渠道冲突可以产生建设性的作用，使企业更好地适应不断变化的环境，但太多的冲突会导致渠道运转不畅。企业面临的挑战并不在于消除所有的冲突，而在于更好地管理冲突。渠道协调是指各个渠道成员搁置彼此可能互不相容的目标，而共同致力于实现整个渠道的目标。因此，企业可以通过口头责备、罚款、扣除奖金，以及其他方法惩罚违规中间商，震慑其他中间商，有效管理冲突。

1. 战略性解释

在某些情况下一个有说服力的战略性解释可以减少渠道成员之间的潜在冲突。比如为不同的渠道成员提供不同的产品，服务不同的领域。

2. 双重回报

双重回报是指通过新渠道进行的销售向现有渠道付费。比如贝壳找房采用"合作共赢"的策略，解决经纪人与经纪人之间矛盾，在一单交易中，在不同环节参与服务的相关方都将实现利益分享，从而解决跨品牌间房源、用户、经纪人之间的联动难题，构建合作共赢的良性生态。

3. 高级目标

渠道成员可以就他们一致追求的初级或高级目标达成一致，无论该目标是生存、市场份额、高品质还是顾客满意度。渠道成员在面临外部威胁时，比如出台了不利的法规或是消费者需求发生了变化，这种策略通常是最有效的。

4. 员工交换

员工交换就是指两个或两个以上渠道，通过员工交换来加强沟通，以对彼此有更深入的了解。

5. 协商、调解或仲裁

当出现长期性或比较尖锐的冲突时，冲突双方可能需要更强硬的手段来解决问题。协商，是指冲突双方都派出个人或团队面对面地解决冲突的方法；调解，是指能协调双方利益且经验丰富的中立第三方出面调解的方法；仲裁，是双方同意把纠纷交由一个或多个仲裁机构并接受其仲裁决定的方法。

6. 诉诸法律

如果上述方法都无法解决冲突，渠道成员可选择诉诸法律解决问题。

小 结

在任务八中，我们学习了渠道相关知识，包括渠道的职能和类型、中间商、渠道策略。一家企业的成功不仅取决于其自身的表现，还取决于整个分销渠道与竞争者相比是否更有优势。卓越的分销渠道策略不仅为顾客价值做出了很大的贡献，而且为企业自身及其渠道伙伴创造了竞争优势。

课后思考

1. 有人说，未来商业，不再是简单的空间之争（渠道、卖场），而是时间之争（更近、更快、更短）。未来的购买行为可以通过数据被网络店家洞察并可以实现提前送货。淘宝接入小红书、抖音接入淘宝商家、今日头条加入特卖页面让我们更加深刻地感觉到未来，在网络上买东西不再是交易性质，而是社交性质。请结合我们所处的营销环境、分销渠道现状，谈谈你对这种观点的看法。

2. 互联网的发展给企业渠道建设带来的影响有哪些？

3. 营销渠道设计应考虑的因素有哪些？

4. 生产商应该怎样选择合适的营销渠道？

5. 在营销中，当发生渠道冲突的情况时，作为企业的营销负责人，应该采取怎样的方式进行管理？

任务九 制定促销策略

 **学习目标**

（1）掌握促销、促销组合的含义，以及影响营销促销组合的因素；

（2）掌握广告的含义，了解广告的特点，以及广告的分类和广告媒体的类型和选择；

（3）掌握人员推销含义、特点，人员推销的形式，以及人员推销的步骤、策略等；

（4）掌握营业推广的含义，并能够运用营业推广的手段进行合理有效的营业推广；

（5）掌握公共关系的含义、对象，熟悉公共关系促销的形式并能简单运用。

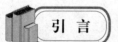 **引 言** **全媒体营销，讲好中国故事**

随着技术的不断发展，市场营销策略也由传统的广告、人员推销、营业推广等，转向全程媒体、全息媒体、全员媒体、全效媒体营销，使营销信息无处不在、无所不及。

如故宫文创产品，正是基于以好产品作为载体，以文化作为根基，开发文创产品、深度挖掘产品的文化内涵、走品牌故事化，打造出具有故宫文化内涵的产品。例如故宫口红、绿水青山项链、清风徐来首饰耳环等故宫网红产品。通过全媒体营销，运用线上、线下销售相结合的方式，不仅在互联网上建立线上交易平台，如故宫博物院授权的故宫博物院旗舰店、故宫博物院文创馆等，还在故宫博物院内，建立有组织、有规模的线下旅游纪念馆、故宫文化创意馆等。

在促销上，故宫利用各种活动和话题，创造热点，如从 2019 年的"紫禁城里过大年""紫禁城上元之夜"，到 2020 年的"故宫 600 华诞"；又如从文物修复师到文化活动等，故宫屡屡掀起热点话题，通过微博、微信、微店全覆盖，官网、电商齐上阵，将所有的社交媒介和电商平台连接起来，进行无缝对接，开展多种促销活动，匠心打造故宫文化的超级 IP，尽可能地扩大产品销售渠道。

此外，故宫还通过多渠道、多元化跨界联合进行营销宣传。如：与腾讯公司合作推出的《穿越故宫来看你》，视频中不仅让历史人物明成祖朱棣从静态的人复活到现实中，还跳现代舞、玩自拍、发朋友圈，这立刻就抓住了年轻人的共情感；与农夫山泉、网易音乐等进行合作，老品牌借年轻化品牌的"粉丝之力"进行革新，创意跨界，促成双赢。

故宫还开展多种形式的营销，把弘扬优秀传统文化和产品有机统一起来，在继承中创新，在发展中继承，创造性地讲好中国故事，让中华优秀传统文化更加深入人心、更具生机活力。

讨论

结合故宫营销带来的启发，谈谈怎样利用全媒体营销手段，提升营销业绩。

9.1 促销与促销组合

一、促销及促销组合的含义

(一) 促 销

1. 促销的含义

促销即促进销售，是指企业利用各种方法和手段，通过人员或非人员的方式将产品信息传达给消费者和用户，引起其兴趣和关注，激发其购买欲望，促使其购买。

市场营销中的促销有狭义和广义之分。广义的促销包括广告、人员推销、营业推广和公共关系。狭义的促销就是人们常说的营业推广，有时也被商家简单地称为促销活动，它不包含广告、公共关系等形式。从促销的核心和实质来看，促销就是一种信息沟通，即通过各种各样的手段和方式实现企业与中间商、企业与最终用户之间各种各样的信息沟通。反之，通过信息沟通也能够传递最终用户和中间商对生产者及有关产品的各种各样的评价。

 **拓展阅读**　农夫山泉如何营销创造 140 亿年销售额?

　　农夫山泉的营销方式，一直以来被人称赞。无论农夫山泉是与网易云音乐联手推出限量款"乐瓶"、与故宫联合推出"故宫瓶"；还是独家冠名现象级综艺节目《中国有嘻哈》《偶像练习生》、与现象级手游"阴阳师"合作，又或者是强势跨界推出桦树汁面膜、大米，借助产品核心创意包装的瓶身设计和因时制宜的广告投放，农夫山泉的营销无疑是成功的。浙江省百强企业排行榜显示，农夫山泉以 141.39 亿元的年销售额榜上有名。

　　那么，农夫山泉是如何营销来创造 140 亿年销售额的?

　　互联网经济＋时代，消费升级，新生代消费群体成为主力军，传统营销方式诸如邀请当红流量明星、十亿级媒介投放、打造基础调性的传统广告不再是主流。由于社交网络平台引爆式的传播属性，技术的更新迭代，新的营销方式如移动端 H5 营销、分众区域化的精准投放、朋友圈品牌广告投放，场景化品牌内容制造、品牌跨界、AR 技术等新的品牌营销方式成为焦点。虽然传统营销方式是基础，但是新兴的营销方式则是吸引新生代消费群体、抢占市场份额、焕发传统企业活力的关键。

　　传统品牌农夫山泉将传统和新兴的两种品牌营销方式做到了极致。在传统营销方式上，农夫山泉做到了：

　　一是打造耳熟能详的传统基调广告。很少有真正击中消费者情怀诉求、让用户念念不忘的广告语；但是农夫山泉真正做到将"农夫山泉有点甜""我们不生产水，我们只是大自然的搬运工""什么样的水源，孕育什么样的生命""好水，才能煮好饭"的广告语深入人心。农夫山泉打造自然、质朴的广告宣传片，大打情怀牌，有很强的情感张力，在当今显得尤为可贵。

　　二是邀请当红流量明星代言。瞄准新生代消费群体所喜爱的当红偶像明星，拉近与新生代消费群体的距离，获得知名度。

　　三是饮品多样化、优质化。农夫山泉旗下的饮品品牌包括农夫山泉饮用水、水葡萄、水溶 C100、NFC 非复原果汁、尖叫、农夫果园、打奶茶 tea、17.5°苹果汁、17.5°橙汁、东方树叶，有果汁、茶、碳酸饮料等口味，不同产品的有效供给，一定程度上满足了消费者不同的消费诉求。

　　同时，农夫山泉掌握了浙江千岛湖、吉林长白山、湖北丹江口、广东万绿湖、宝鸡太白山、新疆天山（玛纳斯）、四川峨眉山、贵州武陵山八大优质水源，这是农夫山泉品牌长盛不衰的关键武器。

　　在新兴营销方式上，农夫山泉做到了：

　　一是出奇制胜的创意瓶子营销。农夫山泉联合故宫文化服务中心，推出 9 款限量版的"故宫瓶",以康熙、雍正、乾隆三代帝王以及嫔妃等历史人物画像作为瓶身背景,加上生动的故事话语与文案书写,带有中国风、历史感、文化感。产品搭载传统历史情怀,走上"风口浪尖"。瓶身除了人物画像、创意文案之外,还有故宫的简笔画,右上角有做成古代印章的二维码,与"宫廷前世,瓶水相逢"的文字搭配,识别二维码后出现 H5,将瓶身创意内容结合移动端更加生动形象地展现在用户面前。

除了故宫瓶,早在 2017 年,农夫山泉联合网易云音乐推出"乐瓶",选择网易云的乐评来印制,这种暖心操作触动了用户的内心,内容触动情怀,一瓶水带动一个故事。农夫山泉瓶身除了走心的乐评、简约的图案设计之外,还添加 AR 黑科技。扫描瓶身的黑胶片,体验定制化 AR,出现星空沉浸式的手机界面,点击星球弹出随机乐评,用户在此能够拍摄创意照片,分享社交平台,同时还能在线听歌,欣赏乐评,品味故事。

通过品牌与品牌对话的方式,积累用户口碑,借助乐评实现农夫山泉品牌核心资产的另类演绎,带动产品销售。

二是强势跨界。农夫山泉不满足于饮用水行业,还跨界橙子、苹果、大米等农产品行业,甚至推出了面膜。品牌跨界已经不是新鲜事,借助品牌本身的影响力和体系化营销方式,限量出售跨界产品,往往能够提升品牌调性和品牌吸引力。

品牌跨界往往能够取得出其不意的效果。农夫山泉在伊犁、赣州建立农业种植基地,推出 17.5°橙、17.5°苹果;农夫山泉天猫官方旗舰店还出售大米,以做生鲜的态度做大米。

农夫山泉依托自身品牌,从个人消费向家庭消费方向去拓展,契合用户需求,将品牌记忆转化为品牌张力,增加用户与品牌之间黏性,最终实现用户转化。

讨　论

上述案例中,农夫山泉采用了哪些促销方式?效果如何?请分享你遇到过的,让你不停买买买的有意思的促销活动。

_____

_____

_____

2. 促销的特征

促销通常是短期的营销行为,有限定的时间和空间;促销注重行动导向,通常要求消费者或经销商参与,行动导向的目标是立即产生购买和销售;促销工具呈多样化;促销在某一特定时间提供给购买者一个实惠价,以诱使其购买某一特定产品;促销的销售效果明显，对促进销量增加见效快，为企业的销售产生实质的价值。

3. 促销的分类

（1）从实施的主体来看，促销活动可分为制造商促销和渠道促销。

①制造商促销：产品制造商或服务供应商作为促销主体，针对中间商（各级经销商和零售商）、消费者和内部销售人员开展的各类促销活动。

②渠道促销：各级经销商或零售商作为促销主体，针对次级经销商、消费者和渠道内部销售人员开展的各类促销活动。

（2）从实施的对象上看，促销活动分为推式促销和拉式促销。

①推式促销：以中间商或内部销售人员作为促销对象的各类促销活动。在推式促销中，制造商通过各类促销活动把产品推广给经销商或零售商，激励内部销售人员积极开发市场、扩大销售，鼓励中间商更积极地向消费者推广自己的产品。

②拉式促销：以终端消费者作为促销对象的各类促销活动。在拉式促销中，制造商通过各类促销活动促进消费者购买本企业的产品，进而产生零售商向批发商求购商品，批发商向制造商进货的良性循环。

（3）按促销能够提供给顾客的附加利益分类可以分为性能利益、财务利益和心理利益，这三种利益结合起来形成了顾客的利益结构，不同的利益结构满足顾客需要的程度和方面是不一样的。具体内容为：

①以提供财务利益为主的促销。某些促销方法能够为消费者提供实际的价格减免，使他们从直接的价格差中获得经济利益的满足。这类促销方法主要包括折价、优惠等。

②以提供心理利益为主的促销。某些促销方法能通过产品的品牌、实物、赠品及购买过程，满足消费者的各种心理利益。这类促销方法主要包括赠送免费样品、有奖促销等。

③以提供性能利益为主的促销。除了以上两种利益外，有些促销方法还能够通过产品的性能、质量和各种实质性的技术特点，提供给消费者一些额外的附加利益，使他们感受到性能利益的满足。这类促销方法主要包括服务促销等。

（二）促销组合

促销组合是指企业运用广告、人员推销、营业推广和公共关系四种基本促销方式组合成一个完整的策略系统，使企业的全部促销活动互相配合、协调一致，最大限度地发挥整体效果，从而顺利实现企业目标。

1. 广 告

传统的广告是指通过报纸、杂志、广播、电视、网络等大众媒体，以及交通工具、空中气球、路牌、包装物等向目标顾客传递信息，使广大消费者和客户对企业的产品、商标、服务、构想有所认识，并产生好感。其特点是传播面广、信息量大，可以在推销人员到达前或到达不了的地方，进行企业和产品宣传。现在的广告重在内容的制作，让广告自带传播属性，不是宣传一句话给消费者听，而是设计一句话让消费者去传给他身边的人，它不仅是一句企业要说的话，更是企业结合品牌和产品，替消费者设计一句他要说（传达）的话。如：江小白、网易、小蓝杯等，通过系列走心文案，打动消费者，形成"病毒式"扩散。它是不固定的，企业会根据新推产品等适时调整，但总能通过这些品牌或走心、或扎心、或幽默的系列广告打动消费者，让他们看到后、听到后有冲动、有行动。

2. 人员推销

人员推销有四种基本方式：一是派出推销人员深入到客户或消费者中间，与之面对面地沟通信息，直接洽谈交易；二是企业设立销售门市部，由营业员与购买者沟通信息，推销产品；三是会议推销，采用会议推销方式，具有直接、准确和双向沟通的特点；四是网络直播带货，前有知名带货主播直播带货，后有企业创始人罗永浩和董明珠等直播带货，以及明星带货，特色鲜明的个性特点、名人效应也为产品推销起到促进作用。人员推销模式见图9－1。

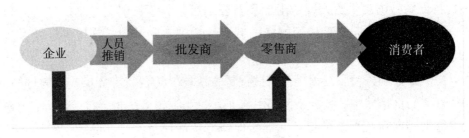

图9－1　人员推销

3. 营业推广

营业推广也称为销售促进，它是企业在一定时期内，采用各种方式对顾客进行强烈刺激，以激发顾客的购买欲望，促成购买的一种促销方式。

营业推广多用于一定时期、一定任务的短期特别推销。其着眼点往往在于解决一些更为具体的促销问题，短期效益比较明显。

4. 公共关系

公共关系是指企业有计划地、持续不断地运用沟通手段，争取内、外公众的谅解、协作与支持，树立和维护优良形象的一种现代管理职能。其特点是不以直接的短期促销效果为目标，通过宣传报道等形式，使潜在购买者对企业及其产品产生好感，并在社会上树立良好的企业形象。

拓展阅读 儿童兴趣班的推活动

以儿童围棋兴趣班的推广为例，儿童围棋兴趣班一般是开在大型商场或社区周边，主要是面向普通消费者，开店之初一般是通过散发传单、赠送礼品等推广方式传递品牌信息。传单方式的最大缺点是来自家长对这种推广形式的信息疲劳，会在潜意识中形成防御，导致推广效果大打折扣。那么有什么新的家长更喜欢的方式呢？免费的在线课程体验、好玩的教学视频、有用的学习小技巧……提供家长更喜欢的、更需要的内容，通过个人朋友圈、公众号软文、抖音附近视频等进行传播，当家长对品牌有好感，觉得有价值的时候，再附加一些优惠措施，成交的概率自然会提高很多。

一款新产品从问世到打开市场、拓宽销路，无论是产品知名度的提升、品牌的打造还是业绩的提升，都需要进行有效的促销。

四种基本促销方式都有其长处和短处（见表1），促销的重点在不同时期、不同商品上也各有区别。因此，在制定促销策略的过程中，企业就要根据自身的促销目标、产品性质、产品生命周期、市场性质、促销预算等因素，将几种促销方式有机结合，综合运用。除了运用这种几种基本的促销方法外，还可以尝试运用有效工具，如从互联网、智能手机和平板电脑到网络、移动和社交媒体，从传统的"创意＋媒介"到"内容＋平台"，随时随地形成品牌对话、体验和社群，提升促销的效率。促销组合可以体现企业整体决策思想，形成完整的促销决策。

表1 4种基本促销方式的优缺点

项目类型	优　点	缺　点
人员推销	与消费者直接接触；能了解消费者的真实需求与购买心态；能引起直接购买	管理复杂；营销推广费用高
广告	形象生动；感染力强；主体凝练；信息传播覆盖范围广泛；可重复宣传	对选定对象的针对性不强；干扰因素大；总费用高
公共关系	活动影响面与信息覆盖面大；容易为人们接受；有助于树立良好企业形象	不易直接引发购买行为
营业推广	刺激终端消费者直接利益，吸引力较大	消费者或用户容易产生疑虑，短期效用较明显

二、影响促销组合决策的因素

（一）促销目标

促销目标与企业整体营销目标是一致的。总的来说，促销目标是在企业整体营销目标的指导下，把企业的营销活动告知目标顾客，对他们进行劝说和提示。每一次促销方式的选择，都要明确一下目标。如果一个企业的营销目标是在某一市场迅速增加销售量，则该企业的促销目标是短期加快信息传递，它的组合策略偏重采用广告并配合营业推广；如果一个企业的营销目标是在市场上树立企业形象，为今后占领市场处于竞争优势，则促销目标应是长期信息传递，它的组合策略偏重于公共关系和广告宣传，配合人员推销活动。

（二）产品类型

对于不同类型的产品，消费者的购买要求和使用特点不同，企业需要采取不同的促销组合。一般按产品的不同性质，把产品划分成消费品和工业品两大类。消费品更多使用广告，工业品则更多使用人员推销。无论是工业品还是消费品，营业推广和公共关系这两种形式几乎可以被企业随时采用，如图9-2所示。

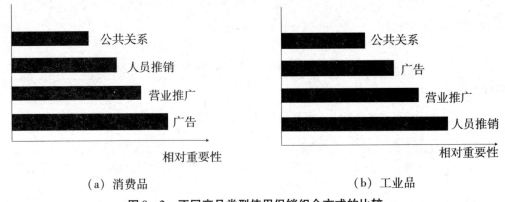

图9-2　不同产品类型使用促销组合方式的比较

（三）产品生命周期

产品生命周期的阶段不同、市场的环境不同、企业的促销目标不同，都会导致促销手段的搭配结构不同。表9-1列出了产品不同生命周期的促销方式。

表9-1 产品不同生命周期的促销方式

产品生命周期	促销重点目标	促销手段	
		消费品	工业品
引入期	促使消费者和用户了解、认识产品	广告为主，人员推销为辅	人员推销为主，广告为辅
成长期	促使消费者对产品增进兴趣，产生偏爱	改变广告形式	人员推销
成熟期	促使消费者对产品增进偏爱的程度，保持已有市场占有率	营业推广	人员推销
衰退期	促成信任购买，巩固市场	营业推广为主，辅以广告减价等	人员推销和营业推广同时进行

（四）市场情况

从不同的角度看市场，市场会呈现不同的特点，企业应采用不同的促销组合。一般来说，像小规模本地市场促销，应以人员推销为主，若是广泛的市场，像全国市场或全球市场，则应以广告和文字宣传为主；市场比较集中、渠道比较短、销售力量强、产品需经示范、退换的，应采取人员促销策略，而产品销售分散、渠道多、而产品差异较大，消费趋势已经明显，有必要快速告知消费者的，最好采取非人员促销策略；消费品市场买主多而散，主要采用广告宣传和营业推广吸引顾客，而生产资料市场的用户少，而销售额却大得多，所以应以人员推销为主。

（五）企业情况

企业规模与资金状况不同，通常采取的促销组合也不尽相同。一般情况下，小型企业资金力量弱，支付大量的广告费用比较困难，所以多以人员推销为主；大型企业有规模效应，产品数量多，资金雄厚，有能力通过广而告之的形式向消费者施加影响，所以就应该以广告促销为主，人员推销为辅。

9.2 广 告

一、广告的含义和特点

(一) 广 告

1. 广告的含义

广告有广义和狭义之分。广义的广告包括营利性广告（商业广告）和非营利性广告（公益广告）。狭义的广告是指营利性的经济广告，专指商业广告，是指企业广告主付出一定的费用，通过特定的媒体向目标顾客和公众传播商品或劳务等有关经济信息的大众传播活动。本书所讲广告均指商业广告。

从广告的定义可以看出：

(1) 广告对象是消费者，是大众传播有广而告之的意思；

(2) 广告有确定的广告主，即有确定的广告委托人，这使得消费者能了解广告的真正动机，也可以使广告主因广告发挥作用而受益和承担责任；

(3) 广告通过付费的方式，取得广告传播媒体和传播内容的控制权，以保证广告能更好地为广告主的利益服务；

(4) 每一个广告应针对企业目标市场而进行，因此广告要周密策划，才能取得最佳效果；

(5) 广告的目的是为了促进商品或劳务的销售，取得利润。

2. 广告的要素

广告的要素包括广告主体、广告媒体、广告信息、广告费用、广告对象和广告目的等。广告是一种有计划、有营利目的的活动，旨在通过广告宣传增强或改变消费者观念，进而诱发或说服其产生购买行为。

(二) 广告的特点

1. 公众性

广告是一种高度大众化的信息传递方式。广告主可以通过电视、报纸、广播、杂志、网络等大众传媒，将企业的产品或服务等相关信息传递给目标顾客和公众，其公众性和普及性是其他促销方式无法比拟的。

2. 渗透性

广告利用大众传媒，可以多次重复同一信息，使购买者易于接受并比较各企业所传播的信息。在信息时代，这是一种非常高效的促销方式，因此受到众多企业的青睐。

3. 表现性

广告可以借助各种艺术形式、手段与技巧，将企业要传达的信息赋予感情、个性化、戏剧化等，使目标顾客产生情感共鸣，大大增加了说服力与吸引力，可对产品或服务的销售起到强大的助推作用。

4. 非人个性

广告不会像企业的销售人员那样具有个性，受众不会感到有义务去注意或做出反应，广告对受众只能进行独白而不是对话。

二、广告的分类

随着市场竞争的日益激烈与发展，可以根据不同的标准对广告进行不同的分类。

（一）按媒介不同的自然属性划分

1. 印刷媒介广告

印刷媒介广告主要有：报纸广告、杂志广告、招贴广告、图书广告、传单广告、产品目录和组织介绍等。

2. 电子媒介广告

电子媒介广告主要有：电视广告、广播广告、电影广告、网络广告、电子显示屏广告等。

3. 户外媒介广告

户外媒介广告主要指利用路牌、交通工具（如公共汽车、列车、轮船、飞机等公共交通工具）、霓虹灯等户外媒介所做的广告，以及利用热气球等作为媒介的空中广告。

4. 直邮广告

直邮广告是通过邮寄途径将传单、商品目录、订购单、产品信息等形式的广告直接传递给特定的组织或个人。

5. 销售现场广告

销售现场广告主要利用橱窗展示、商品陈列、模特表演、彩旗、条幅、展板形式等而开展广告活动。

6. 数字互联媒介广告活动

数字互联媒介广告主要是利用新闻发布会、体育活动、年历、各种文娱活动等形式而开展的广告活动。

（二）按广告的目的划分

1. 开拓性广告

在产品生命周期的导入期，企业需要引起需求、开拓市场，这时广告的目的是告知消费者，突出新产品的优点，促使消费者进行尝试。

2. 竞争性广告

在产品生命周期的成长期和成熟期，竞争产品出现，为了进一步提高市场占有率，广告的目的是促使消费者对本企业产品进行明确选择。这时往往把广告的重点放在对品质、价格、服务等的宣传上。

3. 维持性广告

在产品生命周期的衰退期，企业要千方百计防止销售出现大幅度滑坡。这时广告的目的是尽量延缓衰退期，维持一定的销售额，并适时提醒消费者不要忘掉这种产品。

（三）按宣传对象划分

1. 产品广告

产品广告以告知产品的名称、性能、优点为主，促使消费者做出购买行为。大部分广告都是以产品为宣传对象的，力求产生直接的和即时的广告效果，提高产品的市场占有率。

2. 企业广告

企业广告是为了树立企业形象，维护企业信誉，提高企业知名度，引起消费者对企业的关注和好感，使他们了解企业的观念和文化所进行的广告。企业广告一般不出现具体的产品形象，是一种战略意义上的广告。

3. 品牌广告

品牌广告是为了树立产品的品牌形象，侧重突出传播品牌的个性，提高品牌的市场占有率为直接目的。

4. 观念广告

观念广告是指企业为了宣传某种思想、主意、观念所进行的广告。

（四）按表现的艺术形式划分

1. 图片广告

图片广告指具有图像画面的广告。

2. 文字广告

文字广告指通过语言文字创作出文案形式的广告。

3. 表演性广告

表演性广告指以其他形式进行艺术表演所表现的广告。

（五）按诉求的性质划分

1. 理性诉求广告

理性诉求广告通常指出产品与接受者个人利益相关的物质特点或提出数学统计分析观点，以激励受众购买行为。

2. 情感诉求广告

情感诉求广告试图使受众产生正面或反面的情感，以激励受众购买行为。

3. 道德诉求广告

道德诉求广告指诉求于受众心目中的道德规范，促使人们产生道德感并付诸购买行为。

讨　论

请分享让你印象深刻的一则广告，并谈谈广告中的哪些因素打动了你。

_____

_____

_____

三、广告媒体

广告媒体是指广告信息的载体，在广告主与广告对象之间架起沟通桥梁的一切物质形式。各种媒体都会对消费者购买产品产生重要的影响。广告活动成功的首要前提是选择恰当的媒体，而要选择恰当的媒体就要了解不同媒体的特性。

（一）广告媒体的类型

随着科学技术的发展，广告媒体的种类也呈现出多样化。主要的媒体有：

1. 报纸媒体

报纸媒体弹性较大、对当地市场的覆盖面广、易于接受、可信度高。但报纸媒体延续时间短、传阅读者少、广告表现力差。

2. 杂志媒体

杂志媒体传播对象明确、读者层稳定、持续时间长、便于查阅、广告表现力强。但杂志媒体灵活性差、传播速度慢、不及时、覆盖面窄、刊登位置没有保证。

3. 广播媒体

广播媒体覆盖面广、不受空间距离的限制、地区和人口选择性强、成本低。但广播媒体时间短、声过即逝、广告表现力差。

4. 电视媒体

电视媒体是最主要的现代化广告媒体，其优点是声音形象兼备、感官吸引力大、覆盖面广、收视率高、能反复播放。其缺点是成本高、广告混杂、展示单位时间短、观众选择性小。

5. POP 广告媒体

POP 是英文 Point of Purchase 的缩写，是指销售现场广告，如店面广告，包括招牌、橱窗、招贴画、商品陈列等。POP 广告媒体能集中提供信息，具有较强的刺激力，但影响范围较小。

6. 户外广告媒体

户外广告媒体是指在建筑外表或街道、广场等公共场所设立的霓虹灯、广告塔、广告牌、海报等。户外广告面向的是所有观众，难以选择具体的目标对象，但可以在固定场所长时期地展示企业的形象与品牌，以便提高企业的知名度。

7. 流动实体广告媒体

流动实体广告媒体是指在有效时空以流动实体为载体的广告，如各种交通工具上的广告等。

8. 互联网媒体

互联网媒体又称网络媒体，是指以互联网作为刊载广告的媒体。互联网媒体整合了报纸、广播、电视三大媒介的优势，实现了文字、图片、声音、图像等传播符号和手段的有机结合。随着信息化的高速发展，互联网的广告作用越来越大，广告效果也越来越好。

（二）广告媒体的选择

每种媒体都有其自身的优缺点，一般对媒体优劣的分析只能当作选择媒体时的参考。企业在选择广告媒体时不仅应根据自身情况具体分析，还应注意考虑以下因素。

1. 产品的性质

不同类型的产品有不同的消费者和销售特点，因而不同的广告表现要求选用适宜的媒体。通常，对高技术产品进行广告宣传，面向专业人员，多选用专业性杂志；而对一般生活用品，则适合选用能直接传播到大众的广告媒体，如广播、电视等。

2. 目标对象的媒体接触习惯

企业在选择广告媒体时，首先要考虑与其产品购买对象的媒体接触习惯，只有选择目标对象常接触的媒体，才能达到更好的广告效果。例如，对儿童用品的广告宣传，宜选电视作为媒介；对妇女用品进行广告宣传，宜选用妇女喜欢阅读的女性杂志或电视，也可以在商店布置橱窗或展销。

3. 竞争对手的特点

竞争对手的广告战略与策略，包括广告媒体的选择情况和广告成本费用情况，对企业的媒体工具选择有着显著影响。比如，选择与竞争对手相同的媒体，用以削弱对方的广告效果，或者采用迂回战术，采用与之不同的其他媒体渠道。

4. 广告成本

不同媒体所需广告成本是影响企业广告媒体选择的重要因素。但媒体广告成本的差异不是绝对成本数字的差异，而是目标沟通对象的人数构成与成本之间的相对差异。所以企业在确定具体的媒体对象时，要综合考虑，尽量以最少的费用取得最佳的广告效果。

9.3　人员推销

一、人员推销的含义及要素

（一）人员推销的含义

人员推销是指企业的推销人员直接和顾客或潜在顾客接触、洽谈、宣传介绍商品，以达到促进销售目的的活动过程。这是一种最古老的推销方式，在工业用户市场使用最多。

（二）人员推销的要素

人员推销的基本要素包括推销人员、推销对象和推销商品。其中，推销人员和推销对象是推销活动的主体，推销商品是推销活动的客体。人员推销是通过人员与推销对象之间的接触、洽谈，将推销商品推销给推销对象，从而达成交易，实现既销售了商品，又满足顾客需求的目的。人员推销比较适用于推销性能复杂的产品。当销售活动需要更多的解决问题和说服工作时，人员推销是最佳选择。说服和解释能力在人员推销活动中尤为重要，直接影响推销效果。

二、人员推销的特点

人员推销是一种有效的直接推销方法，有其他促销方式不可替代的优势，具体特点表现如下：

（一）信息传递的双向性

在推销过程中，销售人员一方面把企业信息及时、准确地传递给目标顾客，达到招徕顾客、促进销售的目的；另一方面把市场信息、顾客的要求、意见及建议反馈给企业，为企业调整营销方针和政策提供依据。

（二）推销目的的双重性

人员推销的目的不仅是为了推销商品，更重要的是帮助顾客解决问题，满足顾客多样化需求，建立起良好的关系，容易培育出忠诚顾客，积累更多的稳定客户，实现企业的长期发展。

（三）推销过程的灵活性

推销人员通过交谈、观察顾客的言行和心理，抓住有利时机或相应调整推销技巧，因而其成交迅速，成功率高。

三、人员推销的形式

（一）上门推销

上门推销是最常见的人员推销形式。它是由推销人员携带产品的样品、说明书和订单等走访顾客，推销产品。这种推销形式可以针对顾客的需要提供有效的服务，方便顾客，因此被顾客广泛认可和接受。此种形式是一种积极主动的、名副其实的"正宗"推销形式。

（二）柜台推销

柜台推销，又称门市推销，是指企业在适当地点设置固定的门市，由营业员接待进入门市的顾客，推销产品。门市的营业员是广义的推销人员。柜台推销与上门推销正好相反，它是等客上门式的推销方式。由于门市里的产品种类齐全，能满足顾客多方面的购买要求，为顾客提供较多的购买选择，并且可以保证商品安全无损。因此，顾客比较乐于接受这种方式。柜台推销适合于销售零星小商品、贵重商品和容易损坏的商品。

（三）会议推销

会议推销是指利用各种会议向与会人员宣传和介绍产品，开展推销活动。例如，在订货会、交易会、展览会和物资交流会等会议上推销产品均属会议推销。这种推销形式接触面广、推销集中，可以同时向多个推销对象推销产品，成交额较大，推销效果较好。

（四）电话推销

电话推销是推销人员通过电话向潜在客户展示产品或服务，以达到获取订单、成功销售的目的。这种方法在用以联系距离较远的顾客，或为现有顾客服务方面有一定的优势，因为推销人员可以坐在办公室里开展业务，扩大销售，减少出差和旅行方面的费用。

（五）互联网推销

互联网推销是利用互联网技术和平台构建基于网络的虚拟市场，向目标顾客开展产品或服务销售的经营活动。通过互联网，企业可以开展一系列经营活动，如信息发布、网址推广、销售促进、建立品牌、渠道建设、网上调研、顾客服务等。

四、人员推销的步骤（见图 9-3）

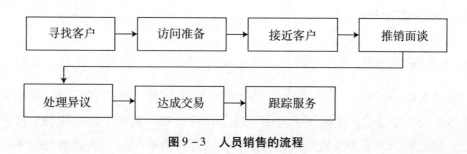

图 9-3　人员销售的流程

（一）寻找客户

推销人员在推销商品和服务的过程中，要善于从市场中挖掘和发现新的、潜在的顾客需求，捕捉企业新的市场机会。

（二）访问准备

在拜访顾客之前，推销人员需要事先研究，尽可能了解销售对象等人或企业的情况。

（三）接近顾客

接近顾客是指推销人员直接与顾客发生接触，以便成功地转入推销面谈。

（四）推销面谈

推销面谈是指推销人员运用各种方法说服顾客购买的过程。

（五）处理异议

顾客异议指顾客针对销售人员提示或演示的商品或劳务提出的反面意见和看法。处理顾客异议是推销面谈的重要组成部分。

（六）达成交易

达成交易是顾客购买的行动过程。推销人员应把握时机，促成顾客的购买行为。

（七）跟踪服务

跟踪服务是指推销人员为已购商品的顾客提供各种售后服务。

人员推销各阶段的工作不是完全独立的，是连续和并存的，也是相互交织和渗透的。

五、人员推销策略

（一）试探性策略

试探性策略，也称"刺激—反应"策略，是在不了解顾客的情况下，推销人员运用刺激性手段引发顾客产生购买欲望的策略。这种策略一般用于初次接触。推销人员事先设计好能够引起顾客兴趣的试探性语言，观察对方的反应，然后根据顾客的实际反应采取具体的应对措施，并进一步刺激，再观察反应，以了解顾客的真实需求，诱导其产生购买动机，实现买卖交易。

（二）针对性策略

针对性策略，也称"配方—成交"策略，是指推销人员在基本了解顾客的某些情况的前提下，有针对性地进行产品宣传，介绍其特性和用途，以引起顾客的兴趣和好感，从而达成交易的目的。这种策略多用于洽谈过程中，推销人员在事前要根据掌握的顾客信息，判断顾客的喜好，设计好推销语言，有的放矢地介绍产品，劝其发生购买行为。

（三）诱导性策略

诱导性策略，也称"诱发—满足"策略，是指推销人员运用能够刺激顾客某种需求的说服方法，诱导顾客采取购买行为的一种策略。这种策略是一种创造性推销策略，对推销人员要求较高，要求推销人员能因势利导，诱发、唤起顾客的需求；并能不失时机地宣传介绍产品的效用，说明所推销的产品正好能满足顾客的需求，以诱导顾客购买。

六、推销人员队伍的建设与管理

（一）推销人员队伍组建

（1）建立企业自己的销售队伍，使用本企业的推销人员来推销产品。

（2）通过合同使用专业的推销人员或机构。

（3）雇用兼职的推销员。

（二）推销人员组织结构

按不同的功能结构，推销人员的组织结构可分为：

1. 地区结构式

即每个（组）推销人员负责一定地区的推销业务。该结构适用于产品和市场较单纯的企业，推销员的责任明确，可对所管地区销售额的增减负责；可鼓励推销员与当地的企业和个人建立固定联系，从而有利于提高推销效率；差旅费用较少。

2. 产品结构式

即每个（组）推销人员负责一种或几种产品的推销业务。当产品种类繁多，而且产品的技术性较强时，可采用该结构。

3. 顾客结构式

根据顾客的行业、规模、分销渠道的不同而分别配备推销人员。

4. 综合结构式

以上几种的综合组织。

（三）推销人员的考核

为了加强对推销人员的管理，企业必须对推销人员的工作业绩进行科学、合理的考核与评价。推销人员业绩考评结果，既可以作为分配报酬的依据，又可以作为企业人事决策的重要参考指标。具体可以分为日常考核和阶段性考核。

考评方法：

（1）业绩评定，如对推销计划的执行情况与新增加的客户数量的评定。

（2）业绩比较，包括纵向和横向比较，既与推销人员过去的业绩进行比较，也与现在同事的业绩比较。

（3）素质评估，它是对推销人员的气质、性格、仪表、风度、言谈、心理水平的评估。

（四）推销人员的激励

对推销人员的激励分为经济激励和精神激励两类。

经济激励主要体现在推销人员的经济收入上，如工资级别、奖金、提成甚至于企业股权。

精神激励主要体现在荣誉方面，如表扬、职位晋升、授予荣誉称号等。

激励还可分为正激励和负激励，奖励属于正面激励，惩罚属于负面激励。

讨 论

推销人员是不是人人都可以做呢？什么样的人才是优秀的推销人员？

9.4 营业推广

一、营业推广的含义和作用

（一）营业推广的含义

营业推广是指在产品直接面向消费者卖出的过程中，企业为了从正面刺激消费者的需求而采取的各种促销措施，如有奖销售、直接邮寄、赠送或试用"样品"、折扣销售、捆绑销售、体验活动等。其特点是可以有效地吸引顾客，刺激顾客的购买欲望，能在短期内收到显著的促销效果。不仅如此，在新媒体时代，营业推广还可以通过找到产品特性和卖点、消费者特质和兴趣点，以声音、视频、文字为传递元素，通过触觉、视觉、听觉、嗅觉等完成信息的传达。其目的就是把产品或服务信息，传递给消费者，让消费者觉得产品值得买。这个过程需要通过数据反馈进行不断优化调整，才能找到更适合自己的推广方式。微信、抖音这些都是免费的推广渠道，还可以使用在微博、小红书和抖音等进行推广，善于运用大的平台渠道，会让营业推广事半功倍。

（二）营业推广的作用

1. 吸引消费者购买

营业推广的首要目的就是吸引消费者，促成购买，尤其是在推出新产品或吸引新顾客方面，由于营业推广的刺激比较强，较易吸引顾客的注意力，使顾客易在了解产品的基础上采取购买行为，也可能使顾客追求某些方面的优惠而使用产品。

2. 奖励品牌忠实者

营业推广可以采取销售奖励、赠券等多种方式，加之价格上的让步与折扣，且直接受惠者大多是经常使用本品牌产品的顾客，因此他们更乐于购买和使用本企业产品，进而巩固了企业的市场占有率。

3. 实现企业营销目标

营业推广实际是通过广告宣传的效果，吸引消费者购买，并通过奖励品牌忠实者，获得忠实的顾客，以达到企业产品销售的最终目的。

二、营业推广的方式

（一）面向消费者的营业推广方式

以消费者为对象的营业推广方式促销的对象是最终购买者，因此是最直接的促销方式，使用频率也很高。使用这种方式可以留住老顾客、吸引新顾客，以及动员顾客购买新产品或更新设备，引导顾客改变购买行为习惯，或培养顾客对本企业的偏爱等。具体常用的推广方式有赠送样品、优惠券、减价优惠等。

1. 赠送样品

赠送样品有利于介绍、推销新产品。

2. 优惠券

优惠券有利于刺激消费者使用老产品，也可以鼓励消费者认购新产品。

3. 加量不加价

加量不加价和赠送样品非常相似，该方式是在产品出厂之前，将赠送的产品装在包装内，以未加量的价格出售，以顾客能以同样价格买到更多的产品。

4. 提供赠品

提供赠品有利于刺激高价商品的销售。

5. 以旧换新

以旧换新主要是为了回馈和稳住老顾客，并吸引新顾客。

6. 商品展销

商品展销有利集中消费者的注意力，刺激消费者的购买欲望。

7. 减价优惠

减价优惠有利于维系与企业关系密切的老顾客，并吸引一定的新顾客。

8. 示范表演与演出

企业为促进销售，向消费者进行产品使用的示范性表演，或者为了酬谢消费者举办专场免费演出。

拓展阅读　隐形的推广模式：免费

免费经济学，最早是克里斯·安德森提出的。他是《长尾理论》一书的作者，他的另一本书《免费》和《长尾理论》一样撼动了整个互联网业。雷军把这两本书，称为互联网的理论基础用书。在克里斯看来，免费，是指将免费商品的成本进行转移，比如转移到另一个商品，或者后续服务上。免费的真正精髓，其实是一个"二段收费"：

第一段，是某些企业先用钱，购买了你的注意力，你的朋友圈关系，你未来的需求等等。

第二段，你再拿着这些钱，去购买"免费"的产品。

这也是为什么很多人一提起免费，就会说：羊毛出在猪身上，让狗买单。

运用场景1：交叉补贴。

如果你想得到的，是用户以后持续的重复购买，那你就可以把这个产品的基座免费。比如免费剃须刀架、免费租用专业打印机。这些所谓的免费，只是消费者用钱购买了他以后买耗材的可能；他再用钱买了你的刀架、你的打印机。

运用场景2：先免后收。

如果你想得到的，是用户对于高端产品的购买需求，那你就可以把低端版本免费。比如视频网站基本服务免费，但你想同步收看热播电视剧，请付费；大部分云服务中的基础服务是免费的，但你的东西不够放了？想要更大的空间，请付费。还有就是阅读文章片段免费，阅读全文收费；带广告免费，去广告收费；低质量MP3免费，高质量MP3收费；网络内容免费，打印出来收费等。

这些所谓的免费，只是你用钱购买了他以后买你高端产品的可能；他再用钱买了你的基础视频服务、基础云服务等免费服务。

运用场景3：三方市场。

如果你想得到的，是用户的注意力、行为习惯、人际关系，那你就可以把一部分产品免费。比如你把微信公号的文章免费，再在公号上做广告向第三方收费等。这些所谓的免费，只是你让第三方用钱购买了用户的注意力、用户的人际关系。

免费，就是将免费商品的成本进行转移，天下没有免费的午餐。所有的"免费"，都是"二段收费"（见图1）。

那么，应该怎么实践免费的商业模式呢？记住三点：

（1）交叉补贴。

（2）先免后收。

（3）三方市场。

图1　免费推广模式漫画

怎样理解"免费"这种推广模式?

_____

_____

_____

（二）面向中间商的营业推广方式

把产品卖给消费者的是中间商,在终端逐渐下沉的渠道发展趋势下,企业应通过各种促销策略提高中间商的积极性,带动终端消费的提升。具体的推广方式有交易折扣、推广津贴、销售竞赛等。

1. 交易折扣

交易折扣有利于刺激、鼓励中间商大批量购买本企业产品。

2. 推广津贴

推广津贴有利于刺激中间商为本企业产品进行广告宣传,带动终端消费。

3. 销售竞赛

销售竞赛有利于在中间商中形成竞争氛围,刺激其帮助企业完成销售目标。

4. 特许经营

特许经营有利于培养与企业志同道合的经销商。

（三）面对推销人员的营业推广方式

面对推销人员的营业推广方式主要是针对企业内部的销售人员，通常与企业的管理制度结合在一起，或是鼓励他们热情推销产品或处理某些老产品，或促使他们积极开拓新市场。面对推销人员的营业推广方式有红利提成、销售人员培训、销售人员竞赛等。

三、营业推广的策划与实施

（一）确定营业推广的目标

营业推广目标的确定，就是要明确推广的对象是谁，要达到的目的是什么。企业应根据目标市场的特点和整体策略来制定促销目标，短期目标和长期目标的方向一致。在消费者方面，促销目标包括鼓励消费者更多地使用产品和促使其大量购买，争取未使用者试用，吸引竞争者品牌的使用者等；在中间商方面，促销目标包括吸引中间商经营新的商品品目和维持较高水平的存货，鼓励中间商购买过季商品，建立中间商的品牌忠诚和获得进入新的销售网点的机会等。

（二）选择营业推广的工具

（1）市场类型。不同的目标市场类型对促销工具有不同的要求。

（2）营业推广目标。特定的营业推广目标往往对促销工具的选择有着较严格的条件要求和制约，从而规定着促销组合选择的可能范围。

（3）竞争环境。包括企业本身在竞争中所具有的实力、条件、优势与劣势及企业竞争者的数量、实力、竞争策略等因素的影响。

（4）促销预算及每种推广工具的预算。

（三）制定营业推广方案

在制定营业推广方案时，要注意以下几点：

1. 激励程度

要使推广取得成功，一定程度的刺激是必要的，首先是要找出刺激的最佳方式，即费用最低、效率最高。

2. 营业推广的激励对象

确定营业推广的激励对象是面向目标市场的每一个人还是有选择的某类团体。

3. 营业推广的媒介

营销人员还要研究通过什么媒介才能使尽可能多的激励对象参与到推广中，以达到理想的效果。

4. 营业推广的期限

营业推广的时间安排必须符合整体策略，即与其他经营活动相协调，以免出现脱节现象。企业要利用最佳的市场机会，既要有"欲购从速"的吸引力，又要避免草率从事。

5. 确定推广时机

营业推广的市场时机选择很重要，如季节性产品、节日、礼仪产品，必须在季前节前做营业推广，否则就会错过了时机。

6. 确定营业推广的预算

营业推广预算的方法有两种：一是先确定营业推广的方式，然后预算总费用；二是在一定时期的促销总预算中，拨出一定比例用于营业推广。第二种方法较为常用。

（四）实施和控制营业推广方案

营业推广方案是在经验的基础上确定的，需要进行必要的实验来检验推广工具的选择是否适当，刺激程度是否理想，实施方法的效率如何等。实施的期限包括前置时间和销售延续时间。前置时间是从开始实施这种方案前所必需的准备时间。销售延续时间是指从开始实施到大约95%的采取此促销办法的商品已经在消费者手里所经历的时间。在实施中，要有相应的监控机构密切注意和测量市场反应，并及时进行必要的推广范围、强度和重点的调整，以顺利实现预期的目标。

（五）评估营业推广的效果

在营业推广活动结束后，应立即对其效果进行评估和总结，它是一项重要而又困难的工作。效果评估最普遍的方法是比较推广前、推广期间和推广后的市场份额变化。此外，营销人员也可以采用消费者调研的方式来了解他们如何看待这项推广活动，有多少人从中得益，这项活动如何影响他们后来的品牌选择行为等等。

9.5 公共关系

一、公共关系的含义和作用

(一) 公共关系的含义

公共关系又称为公众关系，简称公关。公共关系是指企业为了使公众理解企业的经营方针和策略，有计划地加强与公众的联系、建立和谐的关系、树立企业信誉而开展的记者招待会、周年纪念会、研讨会、表演会、赞助、捐赠等信息沟通活动。

公共关系着眼于企业长远利益，目的是为企业营造对企业信任的公共环境，而不是为具体的企业产品或服务创造需求。因此，公共关系不以具体产品为导向，而重点关注企业及品牌形象。

(二) 公共关系的作用

企业作为社会组织的重要组成部分，其公共关系的好坏直接影响着企业在公众心目中的形象、影响着企业市场营销目标的实现。从市场营销角度来讲，公共关系有如下作用。

1. 直接促销

企业的公共关系活动可在新闻传播媒介中获得不付费的报道版面或播放时间，从而实现企业特定的促销目标。

2. 间接促销

企业在把社会利益和公众利益放在第一位，并不断提高产品质量和服务质量的前提下，通过有计划地、持续不断地传播与沟通、交往与协调、咨询与引导等公共关系的职能活动来不断提高信誉和知名度，不断塑造优良的企业形象和产品形象，赢得公众的理解和信任。企业生产的产品形象好、信誉高，必然会提高吸引力和竞争力，进而间接地促进产品销售。

3. 有效管理

公共关系是企业和相关社会公众之间的一种双向信息沟通活动，是创造"人和"的艺术。公共关系追求的是企业内部和企业外部人际关系的和谐统一。企业通过公共关系活动听取公众意见，接受公众监督，有利于帮助企业树立良好的形象，在竞争中占据主动地位，从而防止和缓和企业与内部和外部公众之间的各种矛盾，真正获得谅解、协作和支持，以达到"内求团结、外求发展"的目的。

二、公共关系的对象

（一）个体公众

个体公众（即消费者）是企业公共关系最重要的对象，也是企业促销的根本购买者。企业要运用公共关系加强与个人公众的沟通，为个体公众提供公益服务。

（二）社会团体

社会团体包括学校、医院、科研机构、公益事业单位、社团等。社会组织对个人具有强大的约束力和影响力，是企业公共关系的重要对象。企业要运用公共关系与社会组织保持良好的互助关系，以促进销售。

（三）新闻传媒

新闻传媒承担着传播信息、引导舆论和提供娱乐的社会职能，因此企业必须充分利用传播媒体为其服务。

（四）政　府

企业的生存和发展离不开政府的支持和帮助。政府是政策、法律、法规的制定与执行者，具有很高的权威性。政府对企业的态度会极大地影响公众的看法，也会直接影响企业营销活动的开展。因此，政府是企业公共关系的重要对象。

（五）相关企业

相关企业主要是与本企业有经济业务往来的企业及相关竞争企业。企业必须和它们进行有效的沟通，树立起良好的企业形象，以便企业营销活动能够顺利进行。

讨　论

公共关系对营销有什么作用？请分享你学到、看到或听到的公共关系营销的案例。

_____

_____

_____

三、公共关系促销的形式

公共关系活动的目的是提升企业形象，促进产品销售。公共关系促销的形式主要有以下四种。

（一）公共宣传

公共宣传是利用报纸、杂志、广播、电视等各种宣传途径、宣传方式向社会传播企业相关信息，以形成有利的社会舆论，创造良好的活动气氛，提高企业知名度。公共宣传具有真实性和可信性，其宣传材料的新奇性和趣味性能使宣传效果得到最大化。

（二）服务活动

服务活动是指企业向社会公众提供各种附加服务和优质服务的公共关系活动。比如，通过消费咨询、免费维修等形式，使社会有关人员获得服务性的实惠，增加社会各界对企业信誉的深刻体验。这种活动方式的目的在于以实际行动提高公众满意度，从而实现企业形象的提升。

（三）主题活动

主题活动是与公众面对面直接接触的沟通形式，在人际交往中开展公关活动，达到建立良好关系的目的。比如，企业可采用庆典、仪式、座谈会、招待会、茶话会、专访、慰问、节日祝贺等形式，为企业广结良缘。由于公众在主题活动中能够亲身感受到企业的真实形象，所以企业应该事先精心策划以发挥其影响力。

（四）赞助活动

赞助活动是通过赞助文化、教育、体育、卫生等事宜，支持社区福利事业，参与国家、社区重大社会活动等形式，充分表达企业对社会的一份责任和一片爱心，扩大企业的社会影响力。

 **拓展阅读** **打造精品公关公司，脉奥公关是怎么做的？**

众所周知，广告强调品牌洞察，公关强调社会洞察。但是，在碎片化的时代，尽管有精准化投放的大数据协助，往往因为信息的琐碎导致广告投放效果大打折扣。如何让一款产品更精准而有效地触达目标消费者，这就需要利用公关的力量。而脉奥公关就是这样一家熟悉国内社会媒体环境，能为客户提供定制化有效方案的精品公关公司。

脉奥公关隶属于 My Center，成立于 2013 年，由专注于服务快速消费品客户的 MY-ALL 脉奥公关和专注于互联网游戏领域的 MYRAY 美莱文化组成，以专注、专业、专心的服务帮助众多国内外知名企业推广产品、树立品牌形象。

学业有专精，术业有专攻。My Center 专注于快消、化妆品、游戏业务，拥有雄厚的明星资源、媒体资源和 Digital Social Media 资源，为客户提供包括品牌战略、媒体传播、"双微"运营、H5 及小程序开发制作、网络营销、危机公关、舆情监测、活动管理、企业社会责任、CEO 形象管理、公共事务等专业服务。多年来培养出了众多具备高度专业能力的公关从业人员，对快速消费品、化妆品、游戏业务有较深理解，相关业务做透做精，跳脱传统的公关业务模式，加入广告行业效果监测功能，为每一分传播预算提供效果评估报告，赢得了甲方客户一致好评，打造了一个又一个爆款案例：

1. L'Occitane 欧舒丹正式宣布签约某新生代偶像为品牌代言人

2017 年 5 月，法国殿堂级植物护肤品牌 L'Occitane 欧舒丹正式宣布签约亚洲实力偶像 A 成为欧舒丹年度品牌代言人，当真实温暖的欧舒丹品牌，遇见了同样真实温暖的新生代亚洲实力偶像 A，凭借明朗温暖的外形与全能多才的音乐舞技，引领潮流风向标；他是不忘初心的正能量榜样，身体力行，助力各项公益与慈善事业；他是真实不羁的北京爷们，用他那白羊座独有的爽朗与真诚，化开所有粉丝的心。这一切，正如欧舒丹品牌，40 多年来一直坚持用独有的"普罗旺斯慢生活"哲学，化开所有人的压力与烦恼；用优质的法国全进口产品带来舒适体验与愉悦芬芳，开启真实温暖、纯净快乐的法式浪漫。代言人与品牌可谓十分契合。当时正值鹿晗回国后首部作品《择天记》热播之际，My Center 围绕"樱你而真"传播主题，围绕代言人，深入饭圈进行粉丝经营，取得了巨大的带货效应，8 万套限量礼盒发售当日售罄。

2. SOFINA 苏菲娜签下某新生代演员为品牌大使

在《陈情令》热播之际，My Center 火速为花王集团旗下高端护肤品牌 SOFINA 苏菲娜签下某新生代演员为品牌大使 B，该品牌大使以纯粹干净，活力清朗的性格，代言 SOFINA 苏菲娜，作为日本花王旗下人气品牌，以"皮肤科学"为基础、以"素肌之美"为目标，尽力做到使顾客真实感受到的优越品质，并且不停执着地追求"安全性"，这与剧中的人物性格有共通之处，因此 My Center 为本次公关传播打造了"邂逅肌肤理想型，感受美肌活力"的品牌理念，并凭借《陈情令》的巨大热度，以及粉丝经营的带动，为品牌获得认知度和销量双丰收。

3. 网易游戏《我的世界》开发者大会公关传播策略

为网易游戏《我的世界》开发者大会项目提供的公关传播策略，则更是体现出 My Center 细腻的洞察力。作为《我的世界》开发者大会现场年龄最小的创造者，这款风靡全球的沙盒游戏，选某体育明星之女 C 作为公关传播大使。《我的世界》自由创造的玩法，不仅能激发孩子的想象力，在寓教于乐方面也有着独特的意义。现在，一些家长不反对孩子玩《我的世界》，更将游戏作为一种奖励，用这种方式鼓励孩子更好学习。而促成这一次的合作，仅仅是公关公司和艺人团队的一次闲聊，可见专业公关从业者的敏感度有多细致。

小 结

在任务九中，我们首先学习了促销与促销组合，包括促销的含义、分类和特征，促销组合的方式有人员推销、广告营业、公共关系等，影响促销组合决策的因素有促销目标、产品类型、产品生命周期、市场情况等；其次，我们学习了广告，包括广告的含义、特点、分类，广告媒体的类型及选择；然后，我们学习了人员推销，包括人员推销的含义、要素、特点、形式、步骤、策略，以及推销人员队伍的建立与管理；接着，我们学习了营业推广的含义、作用、方式、策划与实施；最后，我们学习了公共关系的含义、对象，以及公关系促销的形式。本任务中，主要是让学生掌握促销的基本工具以及如何在实际工作中运用。

课后思考

1. 有人说，我们的世界由空气、水和广告构成。毫不夸张地说，广告无处不在，潜移默化地影响着我们的购买行为和消费观念。请分享一个打动你的广告或者一个让你印象深刻的广告，说说你认为的好广告的标准是什么。

2. 政客需要营销自己去赢得职位，企业需要营销产品获得顾客进而实现企业利润，职场人士需要营销自己获得高薪水、高职位，假设你是马上面临就业的学生，需要营销自己获得好的工作，请你谈一谈，应该如何营销自己，从哪些方面入手更好的营销自己。

3. 有人说新媒体出现后将替代传统媒体，而用传统媒体进行营销推广的方式将不再会被企业用到，你是否同意这个观点？

4. 你认为网络上，如 B 站、小红书、抖音上很多 UP 主所谓的"开箱测评"，是否是一种新潮的人员推销方法？

第五部分
DIWU BUFEN

拓展市场营销

任务十　市场营销规划与管理

 **学习目标**

（1）掌握市场营销规划的概念、作用和类型；

（2）掌握制定竞争性市场营销战略的步骤和方法；

（3）掌握市场营销管理的具体内容；

（4）了解企业社会责任，熟悉企业市场营销的负面清单；

（5）了解企业市场营销的未来发展方向。

 **引　言**　**将企业社会责任融入市场营销规划和管理中**

企业社会责任是指企业在创造利润、对股东和员工承担法律责任的同时，还要承担对消费者、社区和环境的责任，企业必须超越把利润作为唯一目标的传统理念，强调要在生产过程中对人的价值的关注，强调对环境、消费者、对社会的贡献。

对于企业而言，践行社会责任不是选答题，而是必答题。企业社会责任只有融入企业愿景、融入市场营销规划与管理、融入市场营销战略，才能到实处。企业只有具备强烈的责任感与使命感，以助力社会发展为己任，超越传统的经济利益最大化的思维，将个人利益、企业经营融入社会的整体利益之中，才能得到社会各方的信任与尊敬，才能实现更大的发展。

新时代要有新责任、新担当。对民族企业、大国品牌而言，走多远路，就需要担当多大的企业社会责任。我们欣喜地看到，不少企业社会责任意识不断深化，已经将社会责任融入市场营销规划当中，企业与所承担的社会责任一同成长。"不忘初心，牢记使命"，企业将社会责任融入企业自身发展之中，实现经济效益与社会效益有机统一，一定会迎来更大的发展空间、更持续健康的未来。

讨　论

企业可以从哪些方面积极承担社会责任？企业怎样将社会责任融入市场营销规划与管理中？

_____

_____

_____

10.1　市场营销规划概述

一、市场营销规划的概念

市场营销规划是指企业为实现既定的战略目标而设计的一定时期内市场营销活动的总体行动方案，可以说是市场营销的指导性文件。作为企业战略规划的基础和重要组成部分，市场营销规划着眼于企业的经营结构、资源实力以及营销目标，通过集中分析其营销环境状况，发掘企业机会，预测市场风险，寻求企业内部管理与外部环境的动态平衡。

二、市场营销规划的作用

（一）市场营销规划有利于企业提升营销活动的预见性、避免盲目性，以及规避风险

科学合理的市场营销规划可以减少不必要的投入，及时规避潜在的风险。凡事预则立不预则废。市场营销作为企业最重要的活动之一，自然需要积极有效的规划。而积极有效的规划能够提升企业的市场敏感度和信息洞察的敏锐力，从而提高企业营销活动的预见性；能够避免市场活动的盲目性，减少不必要的投入，从而减少资源浪费，甚至能及时规避潜在的风险。

（二）有利于企业内部资源整合，积极调动、协调各部门之间的合作

市场营销规划作为市场营销的指导性文件，是整个企业的行动指南。只有制订积极有效的市场营销规划，企业的决策者、管理者、执行者才知道如何整合资源、配置人员、协调开展工作，从而让市场营销活动乃至企业的正常运作有制度保障和规则支

撑。在有序的基础上，营销活动才会有提高效率的机会，而效率，是企业管理永恒的目标指向。

（三）市场营销规划是其他相关职能规划的基础

企业除了市场营销部门，还有其他诸多职能部门，如财务、生产、研发、人事等等。而市场营销部门的中心地位的确立是现代企业管理不可逆转的趋势。因此，诸如财务规划、生产规划、技术规划以及人事规划等都需要围绕市场营销规划开展。

三、市场营销规划类型

（一）短期规划

市场营销短期规划指企业编制执行的关于企业市场营销发展为期 1 年或 1 年以内的计划。它可以包括年度计划，上、下半年度计划，季度计划；也可以包括月度计划、周计划等。短期计划既是贯彻实现中、长期计划的具体执行计划；又是发展企业市场营销的行动计划，即它是月度计划、周计划等层面的行动指南。

（二）中期规划

市场营销中期规划指企业编制执行的关于企业市场营销发展为期 5 ~ 10 年的计划，一般为期 5 年。这一阶段的规划主要是企业市场份额的增长速度、比例关系、规模；同时市场营销短期规划还要关注产品更新、研发，新的市场领域的开拓等。

（三）长期规划

市场营销长期规划属于企业战略规划的一部分，是企业组织在市场营销层面较长时期（通常为 5 年以上）的发展方向和方针，规定市场营销在较长时期内应达到的目标和要求，绘制市场营销长期发展的蓝图。这一阶段需要关注市场营销的长足发展、品牌打造、企业的社会影响等。

 讨　论

结合企业制订市场营销规划，请你根据自身情况做一个中期的职业生涯规划。

10.2 制定竞争性市场营销战略

竞争性市场营销战略是指企业从探讨竞争性市场营销战略的角度，分析竞争者，即识别、评估以及选择主要竞争者。企业制定竞争性市场营销战略，即企业面对竞争者如何进行定位，争取获得最大的竞争优势。

一、竞争者分析

为了制定有效的竞争性市场营销战略，企业需要尽可能多地了解有关竞争者的情况。具体包括竞争者的营销战略、产品、价格、渠道和促销等方面选择和使用的策略，并与之进行对比分析，发现自己具有潜在竞争优势和劣势的领域。如图 10 - 1 所示，进行竞争者分析，首先要识别和评估竞争者，然后选择可以攻击或规避竞争者的地方。

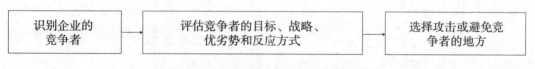

图 10 - 1 企业竞争者分析及应对策略

（一）识别竞争者

狭义的竞争者，是指以相近的价格向同一群体的顾客提供类似产品或服务的其他企业。广义的竞争者，是指所有生产相同产品或类似产品的企业。如以电视机为例，索尼、长虹、夏普、金星等众多产品之间的互为品牌竞争者；航运和客运是以不同的方法满足消费者同一需要的属类竞争者；消费者想要选择一种万元消费品时，他所面临的选择就可能有电脑、电视机、摄像机、出国旅游等，这之间的竞争关系属于愿望竞争者，等等。在商业竞争中，企业可能面对的是包括所有彼此争夺顾客手中钞票的更为广泛的竞争者。如：某酒店可能认为自己不仅是与其他酒店竞争、与其他任何为疲劳的旅行者提供住宿的人竞争，甚至还包括与提供游轮、夏日别墅以及出国度假等旅行和休闲服务的企业竞争。

企业可以从行业的角度识别竞争者，认为自己从事的是石油行业、药品行业或饮料行业。如果一个企业想要成为行业内有效的参与者，就必须了解该行业的竞争类型，如从行业的角度来看，百事的竞争者是可口可乐、七喜等其他品牌的所有者；企业也可以从市场的角度来识别竞争者，将竞争者定义为那些试图满足相同顾客需求或企图与相同顾客建立关系的企业，如：顾客想要"解渴"，这种需求可以通过瓶装水、能量饮料、果汁、冰茶以及其他液体饮料来满足。谷歌曾一度将自己的竞争者界定为其他搜索引擎供应商，诸如雅虎等。现在，谷歌对其在数字世界服务的网上和移动需求有更加开口的视野，它开始提防诸如苹果、三星、微软，甚至亚马逊、脸书等以往不可能的竞争者。总之，竞争的市场观念使企业在定义实际和潜在竞争者时具有更为广阔的眼界。

讨 论

从竞争的角度看企业制订竞争性市场营销规划有什么样的意义？

_____

_____

_____

（二）评估竞争者

在识别主要竞争者之后，企业营销管理者需要明确竞争者的目标、识别竞争者的战略、评估竞争者的优势和劣势、评估竞争者会采取的行动。

1. 明确竞争者的目标

每个竞争者都有竞争目标。企业需要知道竞争者对当前盈利性、市场份额、现金流、技术领先性、服务领先性和其他目标的相对重视程度，关注其竞争者在不同细分市场的目标。如果企业发现某些竞争者开拓了一个新的细分市场，这可能就是一个机会；如果发现竞争者正计划进军目前由本企业提供服务的细分市场，企业必须警觉并提前做好应对措施。

2. 识别竞争者的战略

识别竞争者的战略就是需要了解各个竞争者如何向顾客传递价值，即了解每个竞争者的产品质量、特征和组合、顾客服务、价格策略、渠道网络、销售人员战略、广告和促销方案，以及网上和社交媒体方案。企业需要了解主要竞争者的研发、制造、采购、财务以及其他战略的细节。

3. 评估竞争者的优势和劣势

企业可以通过二手数据、个人经历和口碑，或者是通过数据服务机构收集信息，了解竞争者的优势和劣势，还可以通过顾客、供应商和经销商进行原始数据的营销调研。可以通过建立标杆瞄准的方法，将本企业的产品和流程与竞争者或者其他行业中的领先企业进行比较，以寻求改进质量和绩效的方法。

4. 评估竞争者会采取的行动

每个竞争者都有其独特的经营哲学、内部文化和指导观念。企业想要预期竞争者可能的行动和对本企业行动的反应，就必须深刻理解竞争者的思维模式。每一个竞争者的反应模式都不相同。有些企业对竞争者的行动不会做出迅速、有力的反应，这可能是因为它们认为自己的顾客很忠诚，可能是因为它们行动迟缓，也可能是因为它们缺乏做出反应的资金。有些竞争者只对某些类型的行动做出反应，对其他的活动则不然。还有一些竞争者对于任何行动都迅速做出强有力的反应，如宝洁公司不会允许竞争者的新产品轻易进入市场，许多企业都避免与宝洁直接竞争，而是寻找好对付的目标后再行动，因为它们知道宝洁公司一旦受到挑战，一定会猛烈回击。

（三）选择攻击和回避竞争

1. 选择攻击

（1）选择强竞争者还是弱竞争者。

企业可以把注意力集中于某类竞争者。大多数企业喜欢将其火力瞄准弱竞争者。这样需要的资源少、时间短。但是这样做，企业的收获也不大。也有人认为，企业应当与强竞争者竞争，强竞争者也有弱点，战胜这些弱点经常会带来丰厚的回报，也可以借机磨炼企业的能力。

（2）进行顾客价值分析。

顾客价值分析就是确定顾客的利益点，以及顾客如何评价不同企业的产品的相对价值。企业必须知道顾客最看重的产品属性及其所占的权重，然后针对顾客看重的产品属性，比较自己与竞争者的表现。获得竞争优势的关键是在每个目标市场中与竞争者产品进行差异竞争，发现并侧重营销自己的产品能以竞争者不能做到的方式满足顾客需求的地方。

（3）选择近竞争者还是远竞争者。

大多数企业会选择那些和本企业最相似的近竞争者竞争，而不是远竞争者。比如：耐克与阿迪达斯竞争，而不是与 Timberland（全球领先的户外品牌）竞争；家乐福与沃尔玛竞争，而不是和麦德龙竞争；同时，企业也尽可能地想要避免"摧毁"一个近竞争者。如在 20 世纪 70 年代末，当时的市场领先者——博士伦公司向其他隐形眼镜制造商发起猛攻，并取得巨大成功。但这迫使那些弱小的竞争者把自己卖给强生这样的大公司。结果，博士伦自食其果，不得不面对更强大的竞争者，带来了更难对付的竞争。

（4）选择"好的"还是"坏的"竞争者。

企业需要竞争者，并从中获益。竞争者可以分担市场和产品开发成本，并促使技术规范化。它们可以服务吸引力较小的细分市场，或带来产品差异化水平的提高。竞争者的存在还有助于总需求的增加。一个产业经常包含"行为端正的"竞争者和"破坏性的"竞争者。行为端正的竞争者依照产业内的规则行事。而破坏性竞争者则相反，总是犯规。

2. 回避竞争——发现未被占领的市场空间

相比与现有竞争者正面交锋，许多企业都在搜寻那些尚未开发的市场空白，试图提供不存在直接竞争者的产品和服务。所谓的"蓝海战略"，目标就在于回避竞争。

（四）设计竞争情报系统

企业必须收集、解释、传递和使用竞争情报信息。收集这些竞争情报的资金和时间成本往往很高昂，因而企业必须以一种节约且有效的方式设计竞争情报系统。竞争情报系统首先确定主要的信息需求类型及其最佳来源。然后，系统连续不断地从各个领域（销售人员、渠道、供应商、市场研究公司、互联网和社交媒体网站、网上舆情监控、贸易协会）和公共数据（政府出版物、演讲和网上数据库）等途径收集信息。接下来，系统会检查信息的有效性和可靠性，对其进行解释，并以适当的方式进行组织。最后，系统将会把关键信息发送给相关决策者，并回答管理人员提出的关于竞争者情况的问题。

二、制定竞争性市场营销争战略

企业在识别和评估主要的竞争者以后，就必须制定总体的竞争性市场营销战略，通过提供卓越的顾客价值来获得竞争优势。当然，并不存在一种适合所有企业的最佳营销战略方法，因为每个企业都要根据自己的行业地位和目标、机会、资源，制定最合理的战略。即使是在一个企业内部，不同的部门或产品也可能要求制定不同的竞争性市场营销战略。

企业在制定竞争性市场营销战略计划的过程中也存在不同，许多企业开发正式的竞争性市场营销战略并严格执行，而一些企业开发非正式的竞争性市场营销战略并经常改变。

（一）根据竞争性市场营销战略实践历程制定

事实上，竞争性市场营销战略和实践的方法通常经历三个阶段：创业营销、规范化营销和内部创业营销。

1. 创业营销战略

创业成功的标志就是成功实现产品的销售。对于一个刚创业的企业，拥有了一种新产品后，就要制定灵活的营销战略，包括想方设法吸引消费者注意、建立企业创业营销组织、寻找创业市场机会、分析创业市场、确立要进入的创业目标市场、根据创业目标市场确立新创业市场进入的战略和策略等。如波士顿啤酒公司通过到每个酒吧逐门逐户地上门推销、讲述自己的故事、教消费者如何识别酿造质量和成分、请人们品尝啤酒、说服酒吧进货而成功实现产品的销售，并在手工酿酒市场销售中名列前茅。

2. 规范化营销战略

随着创业企业的发展与成功，企业将面向更广阔的大市场，并逐渐转向规范、标准化的营销，开发正式的营销战略并严格地遵守。标准化营销即是忽略各国家和地区之间的差别，更多地注意到全球化背景下各国市场的相似性，实行营销管理流程的标准化和营销组合要素的标准化。营销管理流程的标准化是以过程为导向的标准化，主要是指公司在决策制定、数据收集、市场计划、营销控制、信息传递与沟通等营销流程方面的标准化。营销组合要素的标准化是以内容为导向的标准化，是指在产品、价格、分销、促销和服务等营销要素方面的标准化。

3. 内部创业营销战略

很多大型的成熟企业陷在了规范化、标准化营销中。它们紧盯着尼尔森公司（全球著名市场监测和数据分析公司）的最新调查数据，审视市场调研报告，试图调整自己的竞争战略和方案。这些企业有的失去了创立之初的营销创造力和热情，需要在企业内重新树立当初使之成功的创新精神，在企业上上下下鼓励更多的主动性和创新性。许多企业在核心营销运营中推行内部创业。例如，IBM 鼓励各个层级的员工借助博客、社交媒体和其他平台自主地与顾客互动。谷歌的创新假日计划鼓励所有的工程师和研发人员将 20% 的时间用于开发自己"酷炫和古怪"的新产品创意——催生了大批创新。

（二）根据企业选择的基本竞争性市场营销战略制定

1. 总成本领先营销战略

总成本领先性营销战略是指企业努力将生产和分销成本降到最低。低成本使企业的价格比竞争者低，从而赢得巨大的市场份额。如沃尔玛就是该战略的优秀践行者。

2. 差异化营销战略

差异化性营销战略是指企业集中精力创造高度差异化的产品线和营销活动，塑造行业领先者的印象。如果价格不是太高，大多数消费者都喜欢拥有这一品牌的产品。如耐克在运动装备行业就采用了这种战略。

3. 聚焦性营销战略

聚焦性营销战略是指企业集中服务于几个细分市场，而不是追求整个市场。如丽思卡尔顿酒店聚焦于 5% 的顶级商务和休闲旅客。福耀玻璃工业集团股份有限公司聚焦于生产汽车安全玻璃，市场份额占据了全国的半壁江山，并成为一个代表中国玻璃工业的国际品牌。

（三）以顾客为中心的竞争性市场营销战略

1. 卓越运作性营销战略

企业通过行业内领先的价格或便利性提供卓越的价值。企业努力降低成本并创建精干、高效的价值传递系统，为那些期待可靠、优质的产品（服务），但又要求廉价、方便的顾客服务。如：卓越运作战略的典范企业有沃尔玛、宜家和西南航空等。

2. 贴近顾客性营销战略

企业通过精准地细分市场和定制产品或服务，贴切地满足目标顾客的需求，来提供卓越的价值。通过与顾客的紧密关系和对顾客细致入微的了解，企业还能专门满足一些有独特需求的顾客。企业授权员工对顾客的需求做出迅速响应。贴近顾客的公司服务于那些愿意为精确地满足自己需求的产品和服务支付溢价的顾客，而且为了建立长期顾客忠诚和获取顾客终身价值而不遗余力。如致力于为顾客提供"贴心、温心、舒心"的服务的海底捞；"个性化零距离服务"的海尔。

3. 产品领先性营销战略

企业通过不断的产品和服务创新来提供卓越的价值，目标是不断地淘汰竞争者的产品。产品领先者欢迎新理念、新构思，坚定地寻求新解决方案，努力尽快将新产品推向市场。

大多数杰出的企业聚焦于其中一个原则，并且在这个原则上遥遥领先，而在其他两方面达到产业标准。这样的企业设计完整的价值传递网络，全身心地支持所确立的原则。如沃尔玛专注于出色的运作，聚焦于降低成本和优化"采购运货"流程，使顾客能够以最低的价格买到合适的产品，坚持好卓越运作这一价值原则，旗帜鲜明的树立起企业品牌形象，受到消费者喜欢和认可。

还有一些企业成功地做到了不止一条的价值原则。比如，联邦快递在卓越运作和贴近顾客方面都做得很出色。但这种企业只是凤毛麟角，因为很少有企业可以在这几个原则上都出类拔萃。试图在所有价值原则上都做到最好的企业，通常会在所有方面都平庸无奇。

 **拓展阅读** 竞争定位

在任何一个时点上，处于同个既定目标市场中竞争的企业，目标和资源各不相同。一些企业规模大，一些企业规模小；一些企业拥有资源多，一些企业拥有资源少；一些企业谋求快速增长，一些企业谋求长期利益。因此企业在目标市场上处于不同的竞争地位。根据企业在目标市场所扮演的角色如市场领导者、市场挑战者、市场跟随者、市场补缺者（见表1）来定位竞争性市场营销战略。

表1　竞争定位及采取的战略

市场领导者	市场挑战者	市场跟随者	市场补缺者
约占所在行业市场份额的40%	约占所在行业市场份额的30%	约占所在行业市场价额的20%	约占所在行业市场份额的10%
扩展整个市场 保护市场份额 扩大市场份额	全面进攻 正面进攻 间接进攻	紧紧跟随 保持一定距离跟随	根据顾客、市场、质量、价格、服务进行补缺成多重补缺

1. 市场领导者（约占所在行业市场份额的40%）

大多数行业存在一个公认的市场领导者。这个领导者拥有最大的市场份额，经常在价格调整、新产品引入、渠道覆盖和促销花费上引导其他企业。如：沃尔玛、亚马逊、麦当劳、可口可乐、耐克、谷歌等。竞争者会把领导者视作其挑战、模仿或回避的对象。市场领导者通过扩大总需求、保护市场份额、扩大市场份额等方式，捍卫市场领导者地位。

2. 市场挑战者（约占所在行业市场份额的30%）

市场挑战者一般是行业第二位、第三位或排名更低的企业，占领市场规模也很大，如百事可乐、福特等。这些亚军企业采取挑战领导者和其他竞争者，以争取更大的市场份额的战略目标。挑战者利用"后发优势"，模仿和改进市场领先者的点子，向市场领导者发起竞争攻击，这是一种风险高但潜在收益也高的战略，目的是想获得更多的市场份额。如，麦当劳最初模仿后优化了由白堡（White Castle）率先推出的快餐体系。百事可乐挑战可口可乐，福特也正面进攻了丰田等。

3. 市场跟随者（约占所在行业市场份额的20%）

有些企业倾向于跟随而不是挑战领导者。因为跟随者可以获得很多好处。市场跟随者可以吸取领导者的经验，复制或改进领导者的产品和方案，且不用承受开发新产品和新市场、扩张渠道和培育市场的巨大支出。但跟随并不等同于消极或完全照搬领导者的做法。市场跟随者必须知道如何保持现有顾客并赢得新顾客，把握一种巧妙的平衡，既保证紧紧追随市场领导者赢得顾客，又要保证跟随的距离不要太近。每个跟随者都试图努力给目标市场带来鲜明独特的优势、服务或融资。跟随者通常是挑战者攻击的主要目标。因此，市场跟随者必须保持低制造成本和价格，或高质量的产品和服务，并且趁新市场打开之际及时进入。

4. 市场补缺者（约占所在行业市场份额的10%）

几乎每个行业都有些专门服务于缝隙市场的企业。他们通常是资源有限的小企业，或者是大企业的部分产品，或者是在市场中占有小份额。市场补缺者的关键在于专业化。他们不追求大市场，而瞄准"子细分市场"。他们基于对目标顾客的了解，能够提供满足顾客个性化、特殊化、差异化需求的产品，更好地满足顾客需要。一般大众营销者得到的是高销售量，而补缺者得到的是高利润率。当然，补缺也将承担市场可能会饱和，或者可能壮大到足以吸引大竞争者进入的风险。有些企业通过开发两个或更多缝隙市场，增加生存机会。

无论是市场领导者、挑战者、跟随者，还是补缺者战略的选择，企业都要关注自己的竞争对手，并制定能最有效实现定位的竞争性市场营销战略。当然企业还要克服过于强调以竞争为中心的导向，同时还要兼顾顾客导向，不断地调整战略。

10.3　市场营销管理

市场营销管理是由市场营销活动的社会化所引起的。随着市场营销活动的深入开展，市场营销活动的领域越来越广，并不断涌现出许多新的理论、技术和方法，涉及更多的营销人员、机构、商品和信息等。市场营销管理包括市场营销计划、市场营销组织、市场营销执行和市场营销控制。

一、市场营销计划

（一）市场营销计划的概念

所谓市场营销计划，是指关于营销工作和任务的具体安排。

（二）市场营销计划的主要内容

1. 市场营销的目标

市场营销的目标即市场营销活动所要达到的预期效果。如：产品的市场占有率、销量、营业额、利润率等。

2. 市场营销的方案

市场营销的方案指为实现市场营销目标而采用的总体行动方案、以及资源配置方案。

3. 市场营销的规则

市场营销的规则指市场营销活动中各项具体工作以及各个岗位的详细规定。如：如营销管理人员的职责职权的规定、对消费者信息反馈甚至投诉的处理。

4. 市场营销的预算

市场营销的预算包括盈利与亏损的预测与估算，如销售收入预算、销售费用预算、利润预算等等。

5. 市场营销的控制

市场营销的控制指对市场营销目标、预算计划执行过程中的监督、检查和评价。这些工作需要在计划中明确。

（三）市场营销计划的制订原则

1. 系统性原则

除了营销部门外，企业还是一个由研发、生产、财务、人事、后勤等众多子系统构成的大系统。因此，在制订市场营销计划的过程中，要综合考虑整个公司的情况。

2. 灵活性原则

市场是一个万花筒，充满各式各样的新奇和商机，同时也充满许多不确定因素。因此，在制订市场营销计划的过程中，要优中选优制定营销方案，还要有很好的应急方案、备选方案等等。

3. 连续性原则

连续性原则指市场营销总体行动方案与分解计划、短期计划与战略规划要无缝对接，融洽顺畅。

市场营销管理的核心是什么？作为一名市场营销新人，应该从哪几个角度做好营销管理工作？

_____

_____

_____

二、市场营销组织

（一）市场营销组织的概念

市场营销组织，作为名词，意为企业内部涉及营销活动的各种职位安排、组合及其组织结构模式；作为动词，意为具体行动开展的形式和程序安排。

（二）市场营销组织的设计原则

1. 权责对等原则

权责对等原则是指不管是什么职位上的工作人员，尤其管理者，都有按照要求完成工作目标和任务的责任。同时，组织设计时，需要对等配备相应的权力，这是完成工作的基础保障。

2. 分工协作原则

分工可以带来工作效率的提高，同时团队协作是组织做大做强的必经之路。因此，在组织设计时，必须注意在分工的基础上开展有效的协作。

3. 集权与分权相结合的原则

营销管理的过程中，有时候需要头脑风暴、集思广益；有时候需要管理者迅速做出决策。因此，组织设计的时候需要考虑集权和分权相结合。

4. 市场营销组织的设计程序

（1）分析组织环境：包括分散式市场情况、竞争对手的情况等。

（2）确定组织内部活动：即分析哪些是职能性活动，哪些是管理性活动。

（3）建立组织职位和结构：明确职位类型、层次、数量；以及集权、分权化程度，管理幅度的设计等。

（4）配备组织人员：在上一步的基础上，配备相应的人员，完成组织架构。

（5）组织评价、反馈机制建立：建立组织行为评价机制，反馈机制。便于后期调整组织人员、完善组织结构。

三、市场营销执行

（一）市场营销执行的概念

将市场营销计划转化为具体行动方案并使营销目标落地实现的过程就是市场营销执行。

（二）市场营销执行的过程

1. 制订行动方案

市场营销执行的第一步就是在市场营销计划的基础上，结合市场营销目标，制订切实有效的行动方案。方案应当阐明具体目标和任务，并将每个任务责任到人或者工作小组，最好能够明确相关工作任务的时间节点。

2. 建立健全组织结构

执行任务的组织结构，可能是企业本身的已经设立的、固有的组织，也可能是根据临时任务重新组建的临时组织。不管是哪一类组织，都将在市场营销执行的过程中发挥决定性的作用。明确具体职能部门、人员，明确职责界限、信息沟通渠道，分工、协作等，组建一个正式的组织。因此，建立健全组织结构是重要环节。

3. 建立绩效薪酬规则

市场营销是一个对绩效薪酬严重依赖的企业行为。因此，建立合理有效的绩效薪酬规则是保障营销人员工作积极性的前提，这关乎市场营销管理的成败。必须完善工资、福利和奖惩制度。

4. 开发人力资源

任何组织的人员数量都是有限的，要充分盘活现有的资源，挖掘、开发现有工作人员是市场营销执行不可回避的课题。选拔、培训、安置、考核等，都是检验营销管理人员执行力的有效内容。

（三）市场营销执行的技能

在市场营销执行的过程中，需要讲究一些战术层面的技能。一般有以下四种技能可供参考。

1. 配置技能

营销管理人员要擅长配置时间、财产、人员等资源，以期达到组织预期的营销目标。

2. 调控技能

调控技能是对于年度计划、利润、效率、战略等层面的有效控制，是检验一个营销管理人员驾驭市场和组织能力的基本元素。因此建立一个长效的追踪控制系统是一项重要的营销管理技能。

3. 组织技能

组织中存在正式组织和非正式组织，智慧的营销管理人员会了解、理解这两种组织存在的必然性，同时会巧妙地加以运用，让这两类组织都能为有效开展市场营销活动做出应有的贡献。

4. 互动技能

有能力的市场营销管理人员能够指导下属把事情办好，而非只是下达机械的指令。同时，还能够使组织以外的力量（经销商、批发商、广告公司、市场调查公司、代理商等）来协助自己完成任务。

四、市场营销控制

（一）市场营销控制的概念

通俗地说，市场营销控制就是对市场营销计划执行的过程中出现的问题进行纠偏。

它可以有效地监督、检查、评估市场营销计划地执行情况，同时对于出现的问题进行有效的反馈和纠正，使市场营销计划尽可能走在正轨上，确保营销目标的实现。

（二）市场营销控制的方法

1. 年度计划控制

如本年度市场占有率分析、市场营销费用率分析、销售分析等。

2. 盈利能力控制

如营销成本及其构成分析、盈利能力的分析等。

3. 效率控制

如销售队伍的工作效率、广告宣传效率和转化效率、分销能力效率、促销活动效率。

4. 战略控制

如公司的营销目标、政策、战略、措施等与营销环境相适应问题，这是确保企业战略发展的重要环节。

（三）市场营销审核

1. 市场营销审核的概念

市场营销审核是对公司环境、目标、战略和行动的系统的、综合的、独立的定期考核检查，以期发现存在的问题和新的机遇，提出富有建设性的意见和建议，从而改进、完善市场营销管理成果。

2. 市场营销审核的内容

（1）营销环境审核。

企业所处的营销环境包括宏观环境（经济、政治、自然、地理、技术等）和微观环境（市场的容量、竞争情况、供应链等），通过对宏观环境和微观环境的审计，分析市场营销的战略目标与营销环境的匹配度，从而确定是继续执行原计划还是要对方案进行调整。

（2）营销战略审核。

营销战略审计主要检查当初选择的目标市场是否正确，是否体现企业优势，关键性的决策是否科学、资源预算是否合理等，总体规划上是否体现了当时的市场导向。

（3）营销组织审核。

主要审查营销领导机构的决策能力、营销职能部门的协调能力、营销管理人员的执行能力，以及整个组织对市场环境的应变能力及营销人员主观能动性的发挥效率等。

（4）营销系统审核。

审查信息系统（营销信息系统的设计、构成、使用等方面）的有效性、控制系统

（市场占有率额、营销成本、边际收益等层面）有效性，以及新产品开发系统（观念、方针、计划等）是否正确、是否体现客户导向、是否科学健全。

（5）营销效率审核。

评估利润和成本效益，包括销售收入、销售费用、贷款回收与存款绩效、成本支出是否过高等方面的审查。

（6）营销职能审核。

主要是对营销组合各个要素（如产品、价格、人员推销、广告管理、公共关系效果等）进行审查，包括营销管理的总体审核、销售管理审核、市场调研管理审核等。

10.4　履行社会责任

企业首要任务是创新和生产，为社会创造物质财富。企业是社会的一员，同样肩负着对国家对社会的责任。

一、企业社会责任

企业社会责任，是企业追求自身行为对社会负责任。企业社会责任包含经济层次、法律层次、伦理层次和慈善层次4个层次。随着企业对社会经济生活的影响日益深入，社会对企业的期望也越来越高。一方面要求企业对其造成的消极影响承担责任；另一方面要求企业尽公民义务，扮演更重要的社会角色，发挥更充分的社会功能，比如在贯彻新发展理念的同时，参与社会治理，解决社会问题，做生态文明建设的先锋队，做解决民生问题的生力军。

营销专家菲利普·科特勒认为企业应该进行社会责任营销，即在承担一定的社会责任，如为慈善机构捐款、保护环境、建立希望小学、扶贫的同时，应积极借助新闻舆论影响和广告宣传，来改善企业的名声、提高企业形象的层次，提升其品牌知名度、增加客户忠诚度，最终增加销售额的营销形式。变革时代，创新无界。所谓的创新并不止于技术产品的创新，发展理念的创新，管理模式的创新有时候更能帮助企业实现价值创造，带来点石成金的奇效。企业履行社会责任从捐钱捐物的单一形式，到结合自身战略、调动内部员工志愿参与，再到整合社会各方面资源、搭建更广的平台、以社会创新推动社会变革，也正是这种创新过程的有力体现。在如今的商业潮流下，企业社会责任或许可以成为企业重塑价值链、实现突破创新的重要工具。

竞争战略之父迈克尔·波特提出"企业共享价值"这一理念，认为企业承担社会问题，并不是以牺牲企业利益为代价，分享企业已经创造的价值，卷入"零和"博弈，而是通过重新界定企业边界，构建新的价值链体系，来做大整个经济和社会的价值蛋糕，创造出"共享价值"，实现"多方共赢"的局面——既有益于社会，也有利于企业。

拓展阅读 **国家电网，重塑企业价值链**

企业社会责任已成为全球商业发展中的一大潮流，被视为新时代下企业的"运营执照"之一，能为企业赢得广泛的认可与支持。捐款捐物、慷慨解囊，是公众对企业社会责任最直接的认知形态。然而，作为时代的"新宠"，企业社会责任的实践模式并不仅限于此，在全球的发展浪潮中，我国企业在发展模式上也逐渐涌现出一些新理念、新形态。如国家电网以"坚持科学的企业社会责任观"为旗帜，以"聚焦特定企业的社会价值创造机制"为主线，"全员参与、全过程覆盖、全方位融合"的工作思路，持续推进理论创新、方法创新、路径创新，为全社会不断增加"社会责任有效知识供给"。国家电网创造性地提出了企业社会责任的内涵、内容、边界、落实机制，率先探索了企业的社会价值创造、社会沟通、社会认同机制，系统提出了全面社会责任管理模型、社会责任推进工作路径。

国家电网以项目制的方式推进社会责任根植，通过在专业工作中融入社会责任理念和方法，促进社会与经济的综合价值提升。让问题"归位"，共建共治共享。在社会责任根植机制下，国家电网鼓励各层级、单位、专业、岗位都参与到社会责任实践中，在各自的业务运营中发现问题，利用社会责任的理论工具解决问题。在追求社会效益的同时，提升自身业务的运行效率。责任内化，价值共创以企业之"短利"，换取社会之"长益"，在传统认知中，企业履行社会责任是以成本消耗为代价来换取品牌形象和社会影响力的手段工具，履责归履责，业务归业务，社会责任实则被企业外围化。而国网的"根植"模式则在一定程度上重塑了企业与社会的边界，将社会责任与经济业务本身结合，围绕社会责任根植项目，进而实现"利"与"益"的共赢。如"舟山巧治黑楼道""上海治理流动人口用电顽疾""眉山：一乡一品，电网也定制""镇江：智能决策找准接电'马力'"等项目，结合企业业务发展中发现的问题，让各利益相关方参与解决社会问题的意愿、资源、能力、优势充分凸显出来，推动形成各方合作解决社会问题的可持续的、长效的社会问题解决方案。

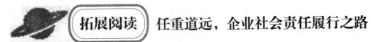

拓展阅读 **任重道远，企业社会责任履行之路**

关于积极承担企业责任这事不仅是现代企业才发生的。中国 100 年前就出现了。1853 年出生于江苏通州（今南通）海门常乐镇的张謇（见图 1），是我国近代著名民族企业家、政治家、教育家，也是中国民族轻工业最早的创办者。100 年前，张謇在南通这个地方创办了纺纱厂、面粉厂等各种企业，他的初衷是用实业所得来兴办学校（其为能州师范学校写的校训见图2）、资助教育，再用教育成果来改进实业，再借助实业发展来强国富民。

2020年11月12日，正在江苏考察调研的习近平总书记来到南通博物苑，参观张謇生平展陈。总书记指出，张謇在兴办实业的同时，积极兴办教育和社会公益事业，造福乡梓，帮助群众，影响深远，是中国民营企业家的先贤和楷模。

图1 张謇像

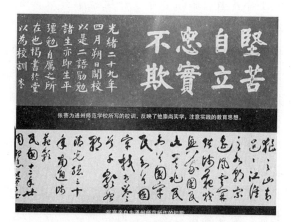

图2 张謇为能州师范学校所写的校训

2007年，万科面向全国推行了一种盖楼方式，叫"装配式住宅"，通过优化了自己的生产工艺，来承担环保责任。装配式住宅先在工厂里生产好楼房的部件，比如墙板、柱子、钢筋、楼梯，再运到施工现场去组装，这样的方式不仅提高了生产速度，更减少了环境的污染。2020年新冠疫情期间的火神山医院就用了装配的施工方式，1000张床位还带各种复杂的诊断和医治科室，10天就能完工。这样的建筑方式也节省了水、混凝土等建筑材料，每平方米面积可以节省63%的水资源，减少83%的建筑垃圾。而且这些组装材料还可以再利用，所以每平方米可以减少60%的材料损耗。这样一来，成本降低了，建造周期也缩短了。

格兰仕在2018年发起了"叮未来"精准扶贫计划，"叮"，是微波炉工作结束后的标志性声音。"叮"的一声，微波炉一分钟加热一杯牛奶，两分钟热一碗米饭……格兰仕直面贫困地区中小学食堂设备不齐全等问题，通过捐助实物，改善贫困地区中小学的厨房设备和用餐环境，力求让更多的孩子吃上热腾腾且健康营养的饭菜。同时也希望这"叮"的一声能够每天陪伴那些贫困地区的孩子，传递一个民族品牌对下一代的爱心。

2020年疫情期间，中小学生都改成上网课，西藏昌都有一个小女孩，村里信号不好，她每天只能爬到雪山顶上去凑着信号听网课。中国移动和中国铁塔公司了解情况后，专门去给小女孩的村子建了一座信号基站，一座基站的建设成本就要20~30万，后续的通信收入可能都覆盖不了基站的电费，这不是一个从商业逻辑出发应该做的决策，但是从社会责任逻辑出发，这座基站就建起来了。昌都这还不是独一例，疫情期间，铁塔公司和各家电信运营商还在陕西镇安、贵州六盘水、湖北恩施等好多地方都修建了新基站，来确保各地孩子们可以持续学习，潜台词像是在说："没信号不是逃课的理由，你等着，新基站三天到达现场。"这也正如日本的经营大师稻盛和夫所认为的，善恶是社会标准，得失是企业标准，社会应该高于企业。

2021 年 4 月，腾讯宣布了一次战略升级，成立了一个新的事业部，名叫"可持续社会价值事业部"，负责落地腾讯的"科技向善"这个使命，探索基础科学、教育创新、乡村振兴、碳中和、FEW（食物、能源和水）、公众应急、养老科技和公益数字化领域。腾讯作为头部科技公司，其存在的目标就不再是单纯追求企业盈利，而是变成了服务社会整体的利益，做数字社会原则的守护者。

企业积极承担社会责任。国有企业在深化改革中要通过自我完善，担当社会责任，树立良好形象，在推动改革措施上加大力度；民营企业要积极投身公益慈善事业，致富思源，义利兼顾，自觉履行社会责任；在海外责任方面，中国企业走出去既要重视投资利益，更要赢得好名声、好口碑，遵守当地法律，承担更多的社会责任。企业能够自觉地以高标准践行为人民的利益服务，而不是仅仅为自己的利益服务这一宗旨，在社会责任方面主动采取一种更为积极的策略，这样会让员工、投资者、合作伙伴更加积极和忠诚，也使企业更受欢迎。

二、市场营销中的负面清单

营销者及其顾客通常能够共享彼此有益的双赢关系。但是有些营销者采用进攻性的营销手段，有时甚至是欺骗性的销售手段，给顾客造成困扰和伤害，包括：过分打扰顾客、不公正行为甚至是直接的欺骗和欺诈行为。营销行业还面临着侵犯消费者的隐私权的问题，作为企业，尤其必须处理好互联网的安全问题。

（一）冒犯、不公正、欺骗和欺诈

过度营销会冒犯，甚至是惹怒顾客。比如大多数人都不喜欢那些过于嘈杂、时间很长且没完没了的营销。我们厌恶长时间的电视、网络直销广告，以及信箱和电子邮箱经常收到不请自来的垃圾邮件、横幅广告和弹出广告。有些营销中还充斥着能言善道的说服、精心策划的表演，以及对大减价、产品经久耐用以及购买无比方便的鼓吹，竭力煽动那些对购买宣传免疫力差的消费者。甚至有些营销者还采用欺诈性的活动，比如开展投资骗局或伪造慈善募集活动、利用欺诈性的邮件和欺骗性网站骗取使用者的私人信息等。

（二）侵犯消费者的隐私权

侵犯隐私权可能是目前营销行业所面临的公共政策问题中最棘手的一个。消费者通常会从数据营销中受益，因为他们可以收到更多更符合他们兴趣的商品信息，但营销者可能对消费者的生活习性过于了解，以至于利用这些信息对消费者实施不公正的营销活动。同时，消费者也担心自己的隐私（包括个人喜好、信息等）被泄露。

 **拓展阅读** "大数据杀熟"

2021年8月20日，全国人大常委会表决通过了《中华人民共和国个人信息保护法》；8月27日，国家网信办发布《互联网信息服务算法推荐管理规定（征求意见稿）》。两份法律法规明确指出，互联网平台和商家不得过度收集个人信息、不得滥用算法权力、不得利用算法对消费者进行"大数据杀熟"等等。

针对"大数据杀熟"，北京市消费者协会曾经做过一项调研，他们到十多个消费者常用的APP或网站进行消费体验，包括电商、外卖、网约车、网络购票、旅游网站等，发现"杀熟"现象非常普遍。比如网上订酒店，同一房间，新老用户的标价不同、折扣优惠也不同，老用户价格高且不享受优惠。在消费者问卷调查中，有超过一半的人表示自己被"大数据杀熟"过，而且维权取证非常困难，因为商家可以用五花八门的套餐折扣来为自己辩护。

"大数据"到底是怎么"杀熟"的？互联网商家通过搜集消费者生理数据、健康状况、生活习惯、性格背景、消费者偏好和历史数据，通过大数据找到一些和你的都高度相似的消费者，把他们购买的商品推荐给你。这个算法被应用在了商业当中。技术史专家克兰兹伯格说过一句话："技术既无好坏，亦非中立。"虽然技术本身没有好坏，但是有极大的影响力，手握技术的科技公司，有义务去预判一项新技术到底会带来什么样的影响。科技向善，不是可有可无的个人情怀，而是必须履行的社会义务。

 **讨　论**

基于企业责任角度，怎样看待"大数据杀熟"现象？

_____

_____

_____

10.5　未来市场营销的演进

随着网络技术的发展，还有类似微信、抖音、微视等社交平台的发展，未来的消费者或许不再需要销售人员，从广告就可以了解到很多关于产品的情况。或许那时候的市场营销最需要做的就是口碑管理、品牌管理。因为最有效的广告来自消费者的朋友，还有体验过产品的这些人，消费者可以信任他们所说的经历和体验。

虽然过去、现在和未来的市场在本质上是延续和发展的，但是不同时期的市场营销的方式、特征会有所差异。市场营销专家科特勒认为，过去的市场营销是通过销售团队和广告赢得销量的提升，现在的市场营销是 CCDV（Create，Communicate and Deliver Value），即为目标市场创造、沟通和交付价值，未来的市场营销是驱动企业增长的商业准则，也就是说它的功能是促进企业未来增长。

一、未来的市场营销

未来的市场营销是以社会形态和消费行为演变为动力根源，以需求满足、价值实现、盈利变现为本质目标，以技术应用和创新创意为竞争手段，驱动企业可持续增长的商业行为活动。

讨　论

未来市场营销的演进中，变化的是什么？不变的又是什么？

_____

_____

_____

二、未来市场营销的演进

（一）市场营销演进的根源是社会形态和消费行为的变化

在互联网技术已经成为社会活动的基础设施的时代，人与人之间的交互方式变得极为便捷和活跃，个体对个体的影响或者说小群体对个体的影响将逐步代替机构和组织对个体的影响。消费者通过个体之间的交流互动或者和小群体的交互方式，能够更加快速和高效地获得不同层面的知识。由此，消费观念和认知发生了很多的变化。

一方面消费者的知识结构可以快速完善，对企业提供的产品能够有更加客观理性的认知，即使是技术复杂的产品（比如汽车、精密电子产品等）。企业的所有缺陷都将在消费群体中快速传播。同时，品牌的营销者们将很难再运用技术和信息的不对称诱导消费决策。另一方面产品技术的复杂性或功能的特性将失去吸引消费者的魅力，消费者购买决策的驱动力主要来自创意，只有产品创意从心理感受和精神层面能吸引消费者才会获得成功。消费者将不会为复杂、无用的功能支付更多的费用，也不会因为功能购买不喜欢的产品。

人与人交互方式的变化将汇聚成社会价值取向和企业组织文化的变革发展。伴随人与人的社会化交流方式日益活跃，人与人之间的关系发生深刻变化。传统人与人之间那种复杂、浓厚而又依赖强制的重度交往方式将不复存在，而新型的人与人之间的关系变成了简单、清淡并且独立克制的轻度联结关系。

一方面人们追求高效、快速、简单、直接的交流沟通方式，让人们不喜欢的虚伪、隐匿、不健康文化直接晒出、曝光在公众平台，必然会促动社会价值转向去伪存真、脱虚向实的进步发展。另一方面，人们对抑制个体特性发展的强制、强权和权力游戏等文化更加厌烦，并且更直接有力地抗拒这种文化。企业等组织对个体行为的影响减弱。社会组织发展更倾向于自我净化、自然进化，人们的行为方式和价值观更依靠基础教育和社会生活中的学习进取。由此，最佳的企业组织方式和文化应该有利于激活个体潜力，释放个体能量，才能实现激活组织，最终实现企业和员工共生。企业首先需要在企业价值方向得到员工的认同，才能更符合社会共识的价值观，与社会时代互进。

（二）未来的营销是大众群体营销和数字化营销相结合

数字化是技术手段，从群体特征角度理解，未来的营销应该归属于社会化小众群体营销。社会化小众群体营销必然从领袖主导的小众群体营销走向个体以兴趣喜欢自然导向的小众群体营销。对于营销相关人员来说，在社会化的小众群体营销时期，需要面对两个重要的课题：一是如何深刻理解和把握人们消费旅程的接触点？二是如何解决品牌价值表达的系统性和触达消费者接触点的碎片化之间存在的冲突？未来的营销也必将进入权力移交的时期，营销主导权正由企业品牌主的营销者手中移交到员工和消费者手中。因为未来的营销一方面需要依靠员工的认同和传播，实现企业的全员营销向消费群体的渗透与互动；另一方面需要完全依赖消费者的参与和体验后的认同、传播。社会化小众群体营销特征也将使得企业在制定营销战略时，能更加精准地进行市场超细分和定位，并不断迭代调整营销策略以适应小众群体特征的快速变化。但是，由于社会变化总是一个渐进过程，各行业发展程度不同，我们很难找到一套通用的理论和方法一概而论，必须结合行业、市场和企业的特征采取不同的营销理论和方法指导，灵活应用，才能更智慧地解决企业的市场营销问题。

无论社会形态如何演变，营销方式如何演进，营销最重要的是与时俱进，不断创新，但营销的本质不是炫技，也不仅仅是传播推广，不能过度营销，必须回归到价值本质上来。

 **拓展阅读** 企业面临的 5 种转变

第一种转变，从创造营销战略转变到驱动业务增长。企业的首席营销官（CMO）们不仅要制定战略，还要确保公司业务增长。如关注核心业务，去掉非核心；外包支持性服务，收购低价高质资产；更多的合作与沟通；更灵活的销售措施；提高信息敏感度。

第二种转变，从控制信息到激活价值网络。互联网时代，信息没法控制了，企业的控制力越来越小了。消费者对产品的评论，不管是好评还是差评，无法去控制，但是需要去激活价值网络，让企业的信息传达得更好。

第三种转变，从持续改善到普遍创新。隐形冠军依托专业化的技术和国际化的市场两大支柱，以一丝不苟、精益求精的工匠精神，在窄而深而不是浅而宽的领域做到极致。像德国一家做铅笔的公司，供应了世界上 80% 的铅笔；一家做拴狗链的公司全球市场占有率达 70%。从隐形冠军来看，这类专业化企业展示的"小而美"的生存优势耐人寻味。考察企业发展是否强劲有力时，关注最根本的指标就是——怎么让企业保有自我驱动增长的力量。真正强大的企业身上一定有英雄主义色彩，一定有出类拔萃的企业家。

第四种转变，从专职营销到全员营销。市场营销必须无所不在，营销是一切工作的开始。将市场营销作为公司增长引擎，通过营销领导力与其他职能的协同致胜，以移动营销为中心，收集有关客户数据，使用社交媒体平台做广告，参与和建立品牌社区，管理内容开发和分发，使用营销自动化技术，以优质的服务取胜，作为一个有爱的企业以品牌声誉致胜。

第五种转变，从关注运营到以客户为中心。树立特色鲜明的价值主张，在企业与消费者的每一个接触点都进行有效的营销，明确传递创造的价值，营造消费者良好的口碑。

 **小　结**

在任务十中，我们首先学习了市场营销规划的概念、作用和类型，如市场营销规划分为短期规划、中期规划和长期规划 3 种类型；其次，学习了制定竞争性市场营销

的战略，包括竞争者分析和制定竞争战略 2 个方面的内容；然后学习了市场营销管理，包括市场营销计划、市场营销组织、市场营销执行和市场营销控制四个方面的内容；接着，学习了企业应该积极履行和承担企业责任，避免出现市场营销负面清单中所列事项；最后，学习了未来市场营销的演进相关内容。

 课后思考

1. 什么是数字化营销？数字化营销与传统营销的区别和联系是什么？

2. 如何将数字化营销与传统营销进行整合？

3. 对于数字化营销中存在的伦理与道德问题，企业和营销人员应该采取哪些应对措施？

4. 怎样利用新技术提升企业营销的效率？

5. 举例说明数字化营销对企业 4P 营销策略的影响。

参考文献

［1］［美］菲利普·科特勒. 市场营销［M］. 北京：北京联合出版公司出版，2021.

［2］［美］菲利普·科特勒，加里·阿姆斯特朗. 市场营销：原理与实践［M］. 北京：中国人民大学出版社，2020.

［3］［美］菲利普·科特勒，米尔顿·科特勒. 营销的未来：如何在以大城市为中心的市场中制胜［M］. 北京：机械工业出版社，2015.

［4］王晟，唐细语，何尔锦. 市场营销理论与实务［M］. 北京：北京理工大学出版社，2016.

［5］胡超. 极简市场营销［M］. 北京：北京联合出版公司，2021.

［6］［美］尼尔·埃亚尔，瑞安·胡佛. 上瘾：让用户养成使用习惯的四大产品逻辑［M］. 钟莉婷，杨晓红，译. 北京：中信出版集团，2017.

［7］珍妮·哈雷尼，赫尔曼·谢勒，拒绝平庸：100 个市场营销案例［M］. 北京：中国友谊出版公司，2017.

［8］［美］大卫·奥格威，一个广告人的自白［M］. 北京：中信出版社. 2015.

［9］卢泰宏，周懿瑾. 消费者行为学：中国消费者透视［M］. 北京：中国人民大学出版社，2015.

［10］邹振东. 弱传播［M］. 北京：国家行政学院出版社，2018.

［11］张泽林. 动态促销前沿：促销排期及有效期决策［M］. 北京：中国人民大学出版社，2020.

［12］郑锐洪. 推销学［M］. 北京：中国人民大学出版社，2011.

［13］宫春燕. 市场营销学［M］. 成都：西南财经大学出版社，2019.

［14］王方. 市场营销原理与实务［M］. 北京：高等教育出版社，2019.

［15］居长志. 营销沟通策略［M］. 北京：高等教育出版社，2019.

［16］郭国庆. 市场营销学概论［M］. 北京：高等教育出版社，2019.

［17］彭代武. 市场营销［M］. 北京：高等教育出版社，2019.

［18］周建波. 市场营销学：理论、方法与案例［M］. 北京：人民邮电出版社，2019.

［19］［英］埃里克·戴维斯. 市场营销［M］. 杭州：浙江大学出版社2018.

［20］单梁，杨光军. 大学生聚餐消费调查及实证分析［J］. 新西部，2013（7）.

［21］李秀玲. 大学生消费行为的特点及教育对策研究［J］. 新西部，2009（7）.

［22］蔺小清."00后"大学生消费现状调查与行为引导研究［J］. 中外企业家，2020（15）.

［23］刘采萍. 大学生消费观映射了什么？［J］. 杂文选刊，2017（4）.

［24］李妍. 当代大学生消费现状分析及对策［J］. 商场现代化，2005（11Z）.